Gerald Zugmann

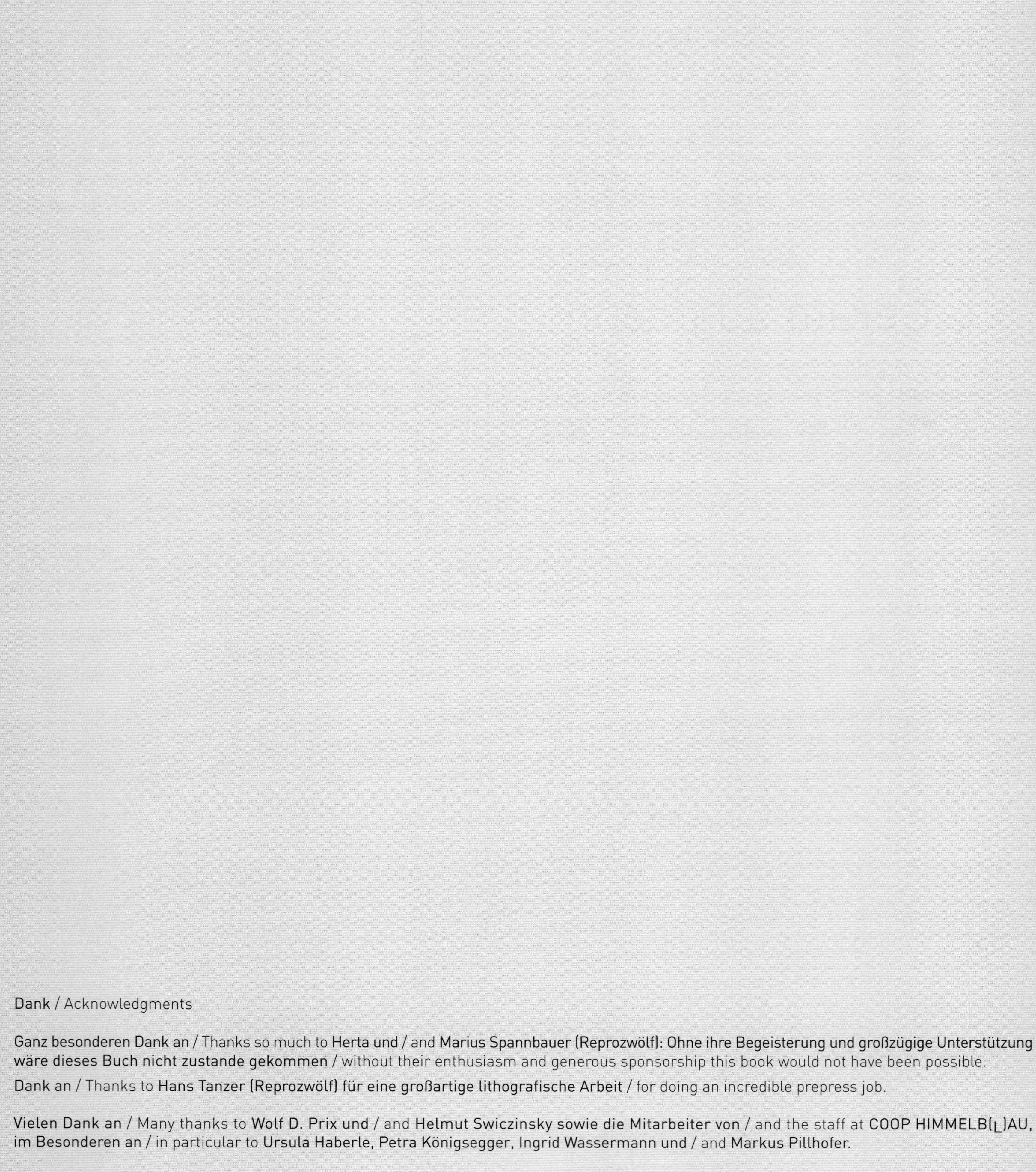

Dank / Acknowledgments

Ganz besonderen Dank an / Thanks so much to Herta und / and Marius Spannbauer (Reprozwölf): Ohne ihre Begeisterung und großzügige Unterstützung wäre dieses Buch nicht zustande gekommen / without their enthusiasm and generous sponsorship this book would not have been possible.
Dank an / Thanks to Hans Tanzer (Reprozwölf) für eine großartige lithografische Arbeit / for doing an incredible prepress job.

Vielen Dank an / Many thanks to Wolf D. Prix und / and Helmut Swiczinsky sowie die Mitarbeiter von / and the staff at COOP HIMMELB(L)AU, im Besonderen an / in particular to Ursula Haberle, Petra Königsegger, Ingrid Wassermann und / and Markus Pillhofer.

Gerald Zugmann

BLUE UNIVERSE

Modelle zu Bildern machen / Transforming Models into Pictures

Architectural Projects by COOPHIMMELB(L)AU

Herausgegeben von / Edited by
Peter Noever

Mit einem Beitrag von / With an essay by
Christian Reder

hatje cantz

Diese Publikation erscheint anlässlich der Ausstellung
GERALD ZUGMANN: BLUE UNIVERSE Architectural Manifestos by COOP HIMMELB(L)AU,
MAK Center for Art and Architecture, L. A., 10. Mai 2002 – 8. September 2002

This book is published on the occasion of the exhibition
GERALD ZUGMANN: BLUE UNIVERSE Architectural Manifestos by COOP HIMMELB(L)AU,
MAK Center for Art and Architecture, L. A, May 10, 2002 – September 8, 2002

Ausstellung / Exhibition: Gerald Zugmann, Peter Noever
Kuratorin / Curator: Martina Kandeler-Fritsch
Co-Kuratorin / Co-Curator (MAK Center for Art and Architecture, L. A.): LouAnne Greenwald

Herausgeber / Editor: Peter Noever
Buchkonzept / Book concept: Sabine Haase-Zugmann
Katalogredaktion / Catalog editing: Sabine Haase-Zugmann, Martina Kandeler-Fritsch
Grafik-Design / Graphic design: Maria-Anna Friedl
Übersetzung der Texte von Peter Noever und Christian Reder ins Englische / Translation of the texts by
Peter Noever and Christian Reder into English by Wolfgang Astelbauer

Besonderer Dank an / Special thanks to: Reprozwölf, Vienna; Andrew Liang, Form Zero, Architectural
Gallery and Books, Los Angeles; Federal Chancellery, Department for the Arts, and Federal Ministry of
Education, Science and Culture of the Republic of Austria.

© Alle Fotos bei / Photos by Gerald Zugmann
© Texte bei den Autoren / Texts by the authors
© Modelle, Zeichnungen und Projekttexte bei / Models, drawings and project texts by COOP HIMMELB(L)AU
© 2002 MAK, Wien, und Hatje Cantz Verlag, Ostfildern-Ruit

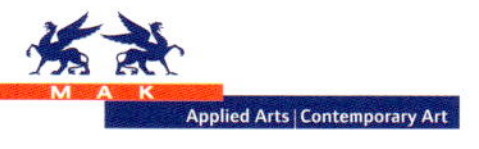

MAK
Stubenring 5, A-1010 Wien
Tel. (+43-1) 711 36-0, Fax (+43-1) 713 10 26
E-Mail: office@MAK.at, www.MAK.at

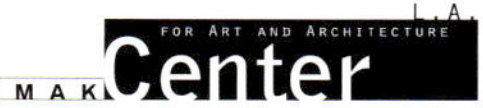

MAK Center for Art and Architecture, Los Angeles
835 North Kings Road, West Hollywood, CA 90069, U. S. A.
Tel. (+1-323) 651 1510, Fax (+1-323) 651 2340
E-Mail: MAKcenter@earthlink.net, www.MAKcenter.com

Gesamtherstellung / Printed by:
Dr. Cantz'sche Druckerei, Ostfildern-Ruit

Lithografie / Lithography:
reprozwölf, Wien / Vienna, Austria

Erschienen im / Published by
Hatje Cantz Verlag
Senefelderstraße 12, 73760 Ostfildern-Ruit, Germany
Tel. (+49-711) 4405-0, Fax (+49-711) 4405-220
www.hatjecantz.de

Distribution in the US:
DAP/Distributed Art Publishers, Inc.
155 Avenue of the Americas, second floor, New York, NY 10013
Phone (+1-212) 627 1999, fax (+1-212) 627 9484

ISBN 3-7757-1240-2

Printed in Germany

FOTOGRAFIE, EIN HEISSES MEDIUM

PETER NOEVER

Dem Möglichen Wirklichkeit zu verleihen, das Unsichtbare sichtbar zu machen, der erfahrenen Sehnsucht einen Ort zu geben zeichnet Gerald Zugmanns besondere Qualität der Architekturfotografie aus. Er hebt damit dieses Medium auf ein herausragendes Niveau.

Ein ganz besonderes Beispiel hierfür sind die Fotografien der Modelle von COOP HIMMELB(L)AU. Es handelt sich hier gewissermaßen um Abbildungen pragmatischer Äußerungen zur Architektur, die von einem Blick reflektiert werden, dessen Ziel es ist, die eigentliche Intention zum Ausdruck zu bringen. Damit überwindet er spielerisch eine scheinbare Begrenztheit der Form, die gerade in der Architekturfotografie sehr oft als hinderlich erfahren wird.

Architektur ist Raum; sie ist stets körperlich, realisiert sich in "harten" Materialien, so unterschiedlich flexibel diese auch sein mögen. Architektur ist "langsam" auch in der Hinsicht, dass Sinnlichkeit und Fantasie letztlich immer über die körperliche Wahrnehmung vermittelt erlebt werden. Fotografie hingegen ist vorrangig eine Zeitkunst, die sich gleichsam ungebunden von jeder Materialität – direkt über das Auge – und damit blitzschnell und "glühend heiß" an die sinnliche Wahrnehmung wendet. Zugmann gelingt es, diesen scheinbaren Widerspruch zu überwinden, weil er nicht in der Unmittelbarkeit des bloß Erlebbaren und Abbildbaren verharrt, sondern realisierte Absicht als Erfahrbares zum Ausdruck bringt.

COOP HIMMELB(L)AU bauen ihre Art von Modellen tatsächlich modellhaft. Es sind Studien mit Arbeitscharakter, wie für den Eigengebrauch bestimmt, um Ideen zu veranschaulichen, Positionen zu sichern. Die Modelle spiegeln damit – noch völlig unverbraucht und noch nicht eingeschränkt durch die später hinzutretenden Anforderungen – ein Potenzial an Sehnsucht.

Gerald Zugmann versteht es mit seinen Arbeiten, gerade diese Sehnsucht, welche auf bestimmte räumliche Bestimmungen abzielt, aufzugreifen und zu artikulieren. Sein Blick wie sein Medium verändern die Maßstäbe und rücken die – auch durch die für die Modelle verwendeten Materialien gegebene – Fragilität der Entwürfe ins rechte Licht, bzw., richtiger, er macht die inhaltliche Dimension dieser vordergründig durch die verwendeten Materialien gegebene Fragilität als besondere Qualität des Entwurfs selbst und nicht nur des Modells sichtbar. Durch seinen Eingriff wird das innere Vibrieren der Entwürfe von COOP erst richtig erfahrbar, als werde etwas, was sonst in modellhafter Kälte zu erstarren droht, durch das Licht der Fotografie erhitzt und verdeutlicht.

Mit den Mitteln der Fotografie macht Zugmann Architektur. Die Modelle von COOP HIMMELB(L)AU werden auf ihre richtungweisende Vorstellung und räumliche Sehnsucht hin überprüft, und das den Arbeiten innewohnende Potenzial wird dadurch überzeugend sichtbar gemacht. So gesehen greift er aktiv in die Arbeit der Architekten ein und leistet damit zugleich einen spezifischen Beitrag zur Kunst der Architekturfotografie.

PHOTOGRAPHY – A HOT MEDIUM

PETER NOEVER

Gerald Zugmann's architectural photography reveals the invisible, lends reality to the possible, and makes a place for longing. These achievements raise the medium of photography to a new level.

This is especially evidenced by Zugmann's photographs of COOP HIMMELB(L)AU's architectural models. His images confront us with pragmatic statements on architectural issues – statements that reflect a view towards expressing the actual intention. The photographer playfully overcomes the apparent limitations which are often regarded as a hindrance especially in architectural photography.

Architecture is space. Its volumes are realized in "hard" materials however flexible these may be. Architecture is "slow." Like sensuality and fantasy it is, without exception, a matter of physical perception. Photography on the other hand, is primarily an "art of time." It addresses sensual perception, independent of any materiality, directly through the eye, quick as a flash and scorching hot. Zugmann succeeds in doing away with this ostensible contradiction: he does not perpetuate the experience of the image itself but rather communicates a realization of the architect's objective.

COOP HIMMELB(L)AU builds models as models. For them the models are studies, working structures intended for the architects' own use. They provide a basis for the illustration of ideas and for fortifying positions. This is why they reflect a potential of desire and still remain fresh, not molded by the restriction of later requirements.

Gerald Zugmann knows how to assume and articulate this desire which is oriented towards certain spatial decisions. Through his medium he changes the scale and brings focus to the materiality and fragility of the models. It is actually the photographer's intervention that discloses the inner vibration of the COOP designs. It is as if the cold medium of the model, on the brink of freezing, is heated up and becomes clear in the light of photography.

Employing photographic means, Zugmann himself creates architecture. His images are like x-rays of COOP HIMMELB(L)AU's designs, revealing the projects' immanent potentials and spatial desires. His decisive interventions in the architects' work constitute his specific contribution to the art of architectural photography.

MODELLE ZU BILDERN MACHEN, DANN BAUEN

Zur Architekturfotografie von Gerald Zugmann und zu seiner Zusammenarbeit mit COOP HIMMELB(L)AU

CHRISTIAN REDER

Alle merken es: Wahrgenommen werden in erster Linie Bilder, durcheinander fließende Bildströme; das fördert Sprachlosigkeit, aber auch die Erweiterung und Verwirrung von Sprache, von Denkmöglichkeiten. Das Archaische daran verweist auf universelle, Zeiten und Räume verbindende Momente, im Sinn von: zuerst war das Bild, dann das Wort. In der gegenwärtig erlebbaren medialen Intensität verschärft sich diese Situation fortwährend. Gefühle von Ordnung, von Begrenztheit, von Zuständigkeit und Übersicht verschwinden. Was passiert, passiert eben; mit bloß sehr vagen Perspektiven. Daran sollen sich gefälligst alle gewöhnen, ist die überall kursierende Botschaft. Stabilisierende Erinnerungszeichen und Anhaltspunkte scheinen immer rascher zu verblassen. Wirklich möglich wird nur, was bestimmte Konstellationen erlauben. Wenn Veränderungsimpulse tatsächlich greifen, ist das gleichsam Glücksache. Die verbleibende Chance: punktuelle Interventionen. Ohne Bilder wären sie nicht kommunizierbar.

Dem Eindruck, es könne dafür keine Modelle mehr geben, vor allem keine kühnen, weit reichenden, experimentellen, wird im vorliegenden Buch – konzentriert auf entgrenzte Dimensionen von Architektur – entschieden widersprochen, in Gegenposition zu der in vielen Sphären vorherrschenden Auffassung, solche Ansätze hätten sich erledigt, da praktisch alle bewegenden – planerischen, gesellschaftspolitischen, technischen, urbanistischen – Entwürfe zu völlig anderen Resultaten als den beabsichtigten geführt hätten. Groß jedenfalls dürfen Visionen nicht mehr sein, weder die zugrunde liegenden Konzepte noch die Erzählungen davon. Dabei haben die Problemlagen sich keineswegs entscheidend verändert. Vieles wird sogar laufend prekärer. An den in diesem Band versammelten Projekten aus über zwei Jahrzehnten und den Fotos von ihnen lässt sich, sozusagen gegenläufig, einiges davon ablesen, als Stellungnahme zur Zeit, als Manifestation von Möglichem.

MIT MODELLEN EXPERIMENTIEREN

Völlig unzutreffend wäre es, die Modelle und Bauten von COOP HIMMELB(L)AU einer rückwärts gewandten Sehnsucht nach Radikalität zuzuordnen. Sie sind etwas anderes. Sie sind insistierend visualisierte Fragen, wie sich die Denkfigur „Modell" weiterentwickeln ließe. Das wird in den Entwurfsvorgängen selbst erprobt. Gebaut wird sofort – nämlich am Modell. Es ist, als Fülle von Überlegungen, Bildern, Schichten, Assoziationen, immer zugleich Denkmodell. Sich darum zu kümmern, was erlaubt ist, kommt dabei niemandem in den Sinn. Ein unmittelbares Vordringen in den Raum wird für notwendig gehalten. Skizzen erhöhen die Geschwindigkeit. Der vorerst kleine Maßstab ermöglicht Laborsituationen, Experimente. Mit provisorischem Material werden Anforderungen an schließlich verwendete Materialien vorausgedacht. Was unter sachlich und nüchtern verstanden werden könnte, wird jeweils neu interpretiert, als Kontrapunkt zu diversen pathetischen Attitüden. Masse bekommt Zerbrechlichkeit zugeordnet. Stabilität ergibt sich trotzdem. Der Wunsch zu fliegen bleibt präsent. Der Himmel, das Licht ist allgegenwärtig. Pathos als Leidenschaft, als Gefühlsausdruck wird zu fein strukturierten Emotionsgebilden transformiert, ohne dass mit dem Pathos verwandte Muster für Antipathie und Sympathie nivelliert würden. Eine Verliebtheit ins Chaos macht sich nicht bemerkbar, eher ein nervöses Eingehen auf Veränderungen.

Jedes Modell von COOP HIMMELB(L)AU lässt Raum für unzählige Modelle, als Schichten, als Potenzial, als gebaute Offenheit. Die konzipierten architektonischen Situationen als solche ermöglichen Einblicke, Durchblicke, Ausblicke. Energie, in ihren uferlosen, auch sehr persönlichen Dimensionen, ist ein wichtiges Thema. Räume verdrehen sich so, als ob die Schwerkraft aufgehoben wäre, auch die Schwerkraft des Denkens.

Mit konventionellen Modellen hat das nur noch wenig zu tun. Denn sie – in wissenschaftlichem Sinn – als schematische, vereinfachende, idealisierende Darstellungen zu verstehen, in denen Beziehungen und Funktionen der Elemente deutlich werden, würde verhindern, Felder jenseits pragmatischer Planbarkeit zu erobern. Daher fordert Wolf D. Prix auch vehement von jenen, die Architektur ernst nehmen, sich „stärker als je zuvor als Verantwortliche für dreidimensionale Kultur zu verstehen und dem bleiernen Dogma der ‚Wirtschaftlichkeit' die vitale Funktion des Ästhetischen entgegenzuhalten". Denn „wenn sich die Architektur so weiterentwickelt wie bisher, dann wird der Architekt in wenigen Jahrzehnten verschwunden sein. Anstatt selbst Entscheidungen zu treffen, wird er die Entscheidungen anderer ausführen. Anstatt seine Vorstellungen im direkten Kontakt mit dem Bauherren umzusetzen, droht er in die dritte Reihe hinter Facility Manager und Generalunternehmer relegiert zu werden. Entsprechend wird erst gefragt werden, wenn alle wichtigen Rahmendaten schon festgelegt sind. Seine Aufgabe wird nicht mehr in der Gestaltung von Gebäudeformen und Raumsequenzen liegen, sondern in der atmosphärischen Ausgestaltung einer Architektur, die schon tot ist, bevor sie aus ihren Schubladen gezogen wird. Mit einem Wort: Die Zukunft gehört dem Architekten als Stimmungsdesigner."

Die Zuständigkeit für „dreidimensionale Kultur" wird also entschieden beansprucht, trotz aller Erfahrungen mit den Realitäten im Baugeschehen. Der Kampf, auch der innere, auf der Höhe der Zeit, im Brennpunkt brisanter Fragen, zu Modellen zu gelangen, die sich in neue Modelle verwandeln, also nichts Lineares mehr unterstellen, hat Strukturen im Blick, die beweglich bleiben, als Zusammenwirken sich ändernder Raumvorstellungen und Verhaltensweisen. Architektur mit Inhalten zu überfrachten kann lähmen. Kompetenz lebt von Arbeitsteilung; wo sie nicht funktioniert, muss sie eingefordert werden. Um soziale und technische Innovationen wirklich voranzutreiben, wären Architekturoffensiven notwendig, noch dazu wo der Bedarf an städtischen Situationen weltweit explosiv zunimmt. Es ginge um mehr, als im Fluss des Geschehens ausstrahlende Anhaltspunkte zu positionieren. Durchsetzen lässt sich selbst das, so die spürbar notwendige Strategie, nur als sichtbare und hörbare Stimme in medial erzeugten Kraftfeldern. Dazu braucht es Modelle und Bilder.

VISUALISIERUNG VON DENKPROZESSEN

Die Bilder dieser Modelle – und vieler umgesetzter Bauten – stellt seit Jahren Gerald Zugmann her. Er reduziert die drei Dimensionen entworfener Gebäude auf zweidimensionale Flächen, die durch einen Rand begrenzt sind. So lapidar sieht er das. Die Schwierigkeit liege darin, Volumina und Strukturen abzubilden. Es geht ihm dabei um das Fassen von Formen, von Lichtsituationen, von Überschneidungen. Für ihn ist das Handwerk. Das fotografierte Objekt wird dadurch zu etwas anderem. Realismus interessiert ihn nicht. Ein Foto kann und soll nicht so tun, als würde es das Objekt – oder eine Realität – wirklich darstellen, sagt er dazu. Seine Arbeit ist nichts Zusätzliches, Ergänzendes, sondern Teil der in Gang gesetzten Denkprozesse. Auch für die Architekten eröffnen sich damit ständig weitere Zugangsweisen. Indem ihm völlige Freiheit gelassen wird, kann diese Aufgabenteilung beidseitig fruchtbar werden. Es geht zwar in der Regel um Aufträge, deren klarer Rahmen stecke aber zugleich die Bedingungen für Präzision deutlich ab. Das Objekt selbst und die in ihm manifestierte Ideenwelt sind das Wichtige.

Auf die Dynamik der Entwurfsprozesse reagiert er mit Betonung von Statik, von Stille. Er erzeugt Stillleben. Dass es um sorgsam vorbereitete Momente geht, soll sichtbar werden. Damit wird er zum teilnehmenden Beobachter in Forschungsvorgängen, dessen wortlose Statements Gewicht haben. Die Modelle selbst und die Fotos davon repräsentieren komplementäre Ebenen in diesen Verfahren, die weiterlaufen, solange sie zur Präzisierung von Sensibilität und Urteilskraft herausfordern. Das Explosive, Hitzige, nur scheinbar Stillhaltende der Modelle wird mit betonter Kühle betrachtet. Gleichgültig wird der Blick dadurch keineswegs. Von ihm ausgeübte Kontrollfunktionen brauchen sich nicht mit Unbestechlichkeit zu brüsten; die Genauigkeit der Ergebnisse spricht gleichsam eine wissenschaftliche Sprache, dennoch ist klar, dass es nicht um Objektivität gehen kann.

Die Umgebung wird meistens ausgeblendet oder abgedunkelt. Der Eindruck des Düsteren ergebe sich aus der Absicht, Ausschnitte zu betonen, Spannungen zu erzeugen, etwas aus dem Dunkel hervortreten zu lassen, meint er zu seiner Vorliebe für solche Wirkungen. Verfremdungseffekte stellen sich gegen eine unterhaltsame Art der Betrachtung. Analytisches soll herausgefordert werden. Trotz aller Statik könne in jedem Moment etwas Überraschendes passieren, und sei es ein Gewitter. Gerald Zugmann schafft es, eine in der Luft liegende Ungewissheit in seine Fotos zu bringen. Wie lang er die Zeit anhält, wird nicht ganz klar. Zeit ist aber genauso präsent wie der Raum. Er macht das jeweilige Objekt zum Kristallisationsort solcher Bezüge; auch dessen vierte Dimension wird als Kraft spürbar.

Die Blickpositionen werden genau überlegt. Aus einer Perspektive gibt es in aller Regel schließlich nur ein Bild. Es ist seine Entscheidung, welche Elemente er hervorhebt, was in den Hintergrund zu treten hat, damit Essentielles Kontur bekommt. Licht- und Schattenbezüge werden oft in der Dunkelkammer nachbearbeitet. Schwarzweiß ist ihm oft lieber; der grafischen Klarheit wegen. Auf den Farbfotos tauchen aus dem Dunkel leuchtende Körper auf, als handle es sich um Wunder. Solche Übersteigerungen appellieren an das Gefühl, das, was sein könnte, nicht von üblichen Standards begrenzen zu lassen. Seine Beweisführung in dieser Richtung baut auf eine fast antiquiert wirkende Technik, als Ausdruck beharrlicher, langsamer Arbeitsweisen. Er macht keine Reportagen über Architektur. Der geleistete Aufwand bleibt ein wichtiger Faktor. In seiner Fotografie spiegelt sich wider, dass das Baugeschehen nur mikroskopische Anteile von Architektur zustande bringt. Ihnen gebührt Sorgfalt. Körper, Linien und Flächen werden, über die Festlegung von Begrenzungen, gleichsam neu definiert. Urbane Umfelder mit einzubeziehen würde nur fiktive Zusammenhänge behaupten. Die oft beklagte Menschenleere bei fotografierter Architektur hat für ihn primär technische Gründe; in Innenräumen sind die Belichtungszeiten zu lang, es müsste mit Statisten gearbeitet werden, der entstehende Eindruck wäre neuerlich inszeniert, ohne dass es viel brächte. Ein Alltagsgeschehen abzubilden würde den Modellcharakter künstlich banalisieren. Wie sich Einzelheiten mit dem Ganzen vertragen, machen Ausschnitte und Verfremdungen deutlicher als jede vermeintliche Detailtreue. Das Weglassen solcher Dinge betont das Modellhafte, als Befreiung. Sich schließlich einzurichten in einem solchen Gebäude, als Benutzer, sollte von solcher Großzügigkeit etwas bewahren. Vorausdenken lässt sich das nur bedingt, wenn es nicht zu beengender Planung verkommen soll. Für ein Foto seien Form, Licht und Struktur maßgebend. Er sieht sich nicht als Dokumentarist. Ihm geht es um hervorragende Architektur, der er sich dann mit hoher Intensität widmet. Der Objektcharakter ergibt sich, weil er sein Objekt als Objekt sieht. Deswegen operiert er oft von Positionen aus, die andere Beobachter nie einnehmen würden. Er will der Grundidee dahinter, zusätzliche Schichten und Bezugsfelder erschließen. Daher ist eine Vertrautheit mit den Denkweisen wichtig. Mit COOP HIMMELB(L)AU arbeitet er seit Jahrzehnten; für Günther Domenig, Donald Judd, Kiki Smith, Vito Acconci, Chris Burden, Philip Johnson, Bruno Gironcoli, James Turrell, Jannis Kounellis, Franz West, Hans Hollein oder Richard Artschwager hat er Architekturen oder Objekte fotografiert. Über Frank Lloyd Wright, R. M. Schindler, Louis I. Khan oder Carlo Scarpa gibt es von ihm eigene Fotoserien. Solche über Kompetenz verbundene Netzwerke in arbeitsteiliger Weise auszuweiten könnte vieles noch intensivieren, meint er zu diesen Erfahrungen.

Indem Gerald Zugmann anhand der für diesen Band zusammengestellten Modellfotos die Entwicklung von COOP HIMMELB(L)AU von Anfang an sichtbar macht, also auch ihre Zugangsweise, die Arbeit an Modellen als konsequente Präzisierung von Denkmodellen zu verstehen, wird vieles kompakter begreifbar, als es die höhere Komplexität fertiger Bauten vermitteln könnte. Modelle drücken aus, was angestrebt wird. Ihre Raumkonzeptionen auf Flächen zu reduzieren, einschließlich der Übertragung in der Realität unsichtbarer, irritierender, mentaler Eigenschaften, wird zur eigenständigen Leistung im Entwurfs- und Beurteilungsprozess. Seine Fotos sind Ausdruck eines Mitdenkens. Im Abstraktionsgrad aneinander gereihter Modelle werden gedankliche Strukturen manifest, Brennpunkte der Konzentration, konzeptionelle Verschiebungen. Eine strahlende Transparenz macht die konkreten Lichtquellen zum Rätsel. Unklar bleibt, welche Zivilisationen sich solche Bauten zutrauen würden. Sie könnten Objekte in einem fiktiven „Blue Universe" aus lauter Nichtorten (griechisch: *ou tópos,* Utopie) sein. Diese Pluralität und mitschwingende ironische Komponenten nehmen ihnen ihr Entferntsein. Gerade deswegen wirken die Modelle vielfach realer als realisierte Bauten. Ein solcher Antagonismus ist gewollt. Er verdeutlicht das Kategorische, trotzdem Unabschließbare dieser Grenzen aufsprengenden, auf kühne Anwendungsmöglichkeiten zusteuernden Denkweisen.

Das Modell und das Gebaute – und die Bilder davon – sind Ausformungen kohärenter Gedanken. Über Visualisierungen wird sichtbar, inwieweit sie verschiedenen Welten angehören oder bereits zu Facetten desselben Sachverhaltes werden. Deutlich wird, wie notwendig es bleibt, trotz tausendfacher Blockaden weiter an Möglichkeiten für neue, vielfältige Qualitäten zu arbeiten, an Gegenbeispielen zu jeder vorauseilenden Anpassung. Es geht gewissermaßen um forschende Entwicklungsarbeiten, die sich von dem in der Wissenschaft herrschenden Zwang lösen, primär Wiederholbares beweisen zu müssen. Wird der Blick auf Abfolgen von Singulärem gerichtet, auf noch Uneingeordnetes, haben Modelle und Bilder, als visualisierte Sprache, eine entschieden konstatierende und zugleich forschende Funktion. Zu Kunst wird auch etwas, wenn wenig von Kunst die Rede ist, weil die Konzentration Konzeptivem, Technischem, Handwerklichem, Formalem gilt.

TRANSFORMING MODELS INTO PICTURES BEFORE BUILDING ¹³

On Gerald Zugmann's architectural photography and his cooperation with COOP HIMMELB(L)AU

CHRISTIAN REDER

Everybody notices that it is above all pictures and crossing visual streams that make up the contents of perception; this results in speechlessness, but also in the extension and confusion of language, of possibilities of thinking. The archaic aspect of this hints at universal moments connecting different times and spaces – in the beginning was the picture, then came the word. Due to the intensity of the media to be experienced at present, this situation becomes more and more critical. Feelings of order, of limitation, of responsibility, of an overall view vanish. Things happen, and there is nothing to be done about it; the perspectives are quite vague. And the universally circulating imperative is that people should better get used to this, and that without exception. Stabilizing recollections and leads seem to fade faster and faster. The really possible depends entirely on certain constellations. It is a matter of luck if impulses of change trigger something. The only chance left is one of isolated interventions. These can only be communicated by means of pictures.

Centering on limitless architectural dimensions, the present publication vehemently counters the impression that there can be no models for this any more, especially no bold, far-reaching, experimental models; this articulates an opposition to the attitude prevailing in many spheres: that such approaches are in vain by now because all moving – planning, sociopolitical, technological, urban – designs have led to entirely different results than those intended. Visions must not be great anymore at least, neither the concepts they are based on nor the stories about them. The problems have not changed essentially after all. Many things become even more and more awkward. The projects from more than twenty years and the photographs of these projects assembled in this volume reveal some of this in reverse, as it were, as a statement on the times, as a manifestation of what is possible.

EXPERIMENTING WITH MODELS

To relate the models and buildings by COOP HIMMELB(L)AU to some retrospective longing for radicalism would be completely beside the point. They are something different. They are insistently visualized questions concerning the further development of the model as a figure of thought. This is put to the test in the design processes. And building starts immediately; this is what the model is used for. As a multitude of considerations, pictures, layers, associations, the model is always a working model at the same time. Nobody cares about what is allowed. It seems necessary to immediately explore the concept in a three-dimensional way. Sketches increase the speed. The small scale relied on for the time being creates laboratory situations and allows experiments. Makeshift materials help anticipate requirements for the materials finally chosen. What matter-of-fact and functional might mean is always explored anew, as a counterpoint to a number of pathetic positions. Mass is related to fragility. Yet, there is a definite sturdiness nevertheless. The wish to fly is still present. The sky, the light is all-pervasive. Emotionalism as passion, as an expressed feeling is converted into subtle structures without leveling patterns for antipathy and sympathy akin to emotionalism. There is no infatuation with chaos but rather a nervous grappling with changes.

Each COOP HIMMELB(L)AU model leaves room for an infinite number of models, presents layers, a potential, constitutes a built openness. The planned architectural situations as such grant insights, apertures, views. Energy, in its boundless and rather personal dimensions, is a crucial theme. Spaces are distorted as if gravity were suspended, the gravity of thinking included.

This has only little to do with conventional models. Regarding them, scientifically speaking, as schematic, simplifying, idealizing representations outlining the relations and functions of the elements in question would prevent conquering fields beyond the possibilities of pragmatic planning. This is why Wolf D. Prix challenges all those who are serious about architecture "to understand themselves more vehemently than ever as those responsible for three-dimensional culture, to counter the leaden dogma of economic viability with the vital function of the aesthetic. [...] If architecture continues developing the way it is going, then in a few decades the architect will have disappeared altogether. Instead of making decisions for themselves, they will carry out decisions for others. Instead of realizing what they envisage in direct contact with the client, the architect is threatened with the prospect of being delegated to a third row seat behind the facility manager and the building contractor. Similarly, the architect will only be required when all the significant data for the framework have been fixed. The architect's job will no longer be to design the form taken by buildings and the spatial sequence, but to kit out a piece of architecture with atmosphere that is already dead before it is taken out of its drawer. In a few words: the future belongs to the architect as a designer of atmosphere."

So the responsibility for a "three-dimensional culture" is emphatically claimed despite all knowledge about the realities of building. The (inner) struggle to arrive at models that, articulating up-to-date solutions and focusing on explosive issues, turn into new models, excluding any linear development, hinges on structures which, as an interplay of changing spatial notions and patterns of behavior, remain flexible. Overloading architecture with contents may turn into a paralyzing venture. Competence thrives on the division of labor, which has to be insisted on where things do not work out. Speeding up social and technological innovations calls for architectural offensives, especially when considering the fact that the demand for urban situations increases explosively all over the world. There seems to be more to it than just positioning clues radiating something in the flux of events. Yet, according to the strategy so tangibly necessary, even this can only be achieved in the form of a visible and audible voice within the fields of force created by the media. Which calls for models and pictures.

VISUALIZING THOUGHT PROCESSES

The pictures of these models – and of many realized buildings – have been made by Gerald Zugmann for years. He says that he only reduces the three dimensions of designed buildings to two-dimensional surfaces limited by margins; is there a more succinct way of putting it? The problem is to portray the volumes and structures. What matters to the photographer is grasping the forms, the light situations, the intersections. This is what he considers his craft: transforming the photographed object into something else. He is not interested in realism. A photographer cannot and should not pretend to be able to show an object or a reality the way it really is, he says. His work is nothing additional, supplementary but part of the triggered thought processes. His views continuously provide even the architects with further approaches. As he is granted complete freedom, this division of responsibilities turns out a fruitful solution for both parties involved. Though it is usually commission work, the clear frame of the various projects clearly indicates the conditions for precision. Important are the object and the realm of ideas manifested in it.

The dynamics of the design process makes him emphasize statics, stillness. He creates still lives. People are to realize that the moments have been carefully prepared. This turns the photographer into a participating observer of research processes whose wordless statements carry weight. Models and photographs make up two complementary levels within these processes which continue as long as they demand a specification of one's sensibility and powers of judgment. The models' explosive and violent character and their only ostensible calm are regarded with deliberate cool. Which does not mean that the look becomes indifferent at all. Needless to call attention to the integrity of its controlling functions; the precision of the results speaks a scientific language, as it were, though there is no doubt that objectiveness cannot be the issue.

The surroundings are mostly faded out or darkened. Concerning his fondness for certain effects, the photographer links the gloomy impression of his pictures with his intention to focus on details, to create tensions, to make things emerge from the dark. Alienation vs. entertaining glimpses. Gerald Zugmann wants to invite analysis. In spite of all statics, every moment might imply some surprise, maybe even a tempest. He succeeds in capturing an uncertainty that is in the air. It is not really clear for how long time comes to a halt. But time is as present as space. He converts the object in question into a site of crystallization of such relations; even its fourth dimension makes itself felt as a force.

The points of view are carefully chosen. As a rule, there is only one picture from one perspective. It is up to the photographer which elements he brings out and which parts he banishes into the background in order to make the essential things take shape. Light and shadow relations are often reworked in the darkroom. He usually prefers black-and-white; this penchant is oriented towards graphical clarity. In his color pictures, shining bodies emerge from the dark, miracle-like. Such exaggerations appeal to an instinct telling you not to allow any of the usual standards to limit the things that might be. An expression of persistent and slow methods of work, his line of reasoning in this respect is based on a technique that may strike us as almost antiquated. Gerald Zugmann does not want to present architectural reports. The effort put in remains a significant aspect. His photographs reflect that building only achieves microscopic parts of architecture. These parts deserve to be treated with care. Volumes, lines, and surfaces are redefined by settling for certain demarcations, so to speak. Including urban environments would only allege imaginary connections. That the architecture photographed does without people – a fact that people often complain about – has mainly technical reasons: inside, the exposure times are too long; the photographer would have to employ extras; and the created impression would again be a staged one without much effect. To present an everyday scene would artificially trivialize the model character. How single parts fit in with the whole is illustrated by details and alienations far better than by any supposed truthfulness. Not including such things emphasizes the model character, is a form of liberation. Settling in buildings of this kind should keep the user from such a generosity to a certain degree. This can only be anticipated up to a point if the process is not to turn into some oppressive form of planning. Gerald Zugmann regards form, light, and structure as the ingredients relevant for a photograph. He does not see himself as a documentarist. He is interested in outstanding architecture to which he dedicates himself with great intensity. That he regards his objects as objects explains the object character of his subjects. This is why he often works from positions others would not dream of taking. He wants to disclose the central idea behind the designs and the buildings, additional layers, and fields of reference. Hence the significance of being familiar with the thought processes. He has been working with COOP HIMMELB(L)AU for more than twenty years and taken photographs of architectural works or objects by Günther Domenig, Donald Judd, Kiki Smith, Vito Acconci, Chris Burden, Philip Johnson, Bruno Gironcoli, James Turrell, Jannis Kounellis, Franz West, Hans Hollein, Richard Artschwager, a.o. And he has made special photo series on Frank Lloyd Wright, R. M. Schindler, Louis I. Khan, or Carlo Scarpa. He thinks that extending such competence-linked networks in a way based on the principle of the division of labor might intensify a lot of things.

By revealing the development of COOP HIMMELB(L)AU from the beginning through the model photographs assembled for this volume, Gerald Zugmann also makes us understand the architects' approach of regarding working with models as a consistent development resulting in more and more precise thought patterns – which provides us with an idea of the matter in question that is more compact than that conveyed by the higher complexity of realized buildings. Models express the objective pursued. Reducing their spatial concepts to surfaces, which includes the translation of actually invisible, irritating mental properties, is an independent achievement within the design and assessment process. Zugmann's photographs are evidence that he succeeds in following the architects' train of thought. The extent of abstraction becoming manifest in the string of models discloses structures of thought, focuses of commitment, conceptual shifts. A shining transparency turns specific sources of light into a mystery. There is no hint as to which civilization would dare realize buildings of this kind. The structures could be objects in a fictitious "blue universe" encompassing nothing but no-places (Greek: ou tópos, Utopia). This plurality and the resonant ironic overtones deprive them of their aloofness. This is exactly why the models often strike us as more real than built designs. This antagonism is intended. It elucidates the categorical, yet always open character of these modes of thinking which burst boundaries when steering for bold possible uses.

Models and realized buildings – and their pictures – are manifestations of coherent thoughts. Visualizations reveal to what extent the two belong to different worlds or have already become aspects of one and the same context. We understand how necessary it remains to continue developing possibilities for new, manifold qualities, examples countering all anticipatory adaptation in spite of thousandfold blockades. The heart of the matter is some form of exploratory development work which breaks away from the scientific obligation to primarily prove the repeatable. If we look at sequences of extraordinary constituents, on things still unclassified, models and pictures, as visualized language, have a decidedly ascertaining and investigative function. Even without much talk about art, some things become art because the commitment focuses on the conceptual, the technical, the craft, the formal.

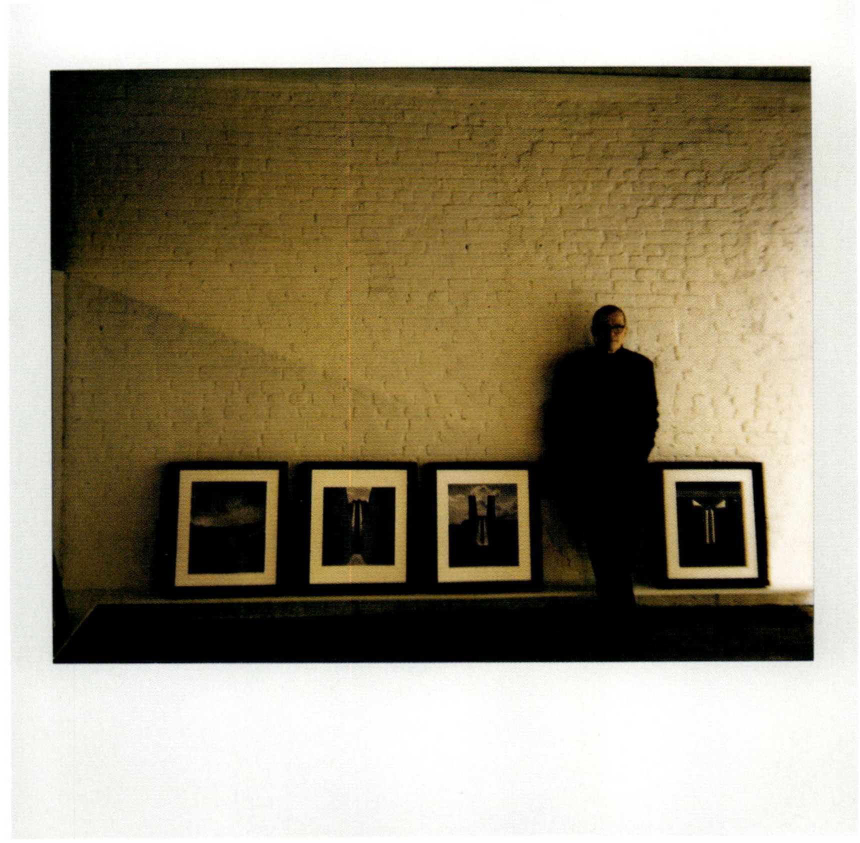

Gerald Zugmann in der / at the John David Mooney Foundation, Chicago, 1996

Mit bloßem Auge ist Jupiter ein Punkt am Himmel. Durch ein Teleskop
betrachtet bekommt Jupiter – von der Sonne beleuchtet – Formen
und Farben und beschäftigt Fantasie und Verstand.
With the naked eye, Jupiter is just a dot in the sky. Seen through
a telescope, Jupiter, lit by the sun, reveals forms and colors
and occupies our fantasy and mind. Gerald Zugmann

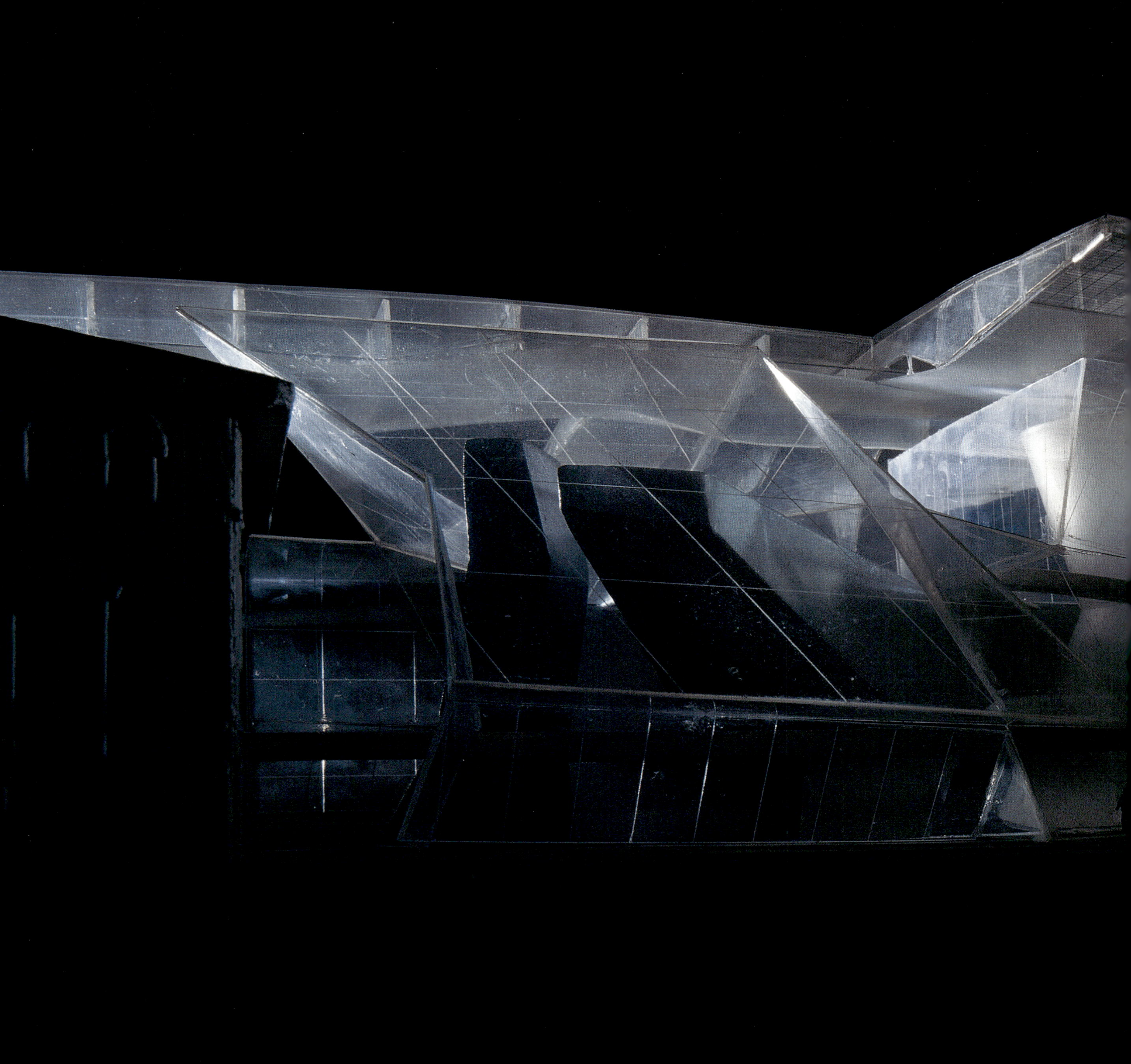

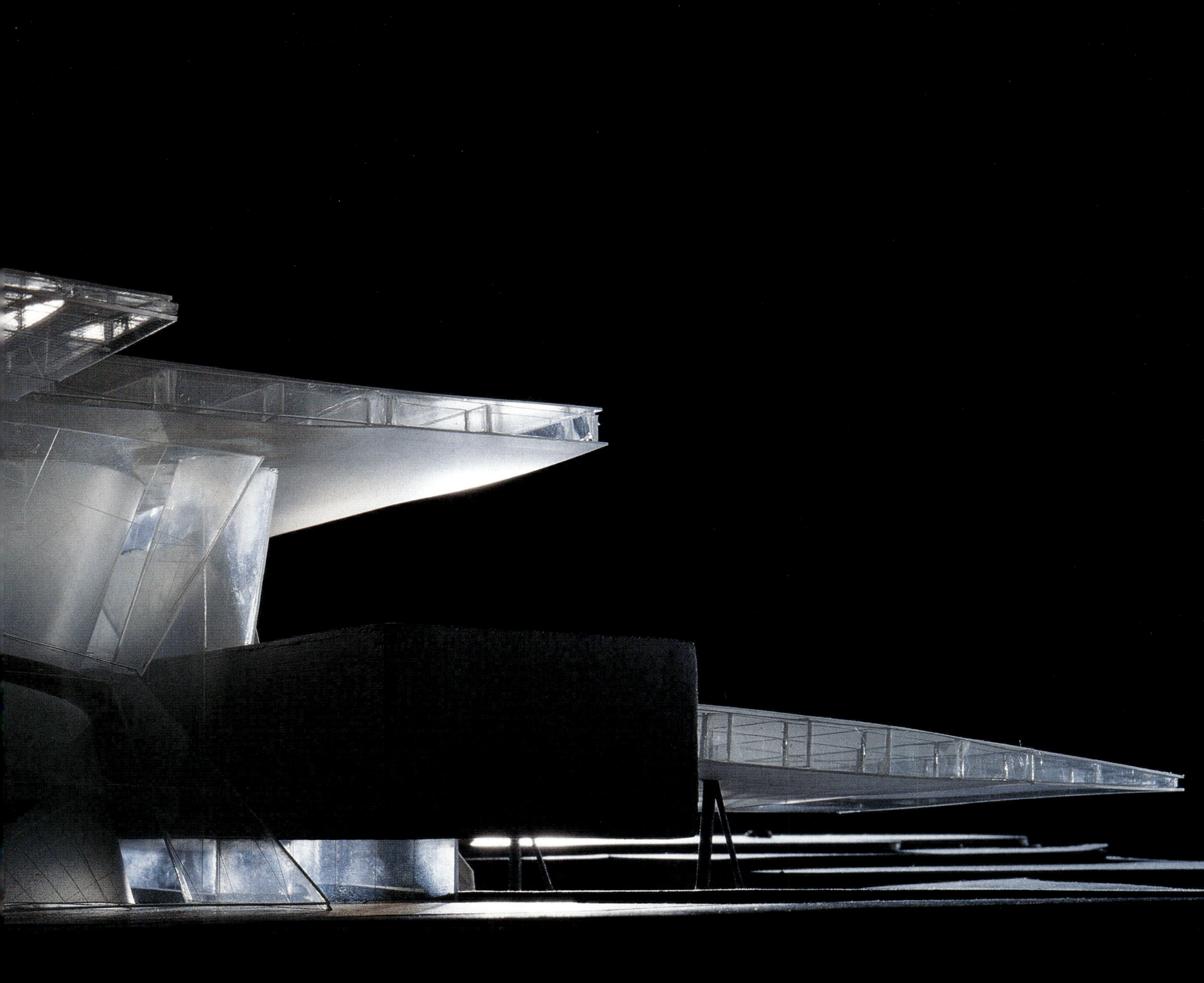

2001 **Akron Art Museum**
Ohio, USA

Entwurfsmodell / Concept model, M / scale 1 : 200
C-Print, 2002

2001 BMW Welt

München, Deutschland / Munich, Germany

Arbeitsmodell / Working model, M / scale 1:500
C-Print, 2002

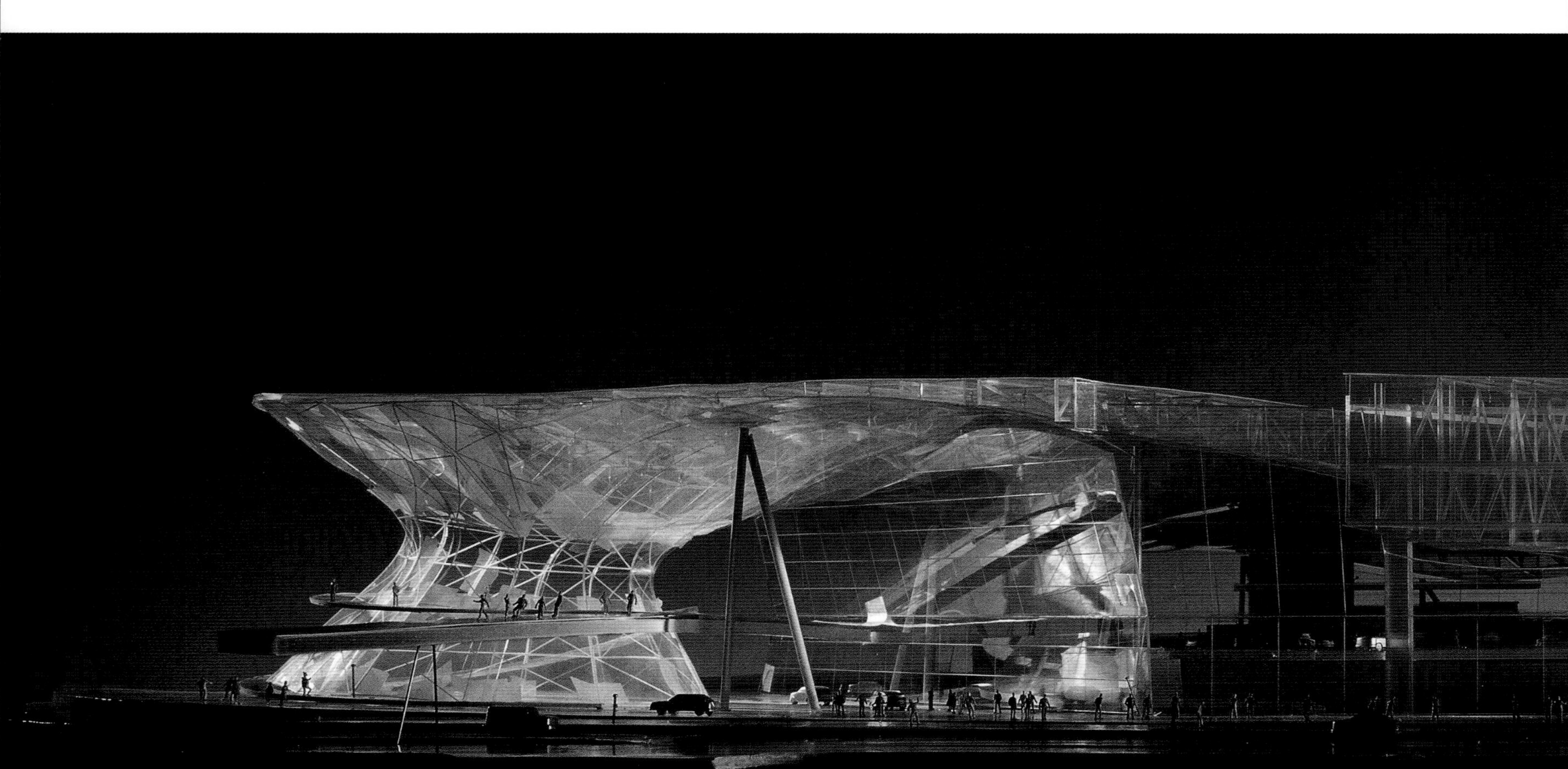

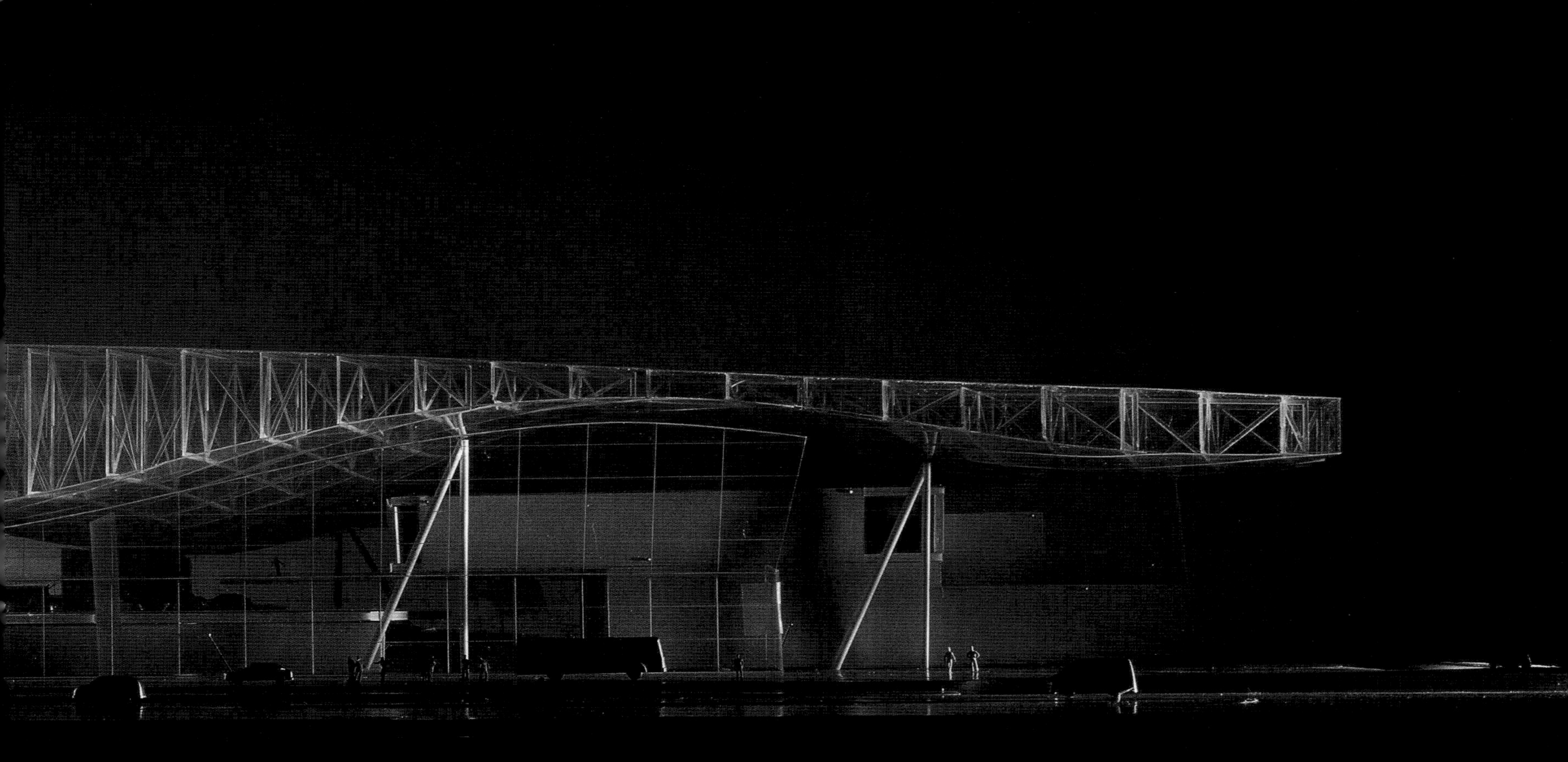

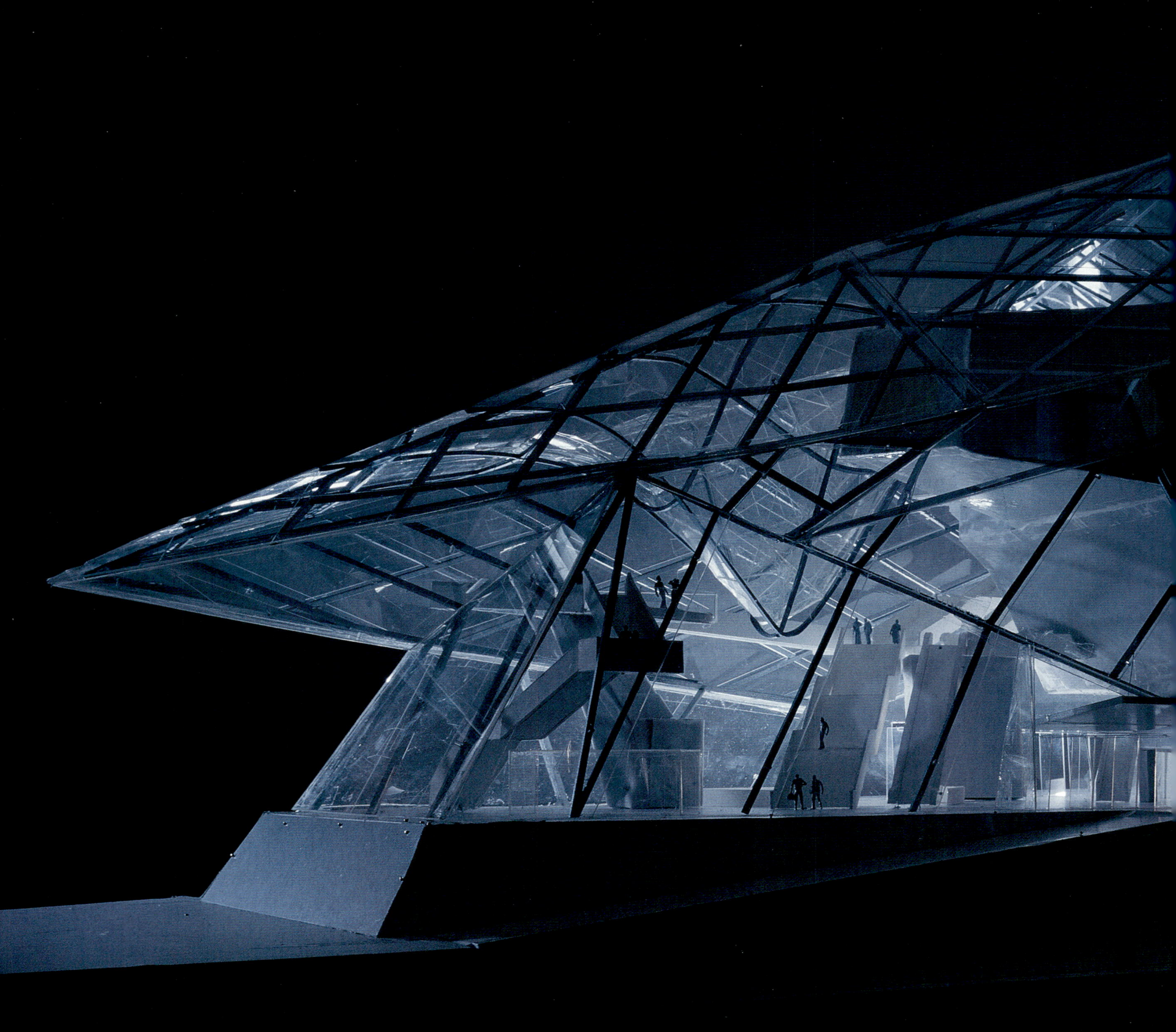

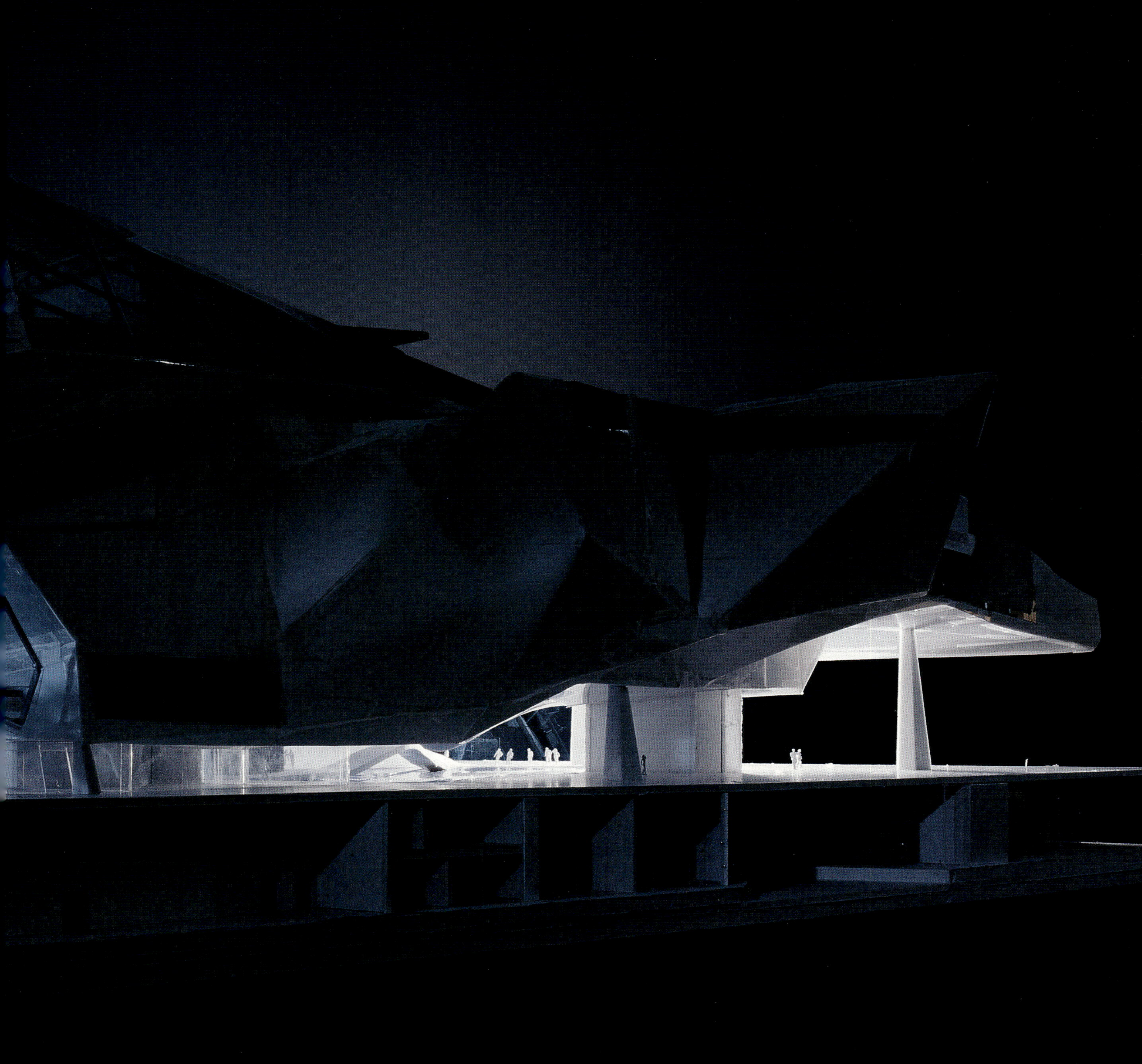

2000   Musée des Confluences
Lyon, Frankreich / France

Arbeitsmodell / Working model, M / scale 1:100
C-Print, 2002

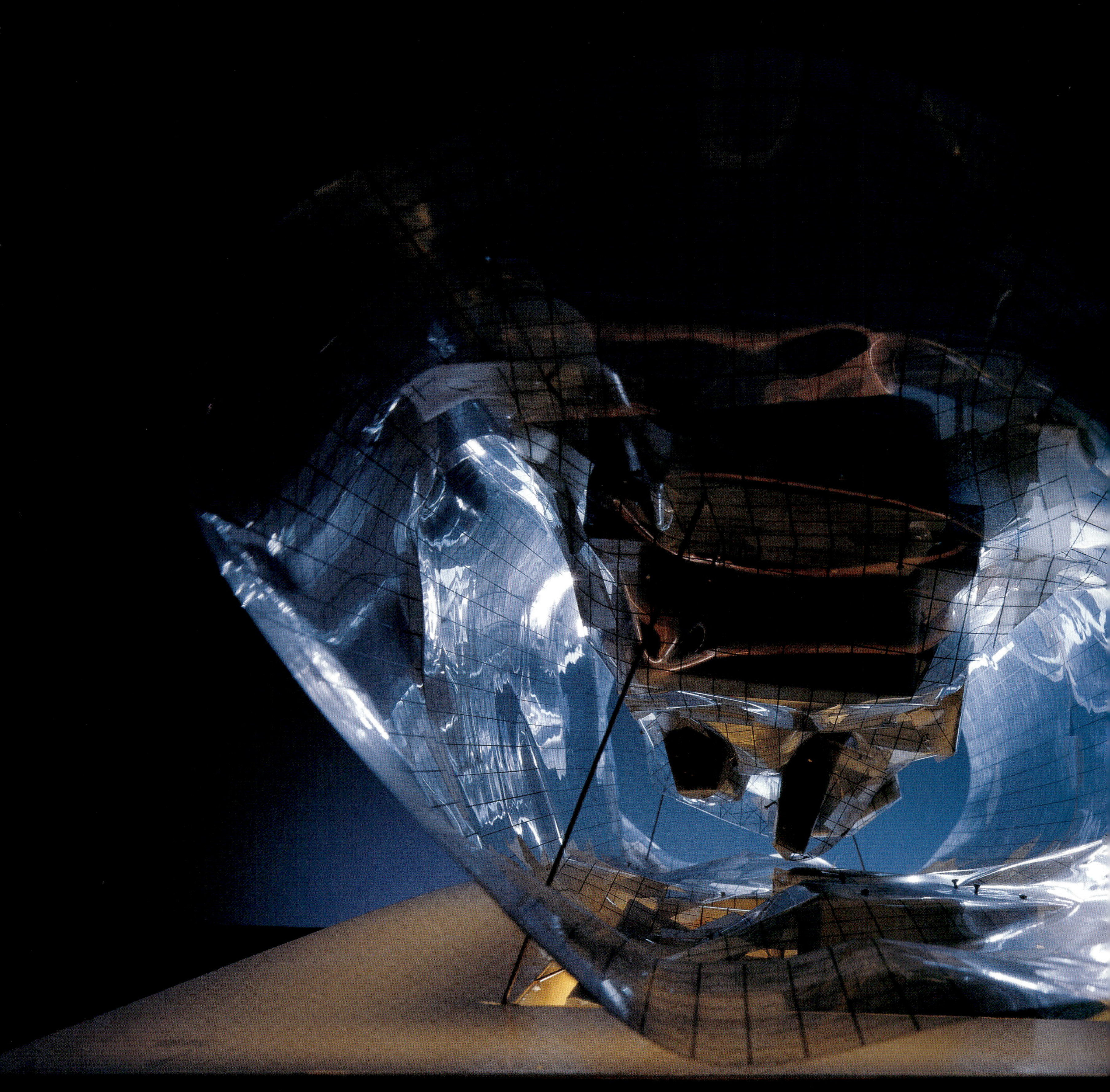

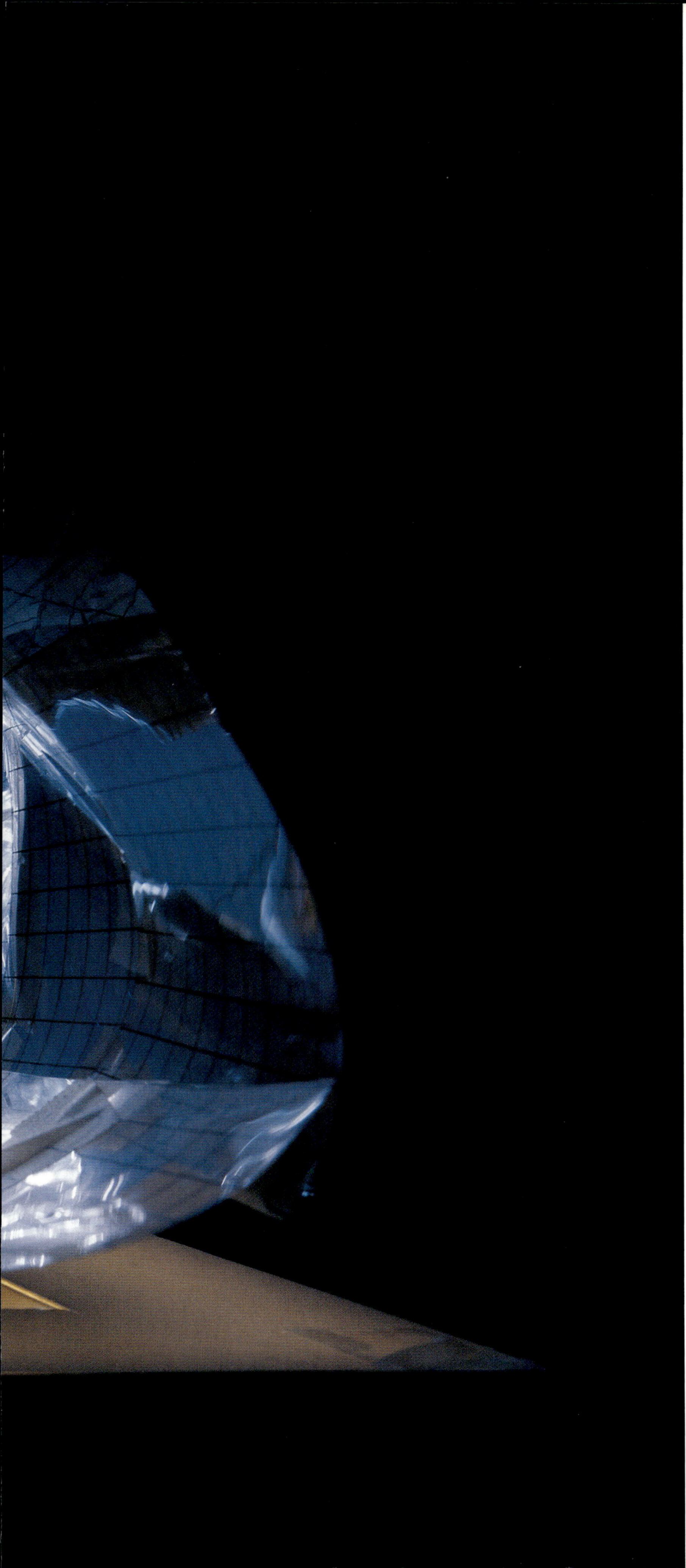

2000 **Museum für moderne Kunst**
Museum of Modern Art
Bozen, Italien / Italy

Ideenmodell / Sketch model, **kein M** / no scale
C-Print, 2001

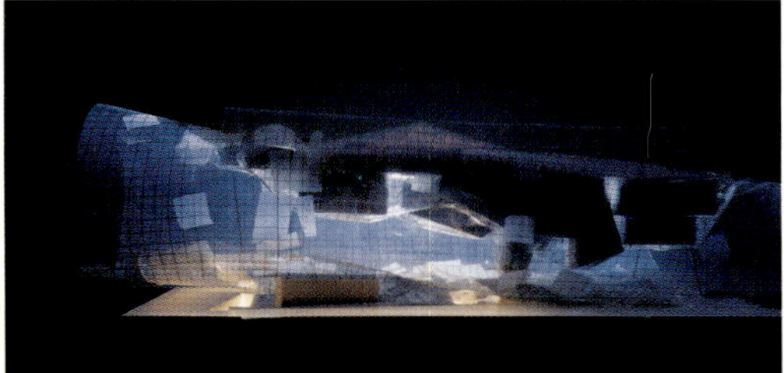

2000 IMBA Biocenter
Wien, Österreich / Vienna, Austria

Arbeitsmodell / Working model, M / scale 1:200
C-Print, 2001

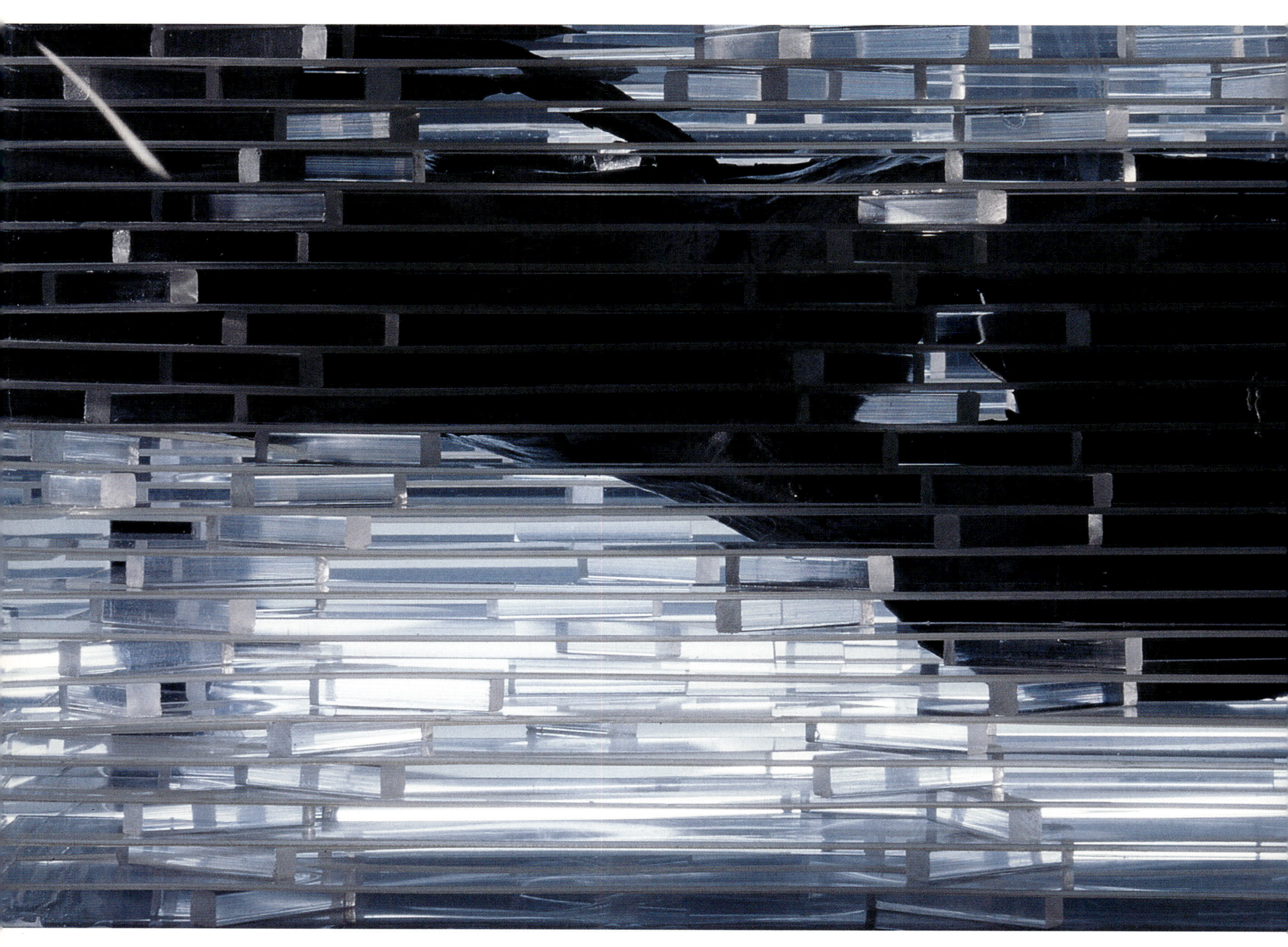

2000 IMBA Biocenter
Wien, Österreich / Vienna, Austria

Arbeitsmodell / Working model, M / scale 1:200
C-Print, 2001

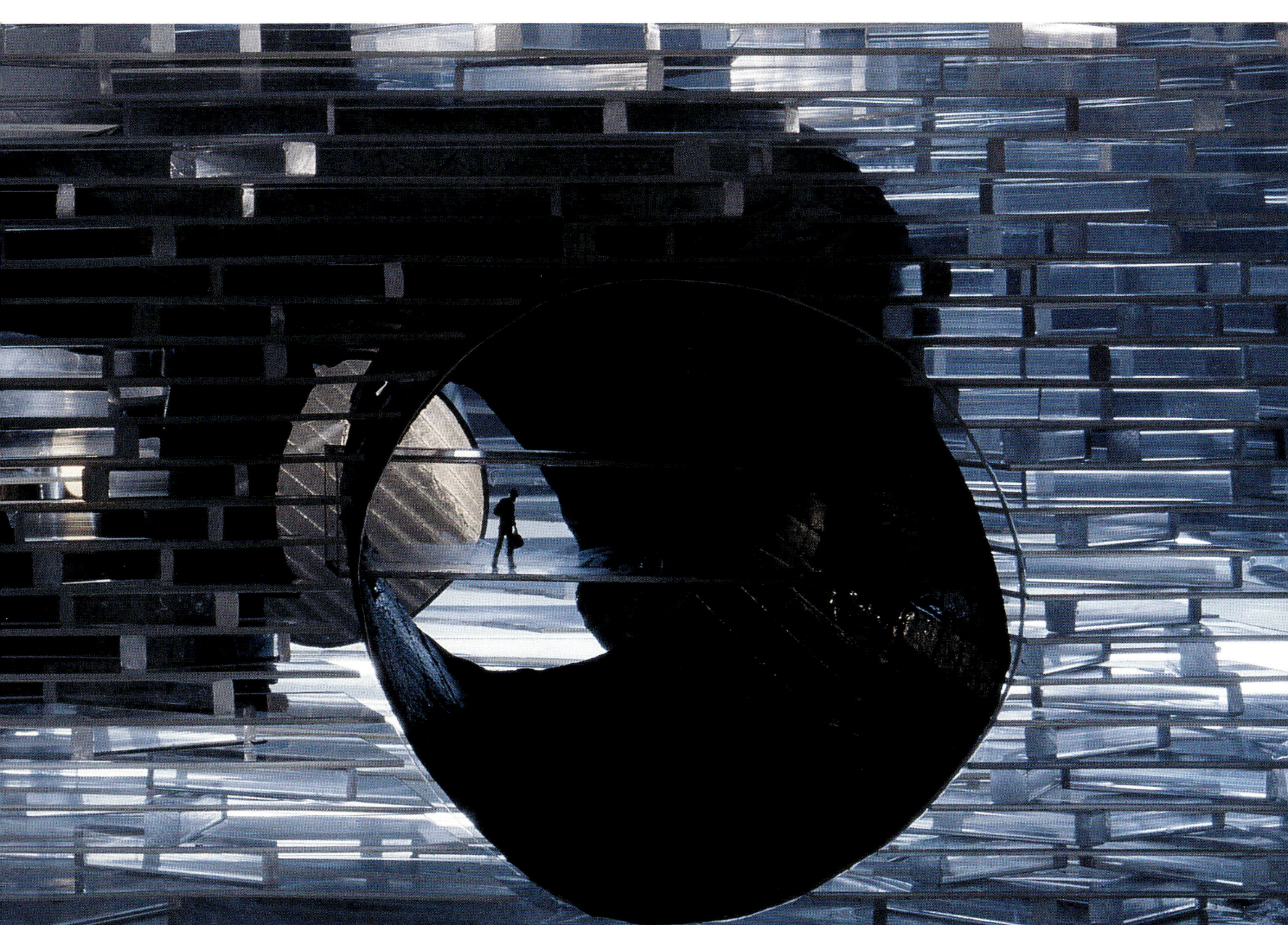

2000 Science Center Wolfsburg
Deutschland / Germany

Entwurfsmodell / Concept model, M / scale 1 : 500
C-Print, 2001

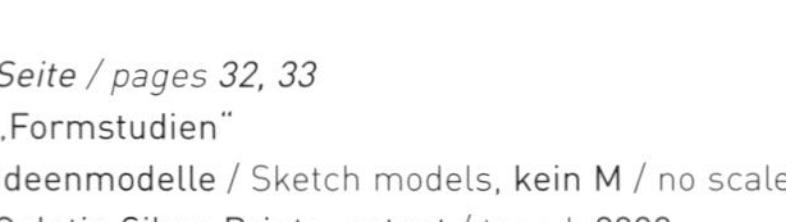

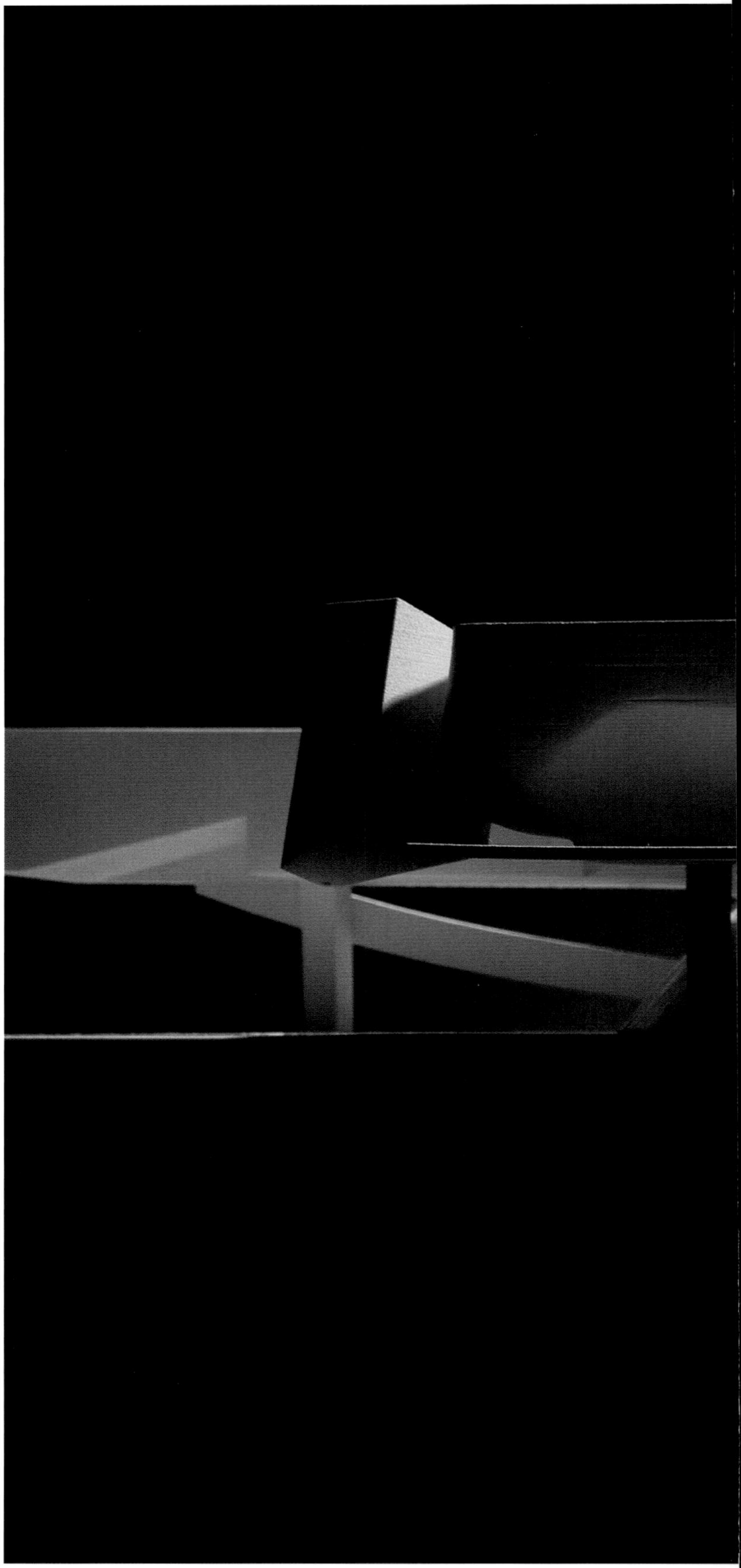

Seite / pages 32, 33
„Formstudien"
Ideenmodelle / Sketch models, kein M / no scale
Gelatin Silver Prints, getont / toned, 2002

Seite / pages 36–37
„Formstudien"
Ideenmodell / Sketch model, kein M / no scale
Gelatin Silver Print, mehrfach getont / multitoned, 2002

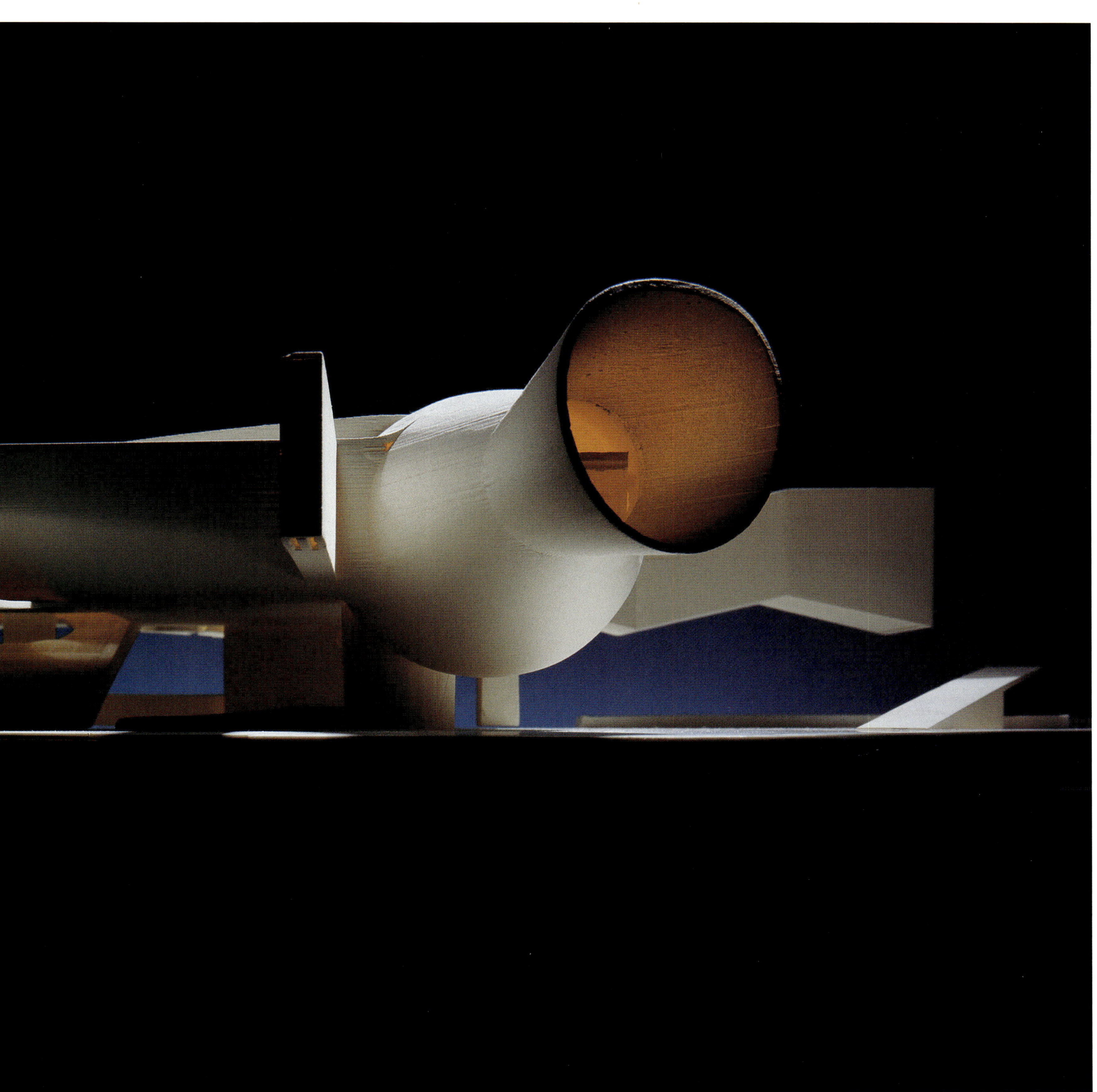

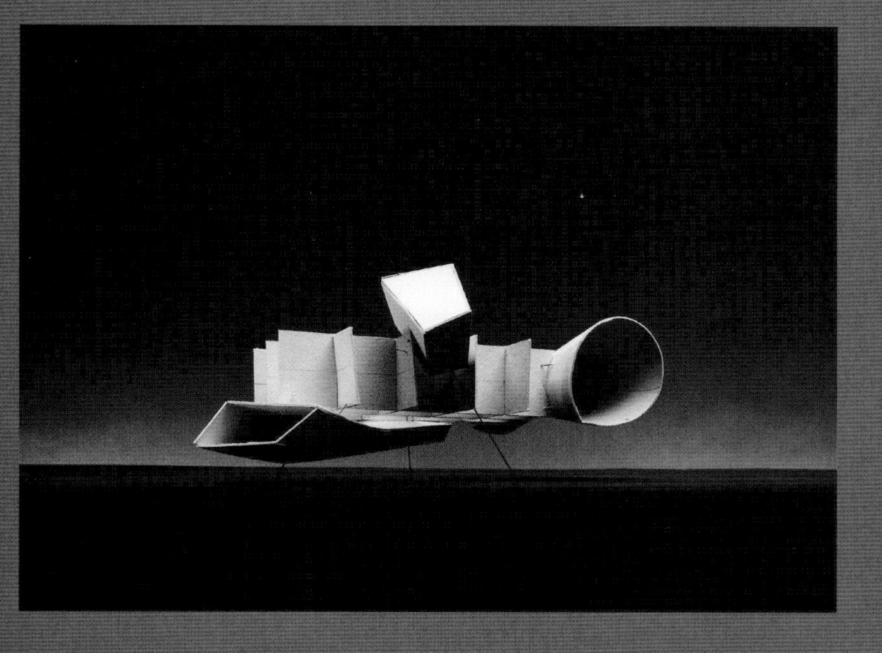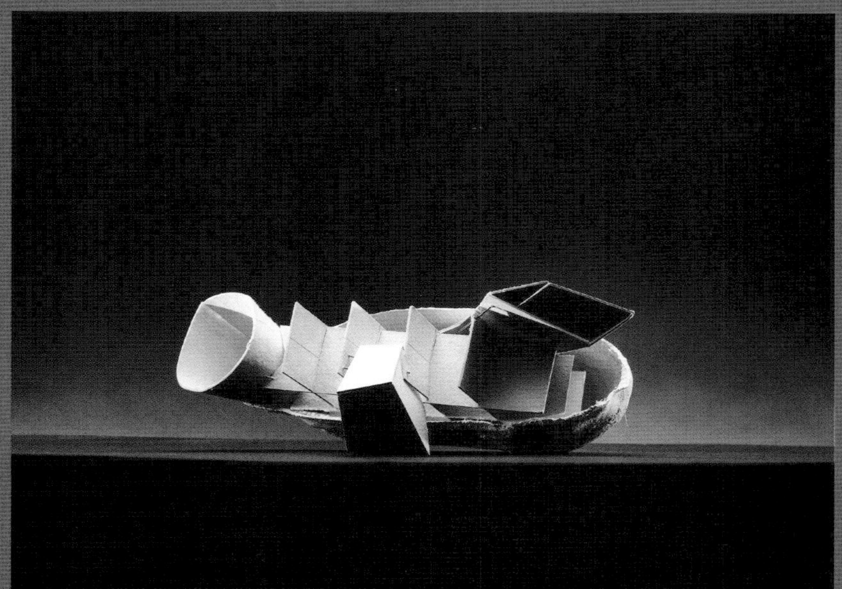

ZEICHNUNG IN DAS MODELL ERZÄHLT

Vom Abenteuer der gemeinsamen Ideen, vom Prozeß des gemeinschaftlichen Entwerfens, von der Entstehung der ersten Skizze war bereits ausführlich die Rede. Auch wurde deutlich, daß parallel zu diesem Prozeß auf komplexe Weise ein erstes vorarchitektonisches Modell entsteht. Der Satz, daß „dabei die Zeichnung in das dreidimensionale Modell erzählt werde", stellt eine der präzisesten und poetischsten Aussagen Himmelb(l)aus überhaupt dar. Denn je simultaner die erste Skizze nach ihrem Ent-Wurf in das Modell hinein erzählt wird, desto mehr verliert die Zeichnung an Wirkung und gewinnt das Modell an Bedeutung. Fortan übernimmt das freiplastische Modell als dreidimensionale Konkretisierung der Erzählung die Aufgabe, Fiktion und Funktion durch wechselseitige Ausfilterung, wenn möglich, zur Deckung zu bringen. Was bedeutet, daß Fiktion und Funktion im Modell erst einmal in eine stabile Gemengelage gebracht werden müssen. Dabei sind ganze Modellserien erforderlich, da COOP HIMMELB(L)AU in diesem Experimentierstadium unvermittelt von sehr kleinen in immer größere Modellmaßstäbe überwechselt. Sukzessive wird die vorarchitektonische, freiplastische Struktur nunmehr in eine architektonische transformiert. Sobald sich in der Versuchsreihe ein für Fiktion wie Funktion gleichermaßen „stabiler Modellzustand" eingestellt hat, tritt der Entwurfsprozeß in seine zweite entscheidende Phase. Erst jetzt wird das jeweilige Modell nämlich fixiert. Das heißt, bis vor einigen Jahren noch wurde es Punkt für Punkt photogrammetrisch aufgenommen, um es per Auswertungsgerät zeitaufwendig in konventionelle Zeichnungen übertragen zu können. Heute wird das fixierte Modell gleichsam im Handumdrehen digital abgetastet und direkt in den PC eingespeist, wo es unmittelbar und sehr viel präziser als 3-D-Bild gerechnet, dargestellt, verändert oder anderweitig manipuliert werden kann. Es hat sich herausgestellt, daß bei diesem Verfahren einerseits sehr viel von der zufälligen Lebendigkeit des Arbeitsmodells im PC erhalten bleibt. (...) Wenngleich längst nicht alle Modelle so spektakulär zerfetzt und unbestimmt daherkommen wie die für das Groninger Projekt, bleiben die handgefertigten Arbeitsmodelle ähnlich wie in Frank O. Gehrys Büro wichtigstes Instrument für die Konkretisierung einer Entwurfsidee. Wird doch nur in ihnen jene „Kraft des ersten emotionalen Imprints und Psychogramms" sichtbar, die konzeptuell eingesetzt wurden, um den Raum aufzulösen. Wenn die erste Skizze schon längst im Archiv verschwunden ist, leben die Modelle zum Teil noch Jahre. Sie leben so lange, bis sie als interaktive Bindeglieder zwischen dem fahrigen Imprint der Psyche und dem rechnergestützten Modell ausgedient haben; um anschließend bestenfalls in Architektursammlungen zu landen, im Normalfall vielleicht nur an die Wand genagelt oder schlicht und ergreifend per Mülleimer entsorgt zu werden.

Aus: Frank Werner, Covering + Exposing – Die Architektur von COOP HIMMELB(L)AU. Birkhäuser, Basel, Berlin, Boston 2000

DRAWING NARRATED INTO THE MODEL

We have already talked in detail about the adventure of the common ideas, the process of communal design, the emergence of the first sketch. We have also seen that a first pre-architectural model is made in parallel with this process. The statement that "the drawing is narrated into the three-dimensional model" is one of the most precise and poetic that HIMMELB(L)AU have ever made. Because the more simultaneously the first sketch is narrated into the model after the Ent-Wurf, the more the drawing decreases in effect and the model increases in significance. From then on the freely-sculpted model, as a three-dimensional concretization of the narrative, takes on the task of bringing fact and fiction into line to as large an extent as possible, by a process of mutual filtering. Which means that fiction and function have to be made into a stable mixture in the model. This takes whole series of models, as at this experimental stage change suddenly from a very small modelling scale to much larger ones. The pre-architectural, freely sculptural structure is now transformed into an architectural one. As soon as the series of experiments has produced a "stable model condition" for fiction and function the design process moves into its second crucial phase. It is only now that the model is fixed for the particular project. That is to say, until a few years ago it was still recorded photogrammetrically, point by point, so that it could be transferred to conventional drawings by an analytical device, which was expensive in terms of time. Today the fixed model is digitally scanned in next to no time and fed directly into the PC, where it can immediately and very much more precisely be calculated, presented, changed or manipulated in other ways as a 3D image. It has emerged that a great deal of the chance liveliness of the working model survives in the PC. (...) Although by no means all the models are as spectacularly tattered and indeterminate as the one for the Groningen project, the hand-made models are the most important instrument for concretizing a design idea, as in Frank O. Gehry's office. It is only in these models that the "power of the first emotional imprint and psychogram" used conceptually to dissolve the space becomes visible. When the first sketch has long since disappeared into the archives, some of the models live for years longer. They live until they have completed their task as interactive links between the agitated imprint of the psyche and the computer-aided model. Then the best thing that can happen to them is that they land up in architectural collections; usually they are just nailed up on the wall or simply disposed of in the wastepaper basket

.

From: Frank Werner, Covering + Exposing – The Architecture of COOP HIMMELB(L)AU. Birkhäuser, Basel, Berlin, Boston 2000

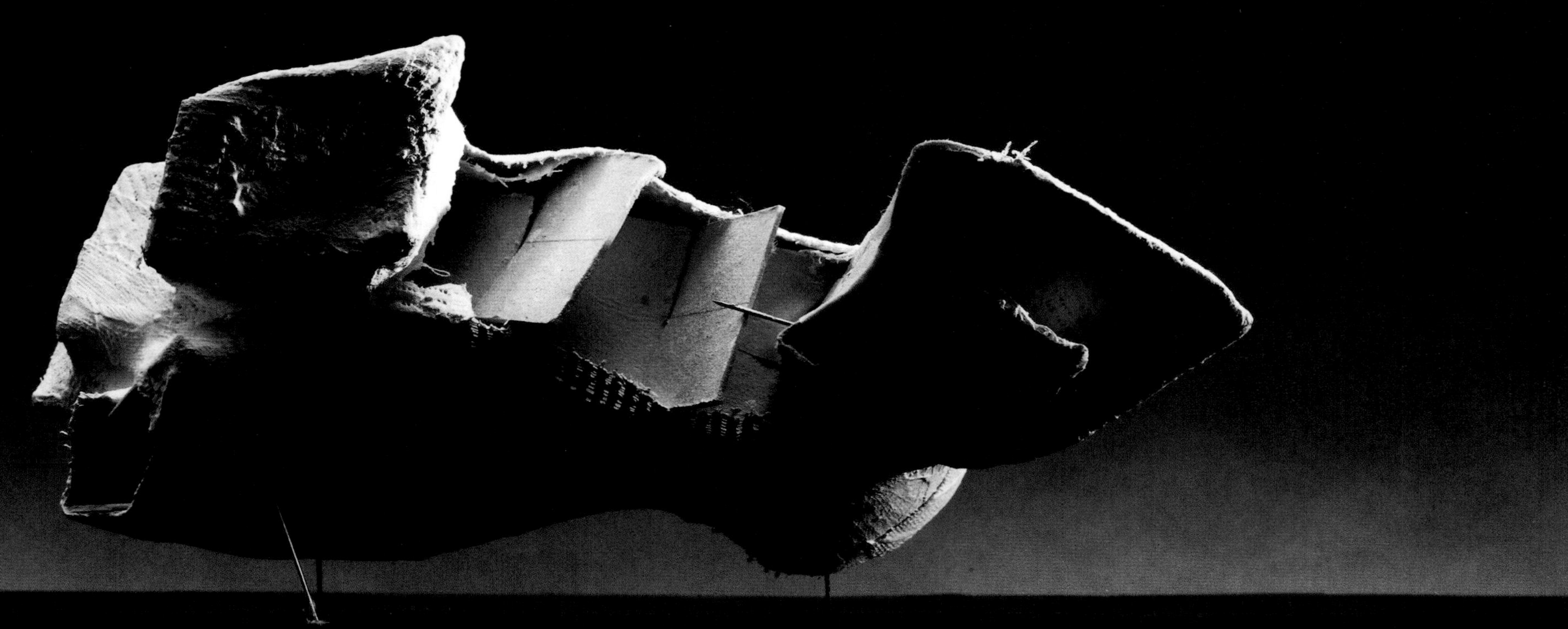

1999 **Restaurant Mosku**
Guadalajara, Mexiko / Mexico

Entwurfsmodell / Concept model, M / scale 1:100
C-Print, 2001

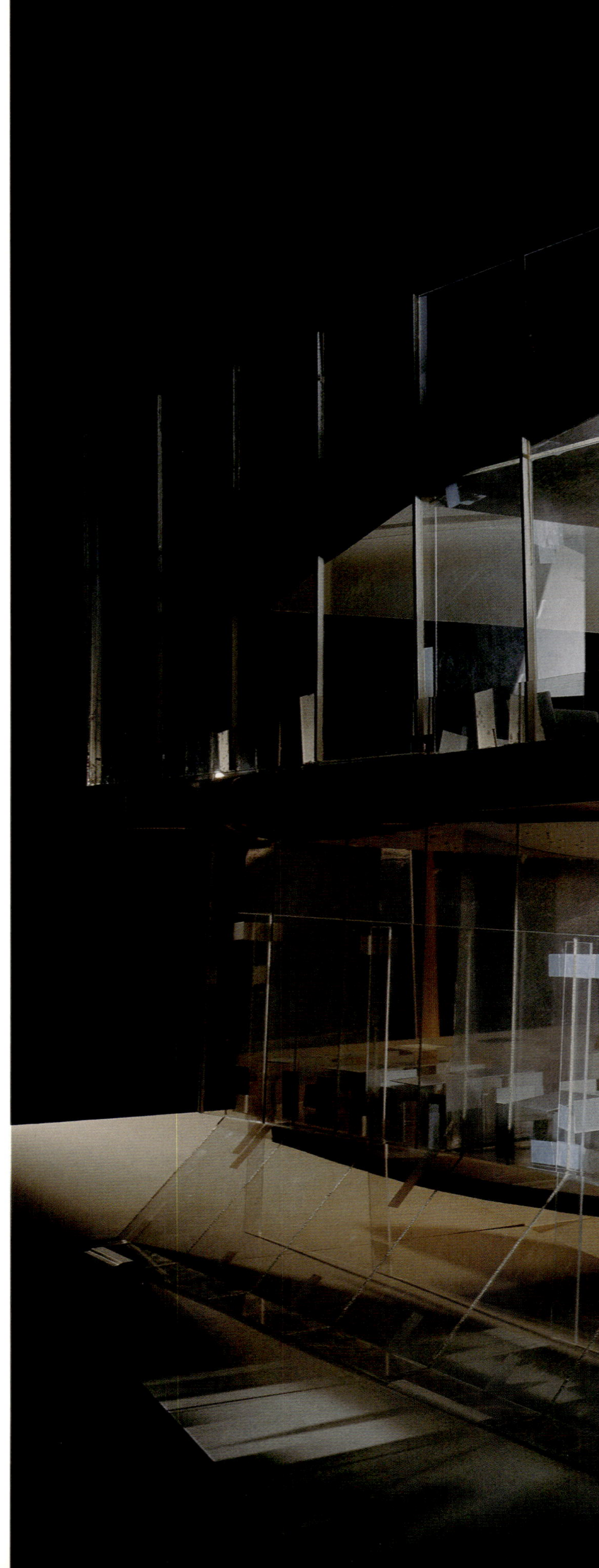

Seite / page 40
Arbeitsmodell / Working model, M / scale 1:200
Gelatin Silver Print, 2001

Seite / page 41
Arbeitsmodell / Working model, M / scale 1:100
C-Print, 2001

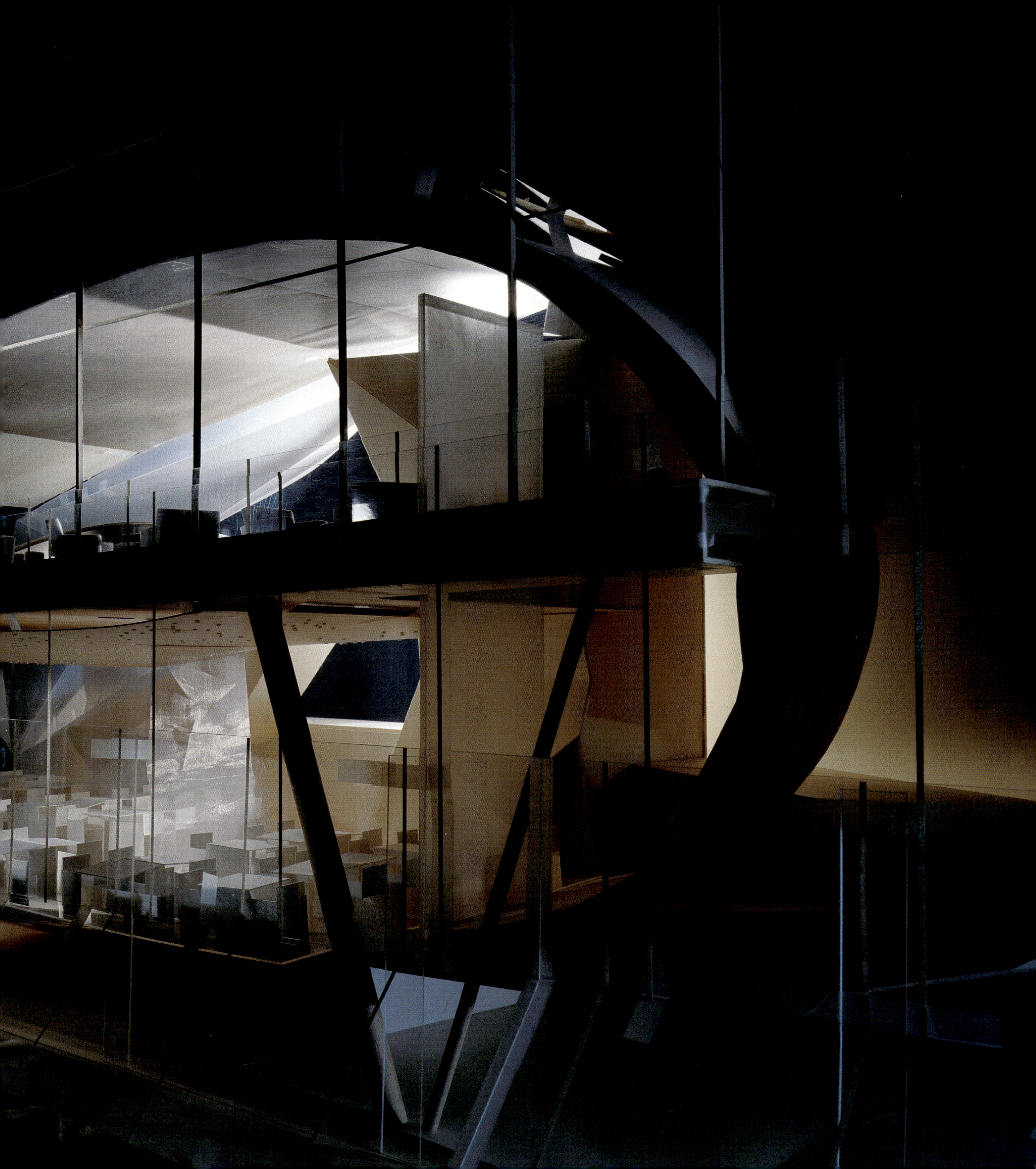

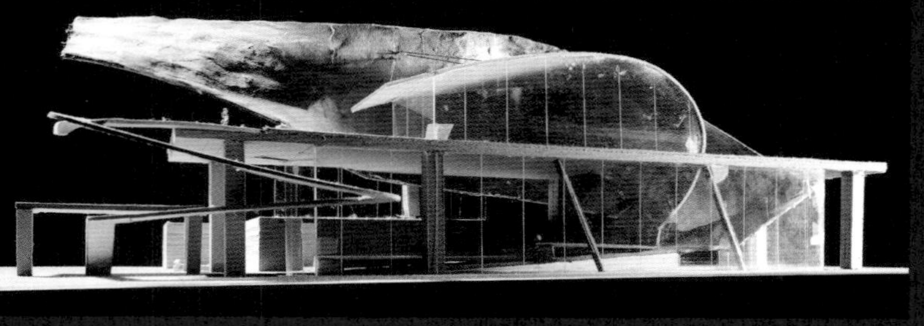

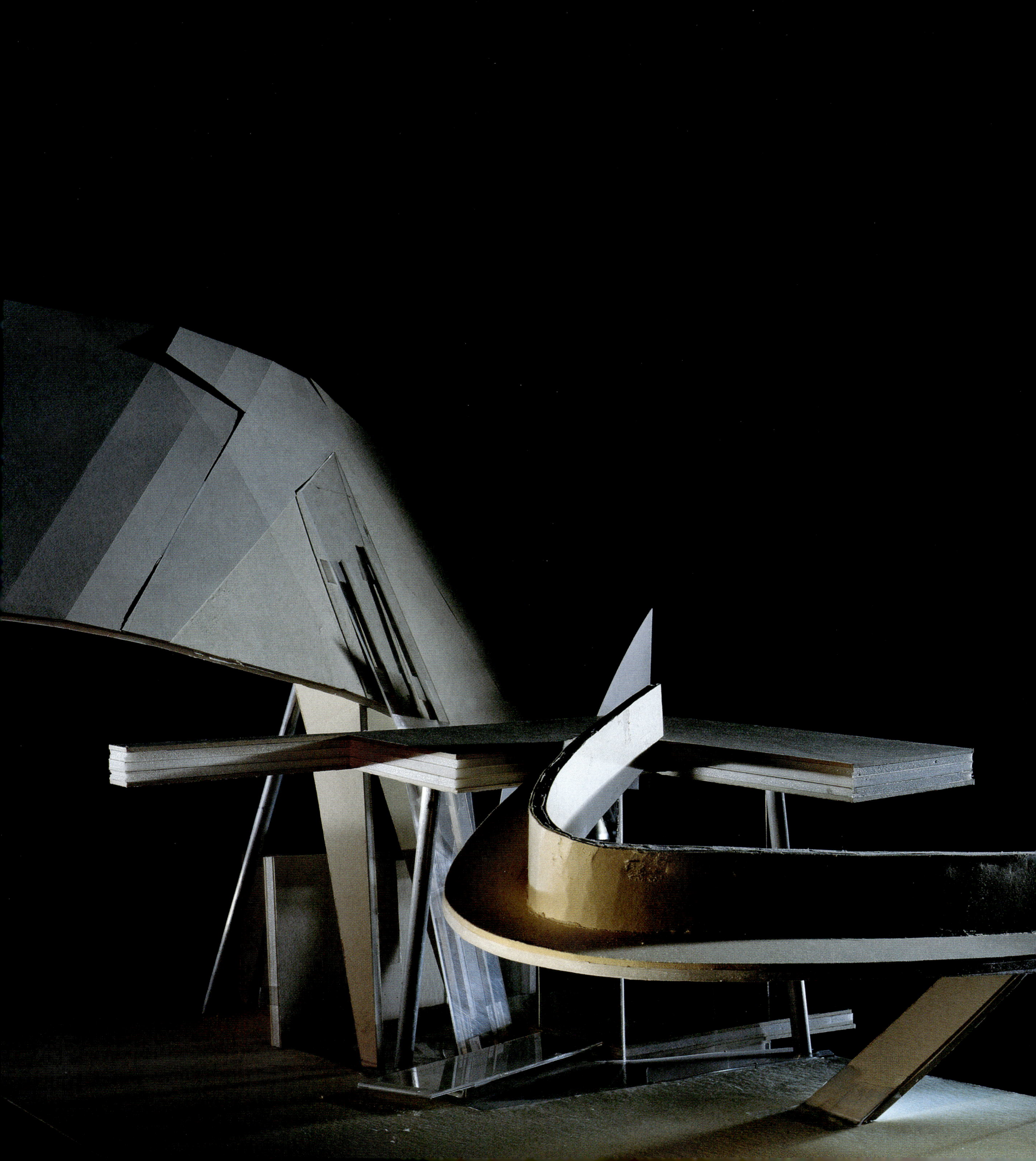

1999 **ZAK – Zukunftsakademie**
Haslau, Österreich / Austria

Entwurfsmodell / Concept model, kein M / no scale
C-Print, 2002

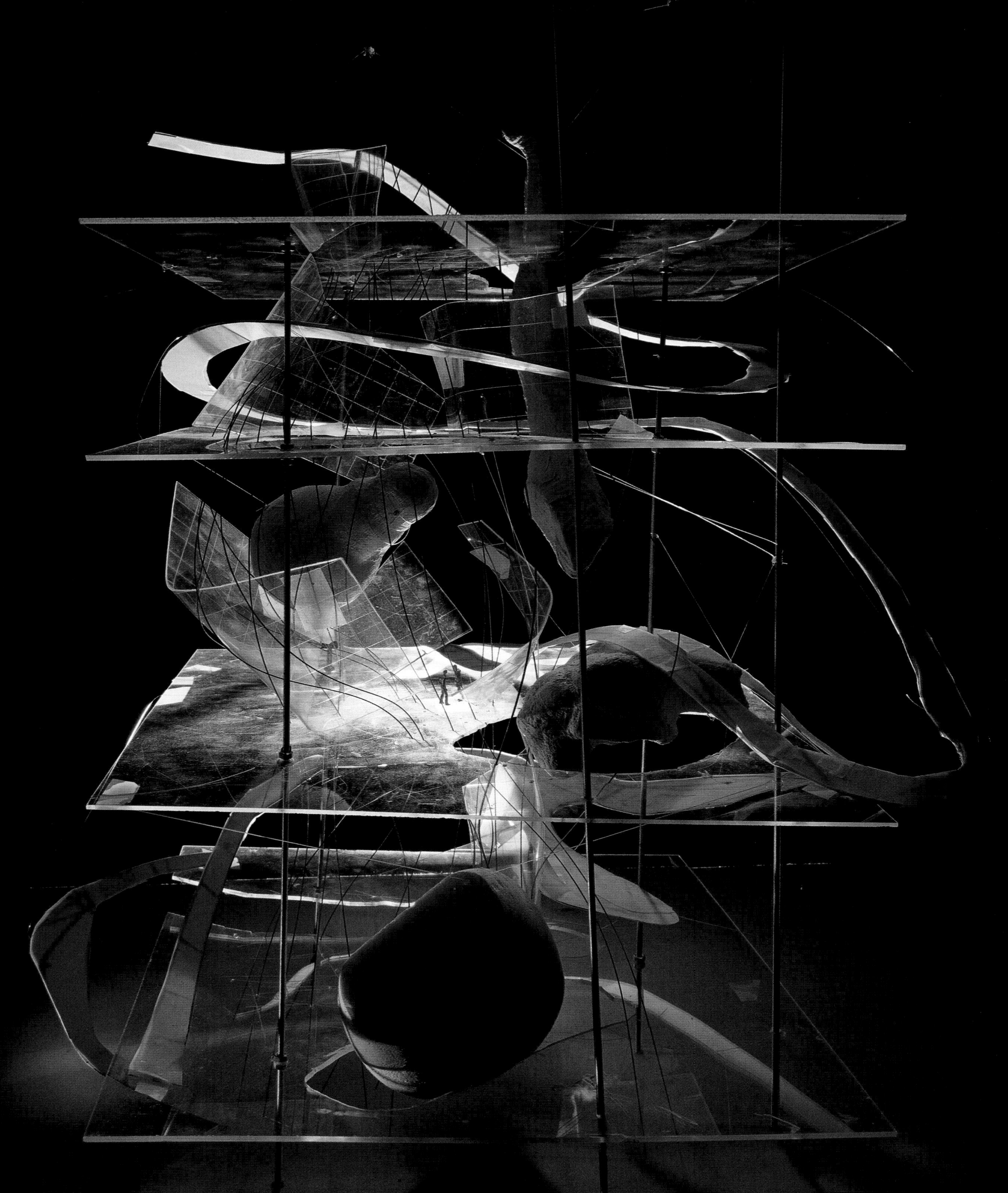

1998 JVC – Neues städtisches Unterhaltungszentrum
JVC New Urban Entertainment Center
Guadalajara, Mexiko / Mexico

Detailmodell eines Kinoblocks / Detail model of a cinema block, M / scale 1:200
C-Print, 2001

Seite / pages 46–47
Entwurfsmodell / Concept model, M / scale 1:100
C-Print, 2001

Seite / pages 48–49
Studienmodelle / Study models, M / scale 1:100
Gelatin Silver Print, 2001

Seite / pages 50–51
Entwurfsmodell / Concept model, M / scale 1:100
C-Print, 2001

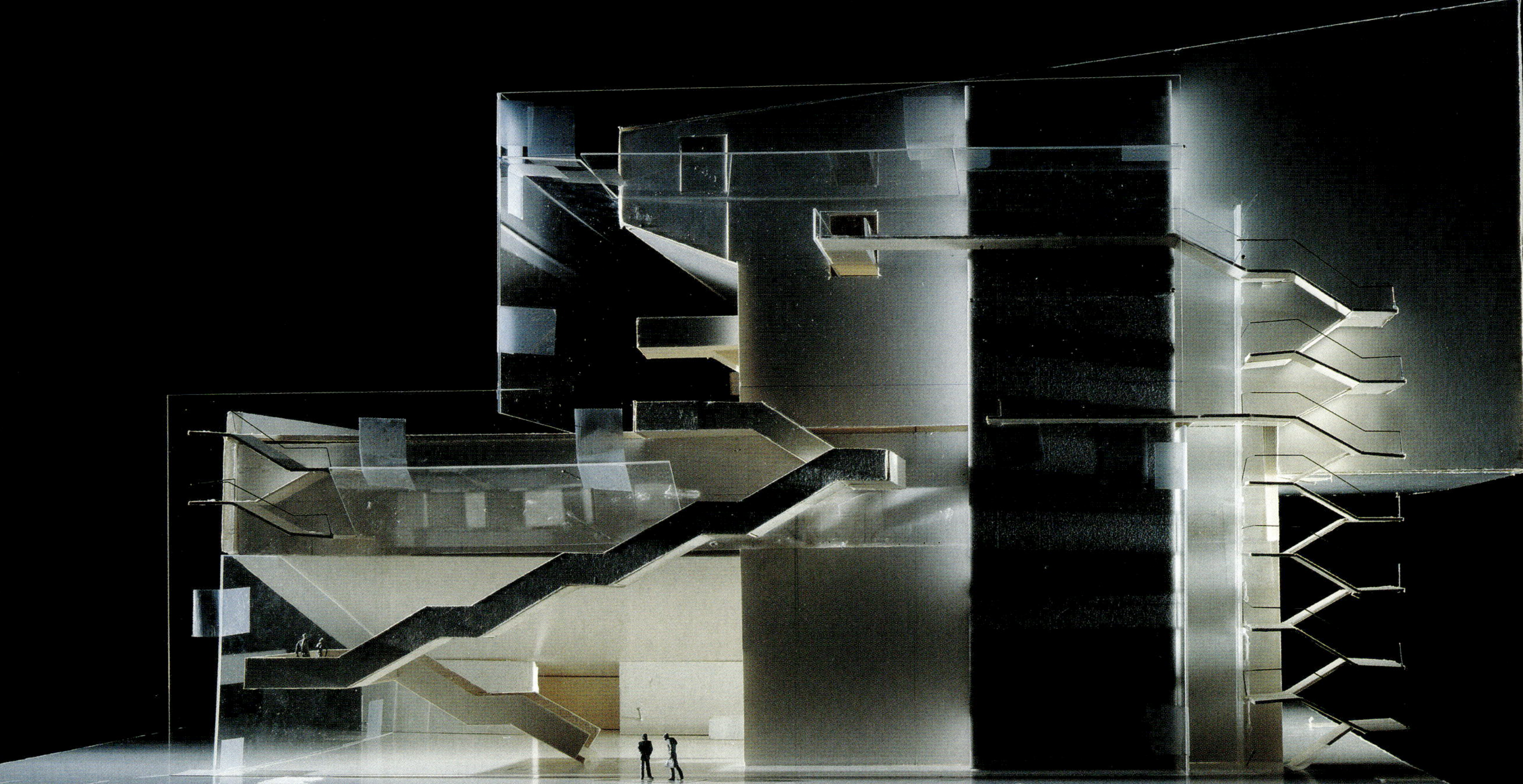

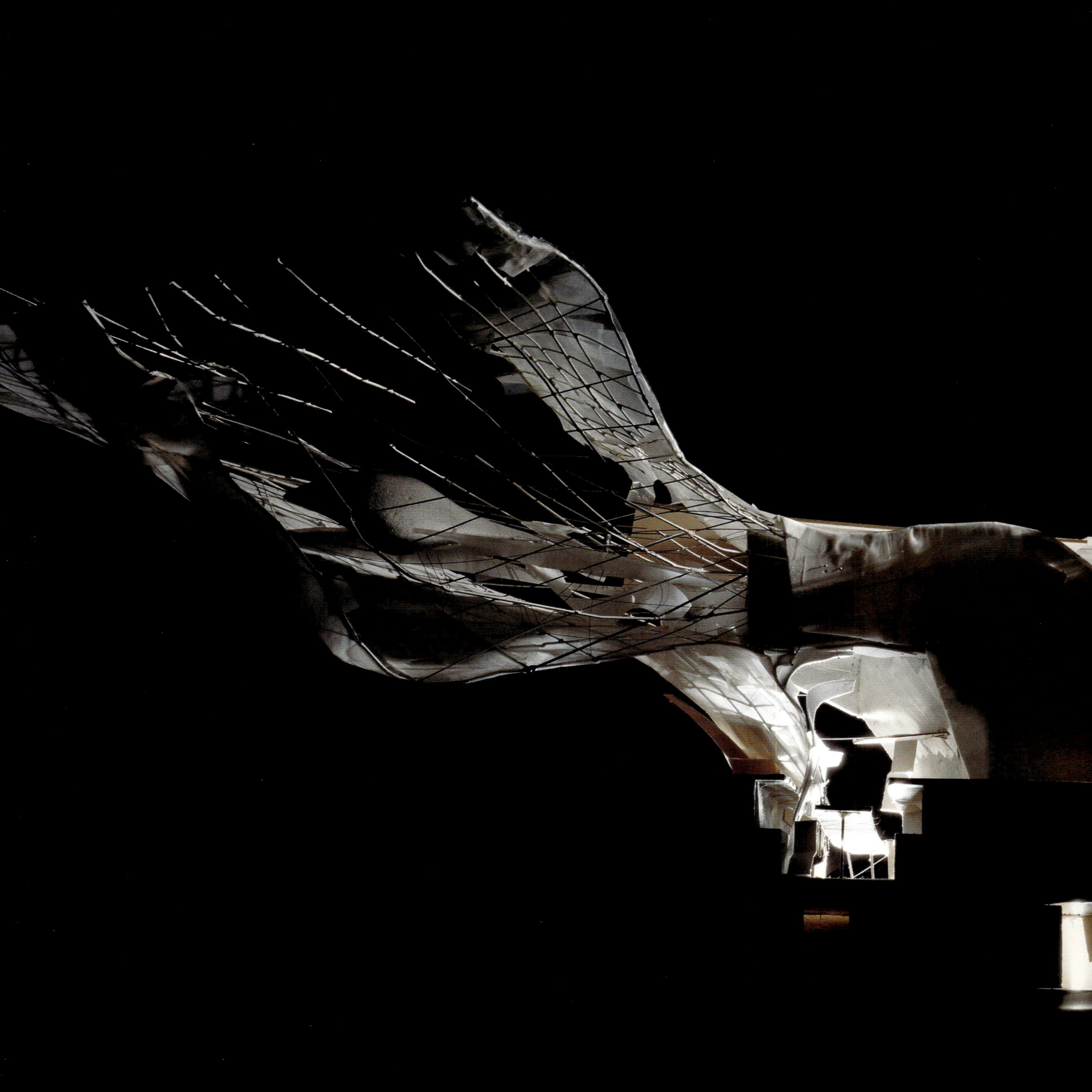

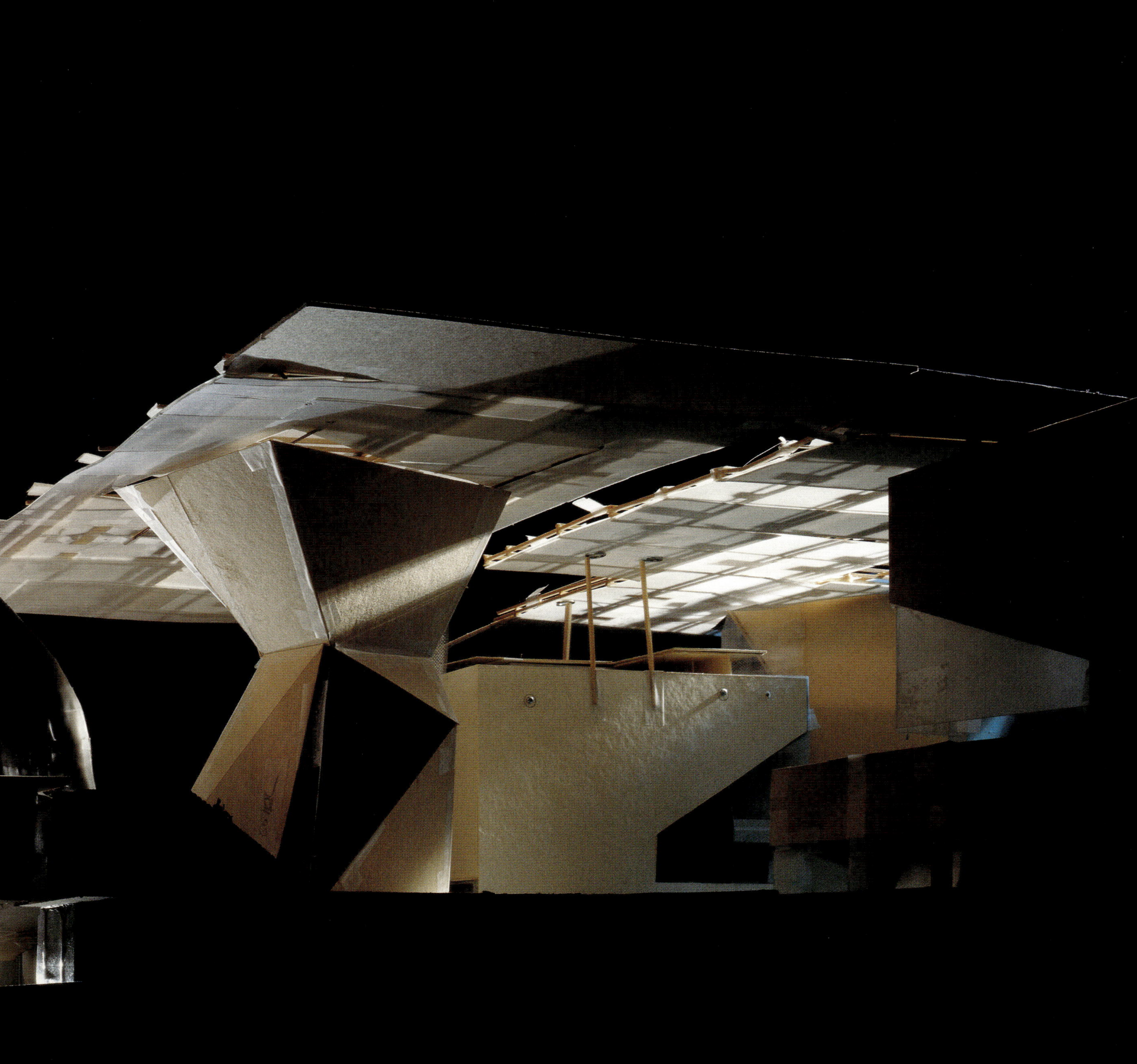

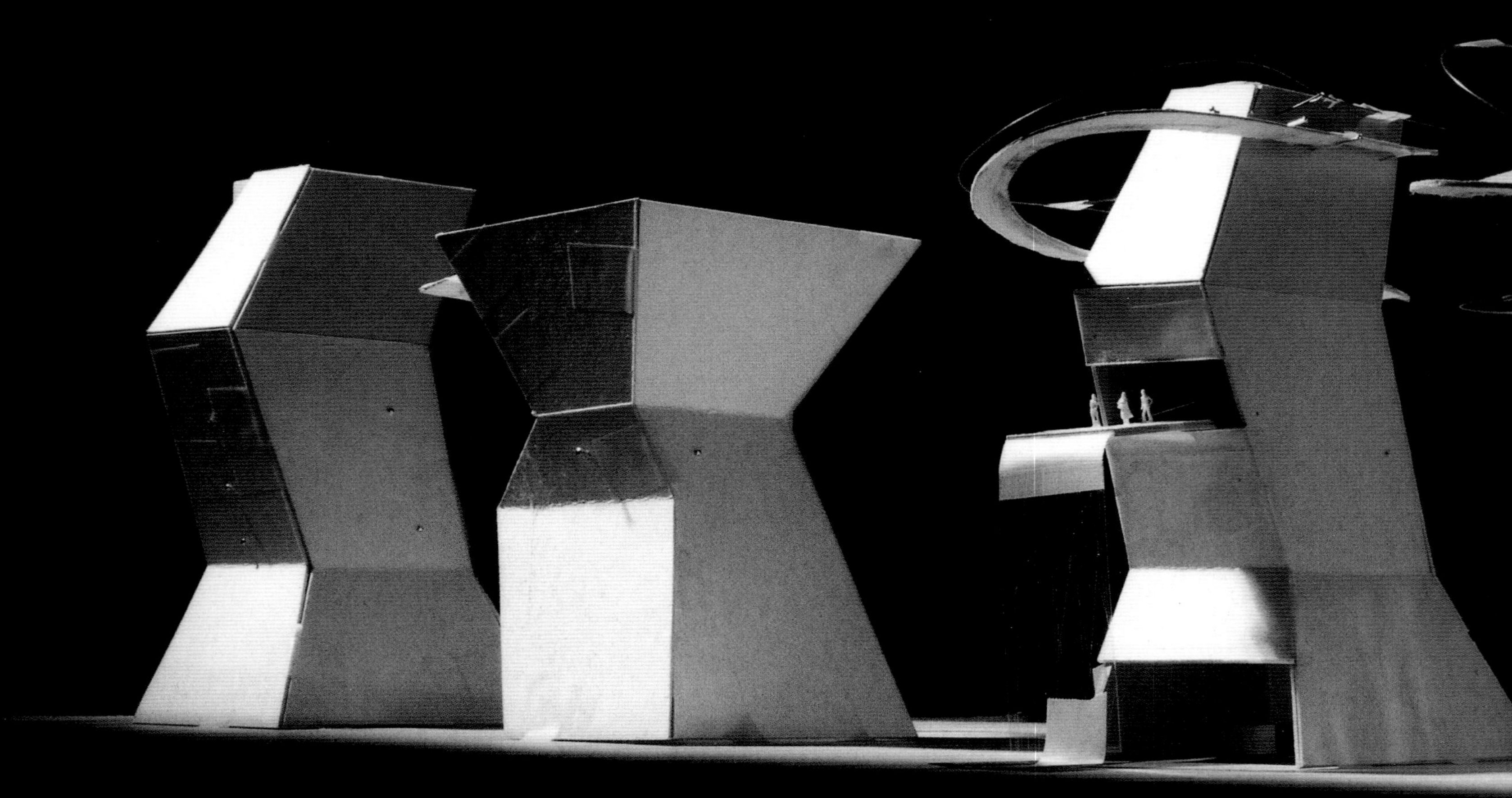

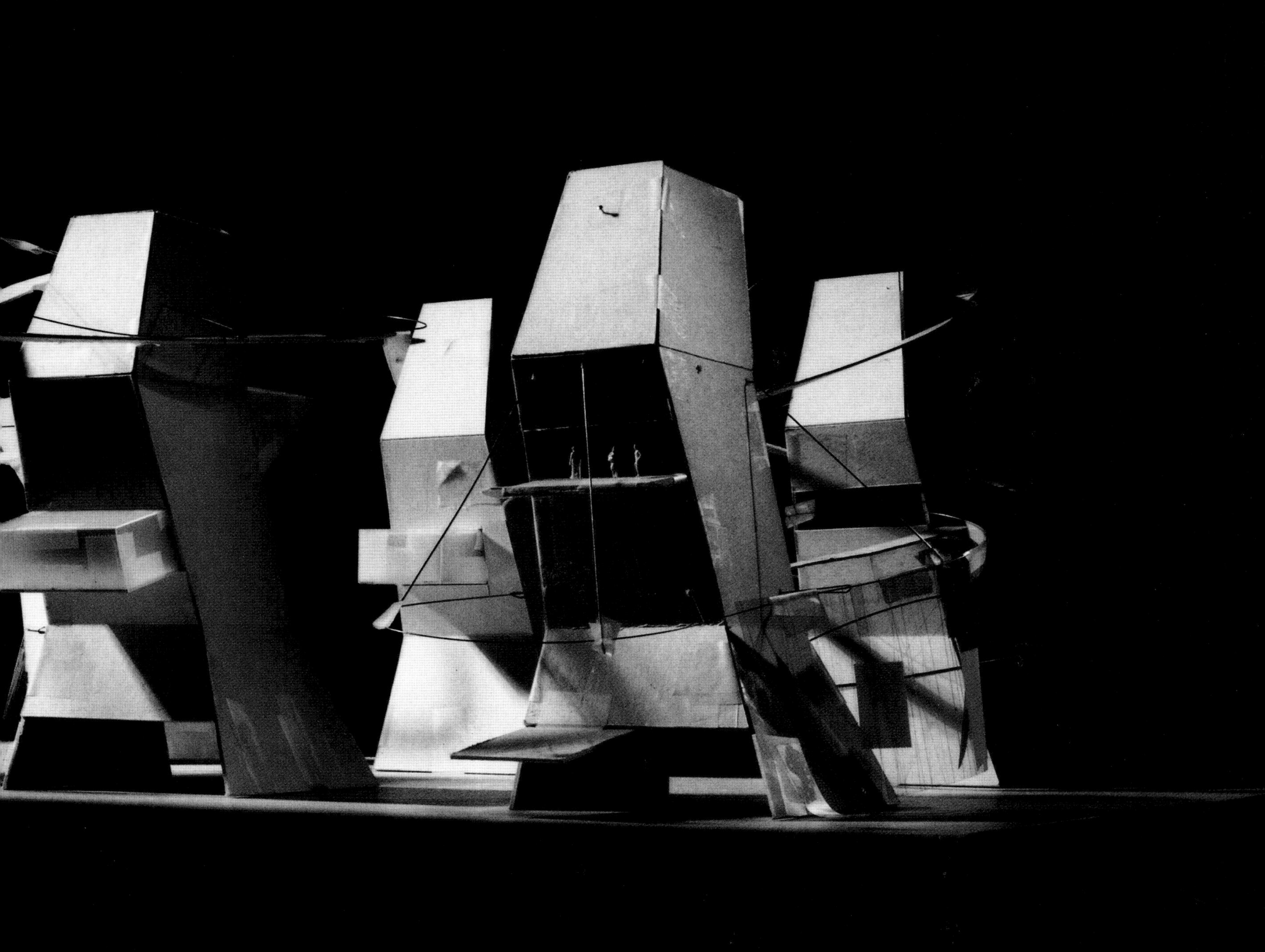

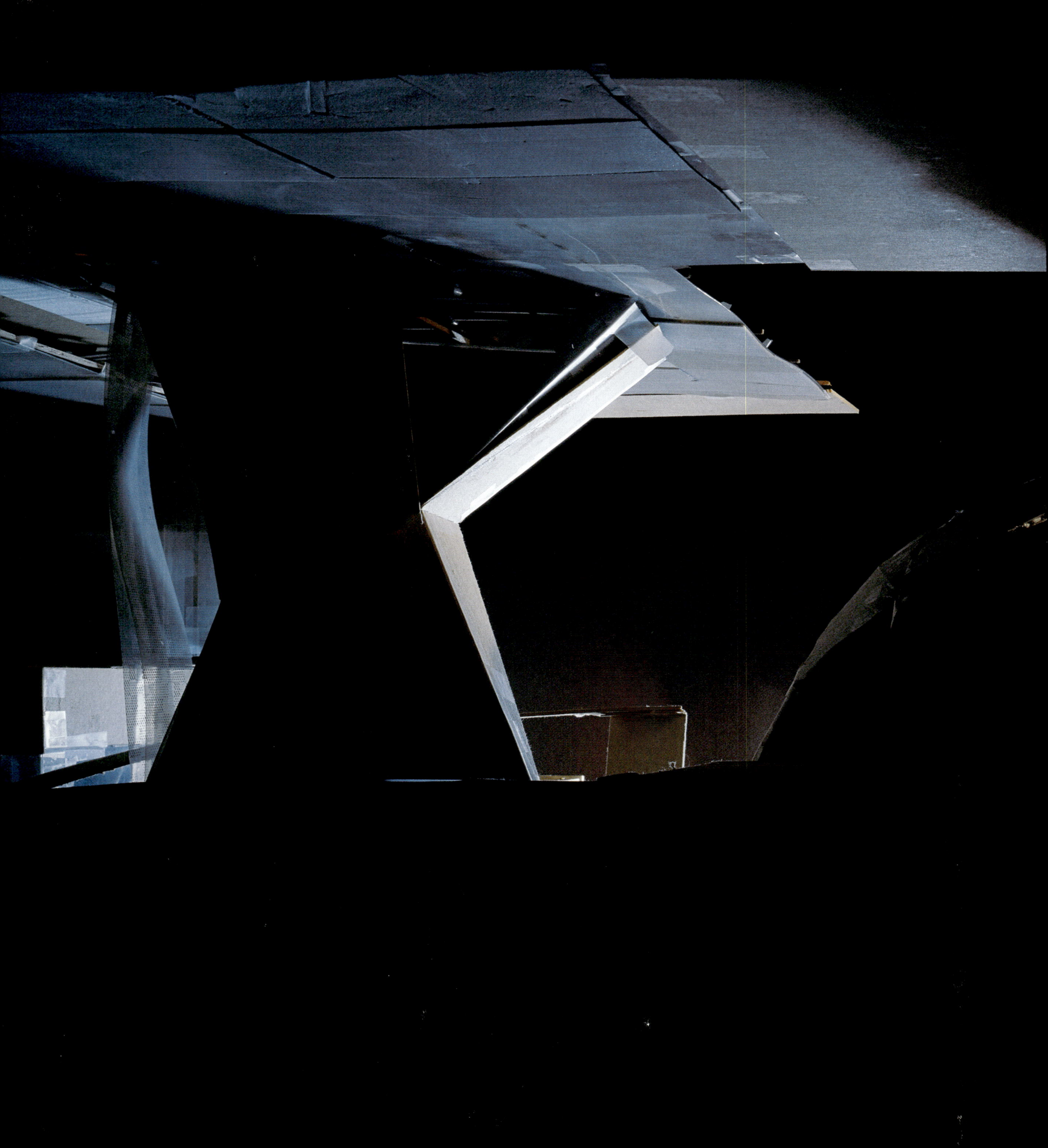

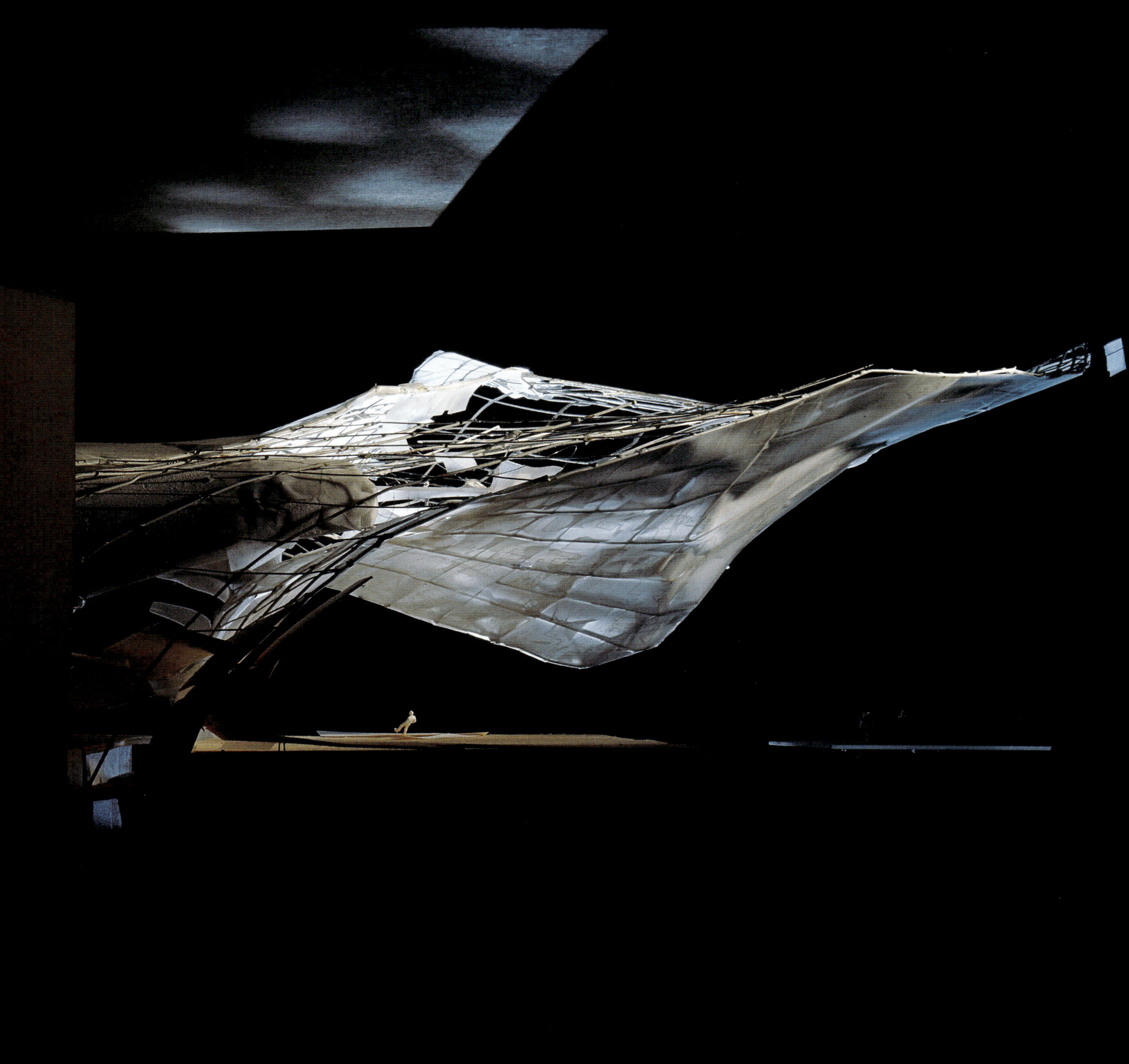

1995–2001 **Wohnbebauung Gasometer B**
Apartment Building Gasometer B
Wien, Österreich / Vienna, Austria

Studienmodell / Study model, M / scale 1:500
Gelatin Silver Print, 2002

Seite / pages 54, 55
Entwurfsmodell / Concept model, M / scale 1:100
C-Print, 2001

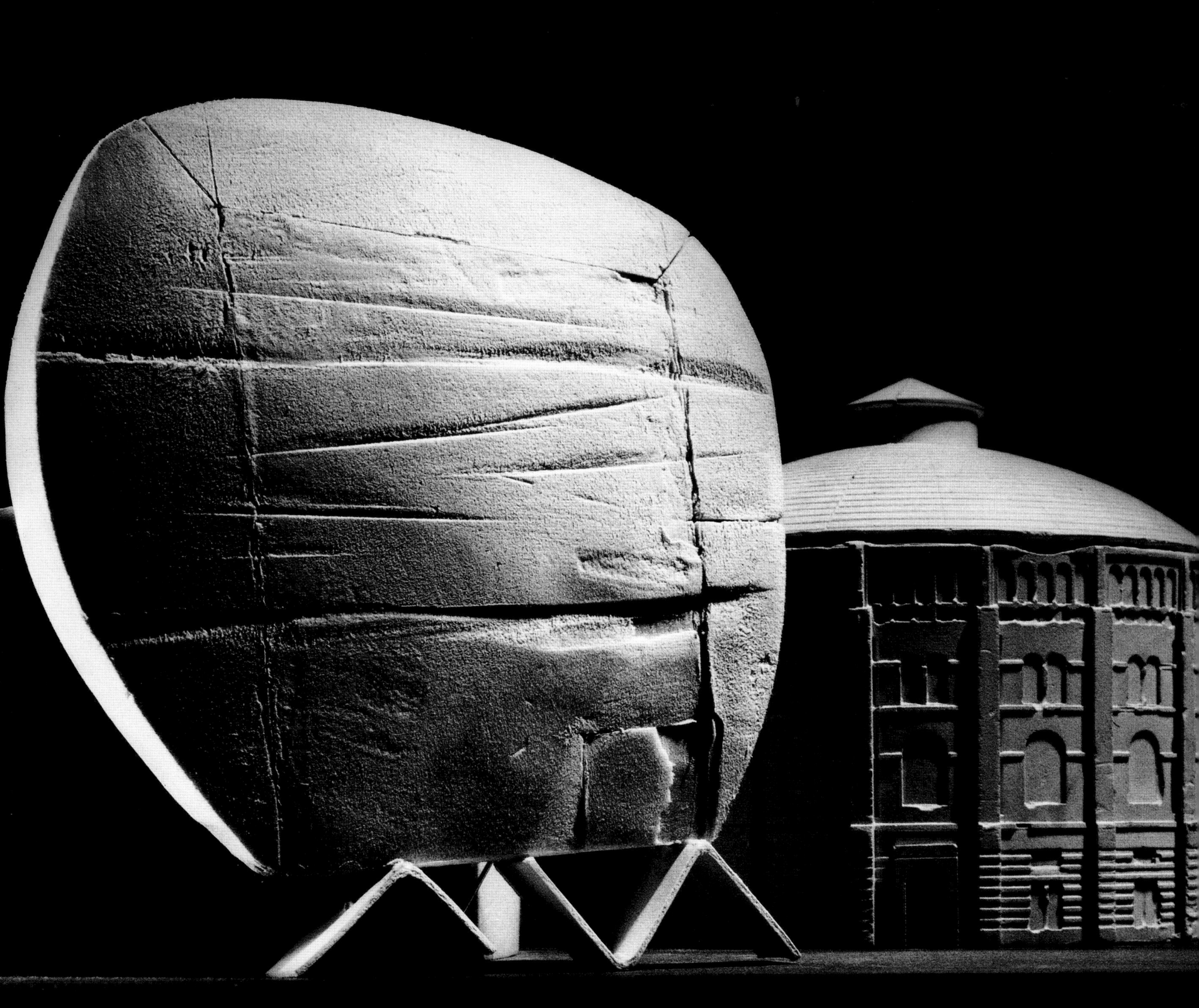

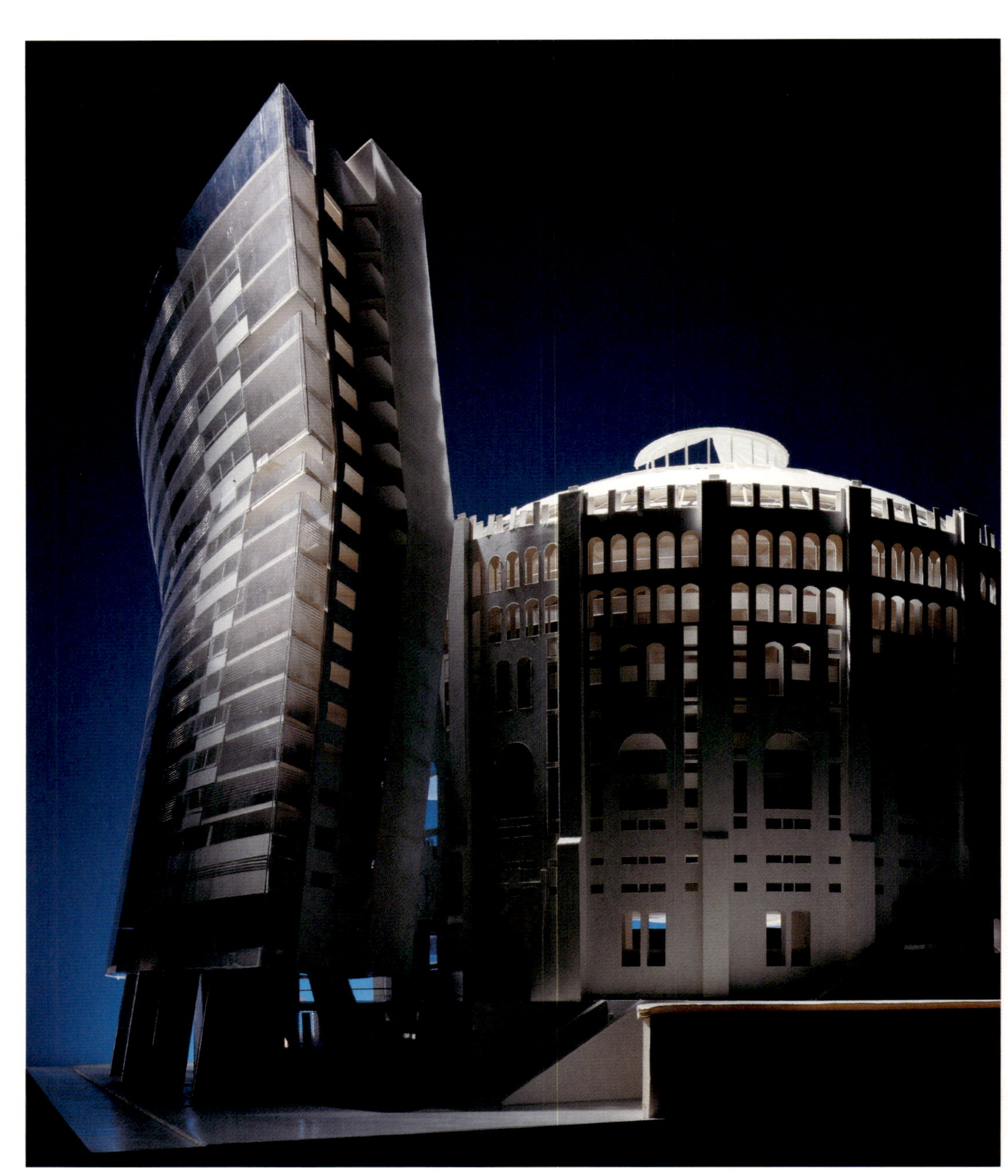

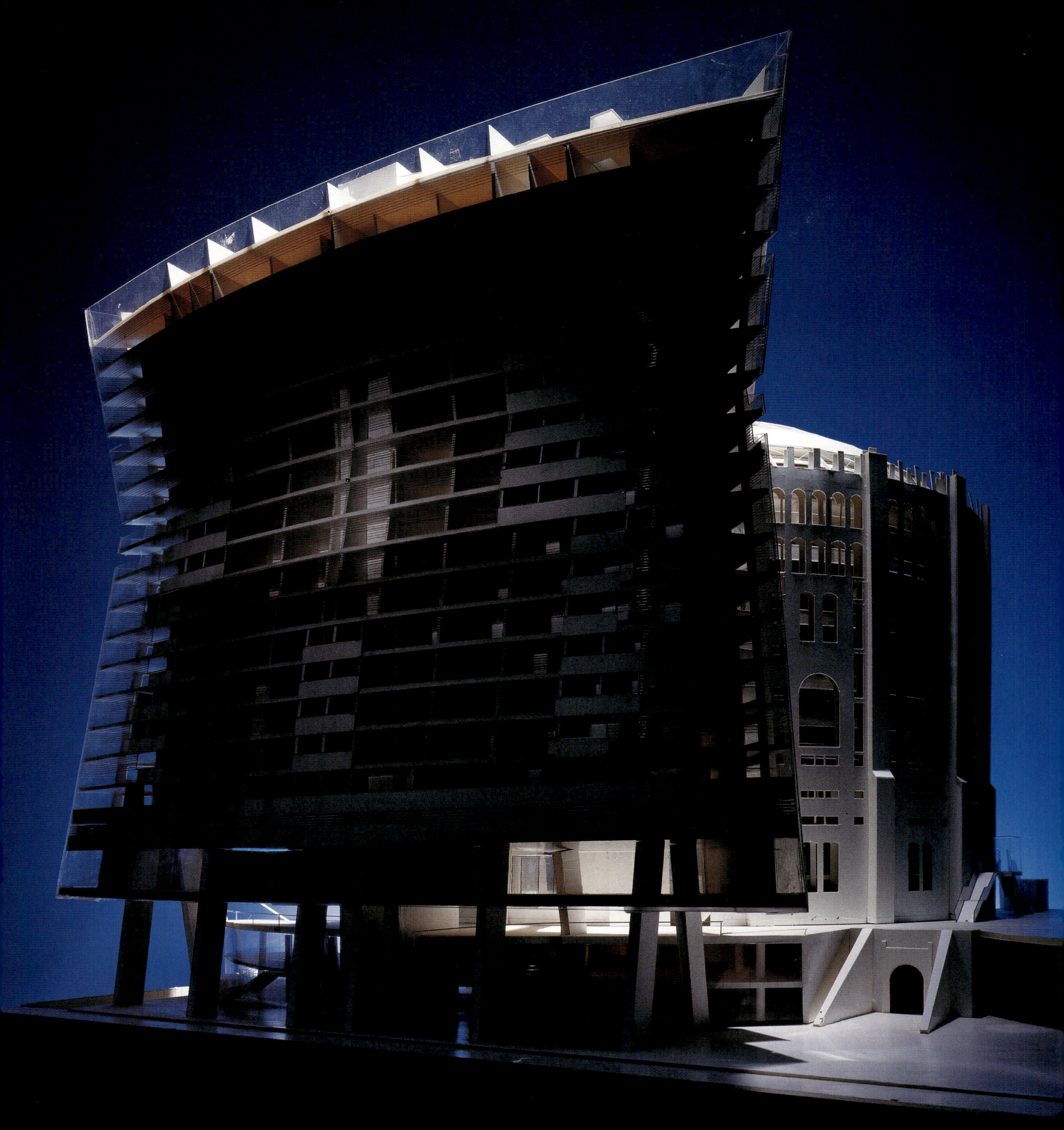

1993–98 **UFA-Kinopalast**
UFA Cinema Center
Dresden, Deutschland / Germany

Entwurfsmodell / Concept model, M / scale 1 : 100
C-Print, 1995

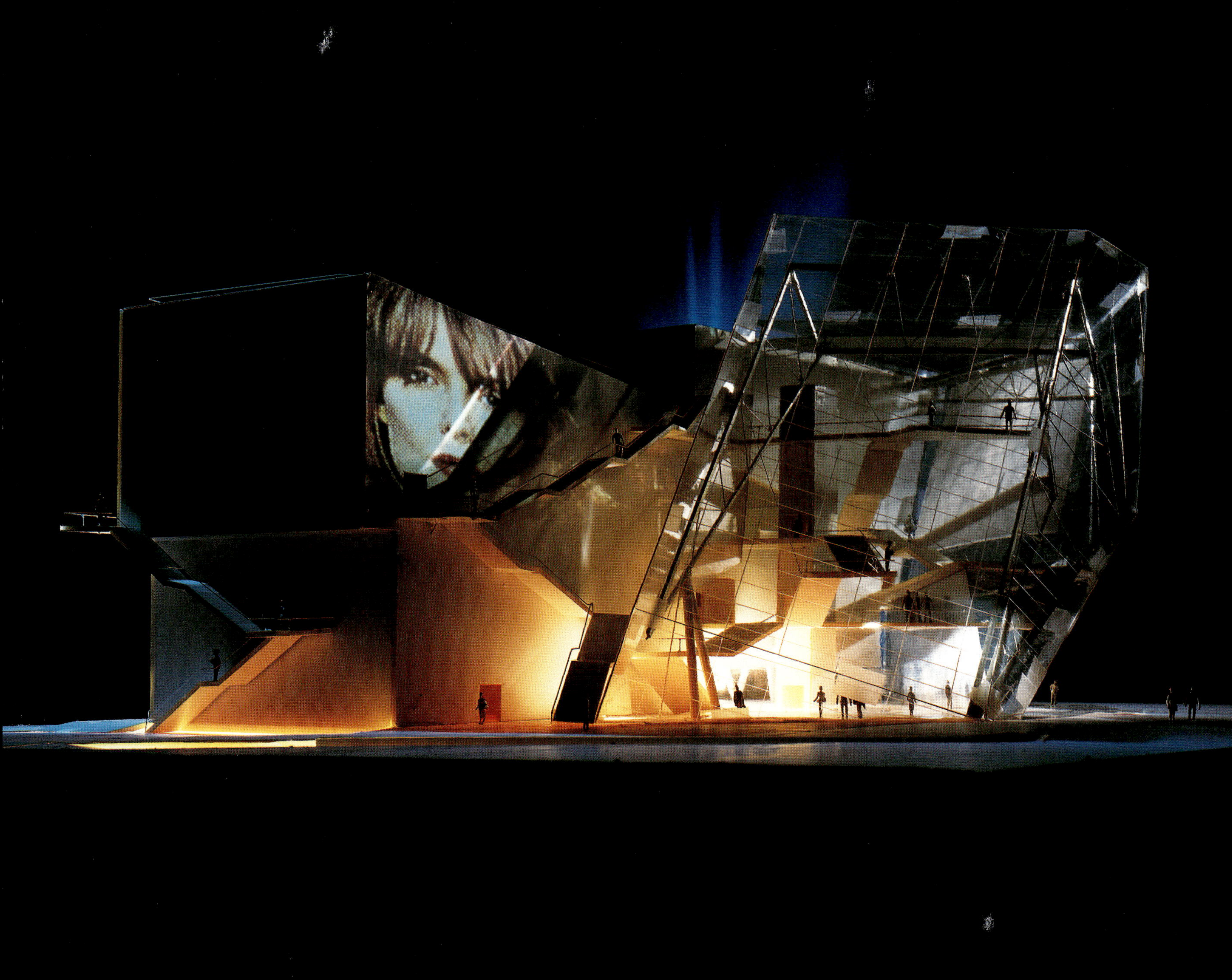

1992 **Wohnhaus Tautenhayngasse**
Apartment Building Tautenhayngasse
Wien, Österreich / Vienna, Austria

Studienmodell / Study model, M / scale 1:100
C-Print, 2002

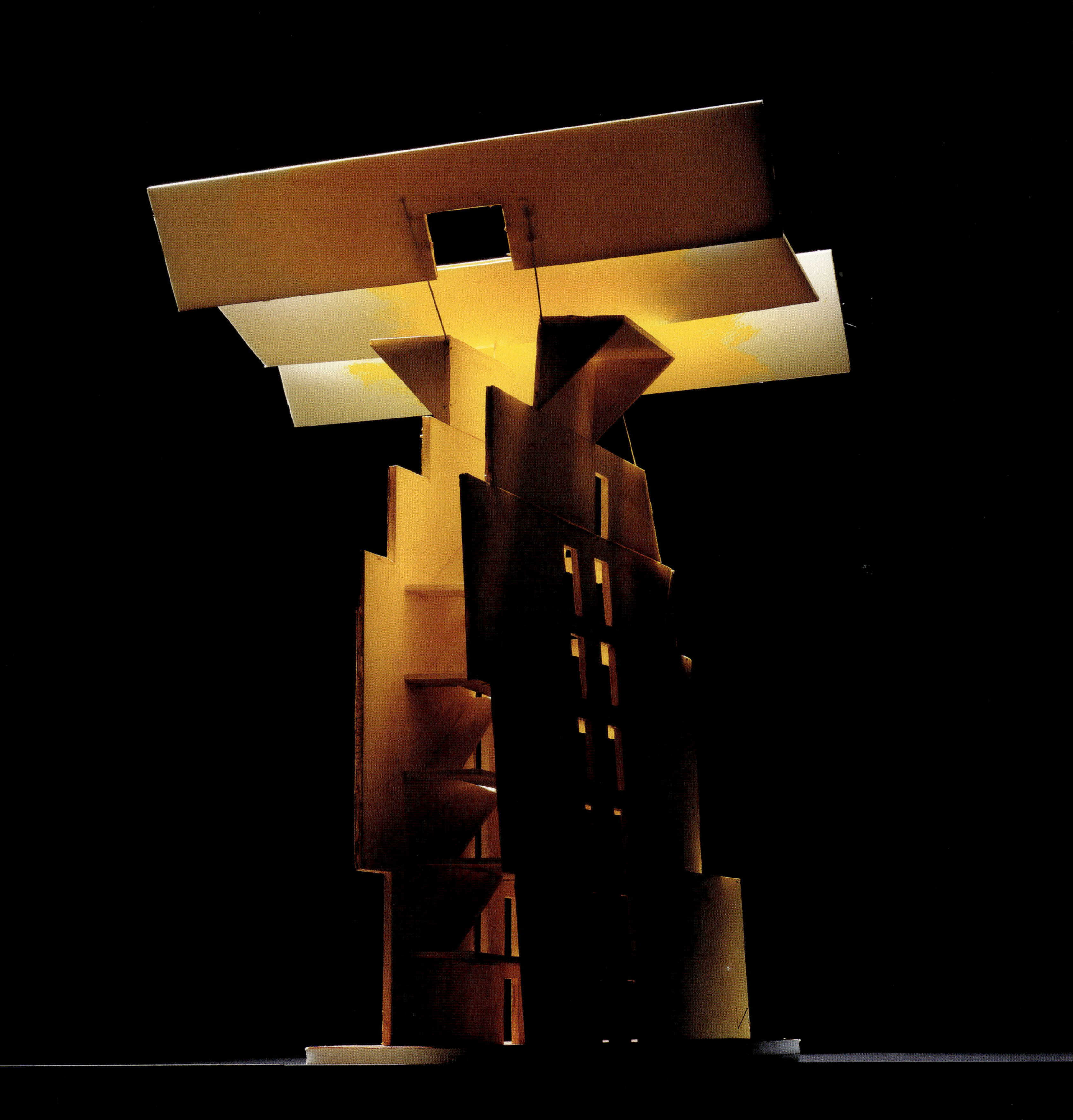

KOLLISIONEN UNTER KONTROLLE In mehr als drei Jahrzehnten hat sich COOP HIMMELB(L)AU also in schöpferischer Hinsicht ein ganz eigenständiges „geburtshilfliches" Verfahren für Emergenz zugelegt; ein Verfahren, das die eigene Psyche im Ent-Wurfs-Akt traktiert und therapiert. Daraus resultierten anfangs kaum kontrollierbare autosuggestive Projektionen, welche Prix und Swiczinsky Schritt für Schritt domestiziert haben. Dabei waren und sind ihnen interaktive, gleichsam als Filter zwischen Ideation und Realisation eingesetzte „schmutzige Modelle" von ganz entscheidender Hilfe; „schmutzig", weil diese Modelle nicht so sehr dem schönen Schein als vielmehr dem Abfangen unbrauchbarer „Absonderungen" mancher Kollisionen dienen. Würde beispielsweise in einem Modellversuch zuviel Licht mit dem Raum oder zuviel Raum mit dem Licht kollidieren, hätte die Überdosis eines Mittels der Raum-Entgrenzung das Modell infiltriert, wäre das Ergebnis zwangsläufig ein Hybride, der für die weitere Entwicklung unbrauchbar, weil nicht mehr transformierbar ist. In einem solchen Falle würde dieser uneffektive Modellzustand eine Art von „dead end" signalisieren und die schrittweise Rücknahme der Überdosis des einen oder anderen Kollisionsmittels einleiten, so lange bis wieder ein stabiler Zustand erreicht ist. Zeichnungen und Modelle sind aber auch deshalb bis heute so wichtig geblieben, weil (man denke nur an die Metapher vom ins Modell hinein erzählten Erlebnis) Fluktuation, Bewegung, Ereignis in ihnen so lebendig erhalten werden, daß sie noch auf den abgeschwächtesten Bau, auf „Begeher und Begangenes" abfärben. In die zu bauende „Geste des blind, ohne stützende Raumkoordinaten hingeworfenen Strichs in den Planungen der COOP HIMMELBLAU", stellt Karl Sierek fest, „fließt eine Architekturvorstellung ein, deren zentrale Kategorie das Ereignis ist. Es wird von einer variablen, in die Zeit gedachten Einstellung zum Material bestimmt und nicht durch Struktur oder Qualität der umschlossenen Räume. Die Bewegung nimmt sich mit rhetorischer Verve die Verkreuzung von Raum und Denken, Struktur und Handeln, Sehen und Gehen vor. Sie wird ... im realen Chronotopos des Lesens, Sehens und Benutzens realisiert ... Begehen färbt, dem physikalischen Geschehen ähnlich, auf Begeher und Begangenes ab. Dadurch wird, der chemischen Reaktion entsprechend die Textur des Architektonischen ausgefällt."

Trotz Legenden und Mythen, die sich um Himmelb(l)aus Entwurfsprozeduren ranken, sind erste Skizzen und Arbeitsmodelle im Prinzip also nichts anderes als Werkzeuge zum Aufbrechen geschlossener Systeme (auch solcher im Kopf), Generatoren zur Produktion „vorausgebauter Heimat", um einen Ausdruck Ernst Blochs zu benutzen. Es hat ganz eindeutig historisch unterscheidbare Phasen dieser Produktion gegeben. Das handwerkliche Rüstzeug für diese Produktion wurde Phase für Phase mühsam er-funden, weiterentwickelt und neuen Herausforderungen angepaßt. Was nicht ausschließt, daß COOP HIMMELB(L)AU jederzeit für eine neue Trope offen ist. Die „schöne" Zeichnung, das „schöne" Modell gehören längst der Vergangenheit an. Sie haben ephemeren Skizzen und papiernen Gebilden mit rauhem Werkzeugcharakter Platz gemacht.

Aus: Frank Werner, Covering + Exposing – Die Architektur von COOP HIMMELB(L)AU. Birkhäuser, Basel, Berlin, Boston 2000

CONTROLLED COLLISIONS And so for more than three decades, COOP HIMMELB(∟)AU have creatively developed a highly personal "maieutic" process for emergence; a process that involves treatment and therapy of their own psyches in the act of Ent-Wurf. At first this produces auto-suggestive projections that are scarcely controllable, and these Prix and Swiczinsky have gradually domesticated. Here interactive "dirty models" used effectively as filters between idea- tion and realization are of considerable help to them; "dirty" because these models serve not so much to look good as to catch the unusable "secretions" of many collisions. For example, if too much light collides with the space or too much space with the light in a model experiment, if an overdose of a means to space delimitation had infiltrated the model, the result would inevitably be a hybrid, unusable for further development because it is no longer open to transformation. In such a case this ineffective model condition would signal a dead end and introduce the step-by-step withdrawal of the overdose of one or the other means of collision, for as long as it takes to achieve a stable condition. But drawings and models have also remained so important until today becau- se (one has only to think of the experience narrated into the model) fluctuation, movement and event are kept so much alive in them that they rub off on even the most feeble structure, on "user and used". Karl Sierek says that "COOP HIMMELBLAU's constructed gesture of the blind lines thrown into their plans without any supporting spatial coordinates ... (is) incorporating an idea of architecture whose central category is the event ... It is determined by a variable approach to the material conceived at that time, and not by the structure or quality of the enclosed spatial develop- ment. With rhetorical verve, the movement is attempting to cross space and thinking, structure and acting, seeing and going. It is ... carried out in the real chronotopos of reading, seeing and using ... Use affects both user and used, and depending on the chemical reaction, precipitates architec- tonic texture."

Despite the myths and legends that are entwined around Himmelb(∟)au's design procedures the first sketches and working models are thus in principle nothing other than tools for breaking open closed systems (including those that are in the mind), generators for producing "anticipated Heimat", to use an expression of Ernst Bloch's. There is no doubt that this production method has gone through phases that can be distinguished historically. The technical equipment for this production was laboriously invented phase by phase, developed and adapted to new challenges. But this does not mean that COOP HIMMELB(∟)AU are not always open to a new metaphor. The "beautiful" drawing, the "beautiful" model have long been things of the past. They have made room for ephemeral sketches and paper structures that are like rough tools.

From: Frank Werner, Covering + Exposing – The Architecture of COOP HIMMELB(∟)AU. Birkhäuser, Basel, Berlin, Boston 2000

1991 **Penthouse
auf MAK-Terrasse**
Penthouse
on MAK Terrace
Wien, Österreich / Vienna, Austria

Entwurfsmodell / Concept model,
M / scale 1 : 50
Gelatin Silver Print, 1991

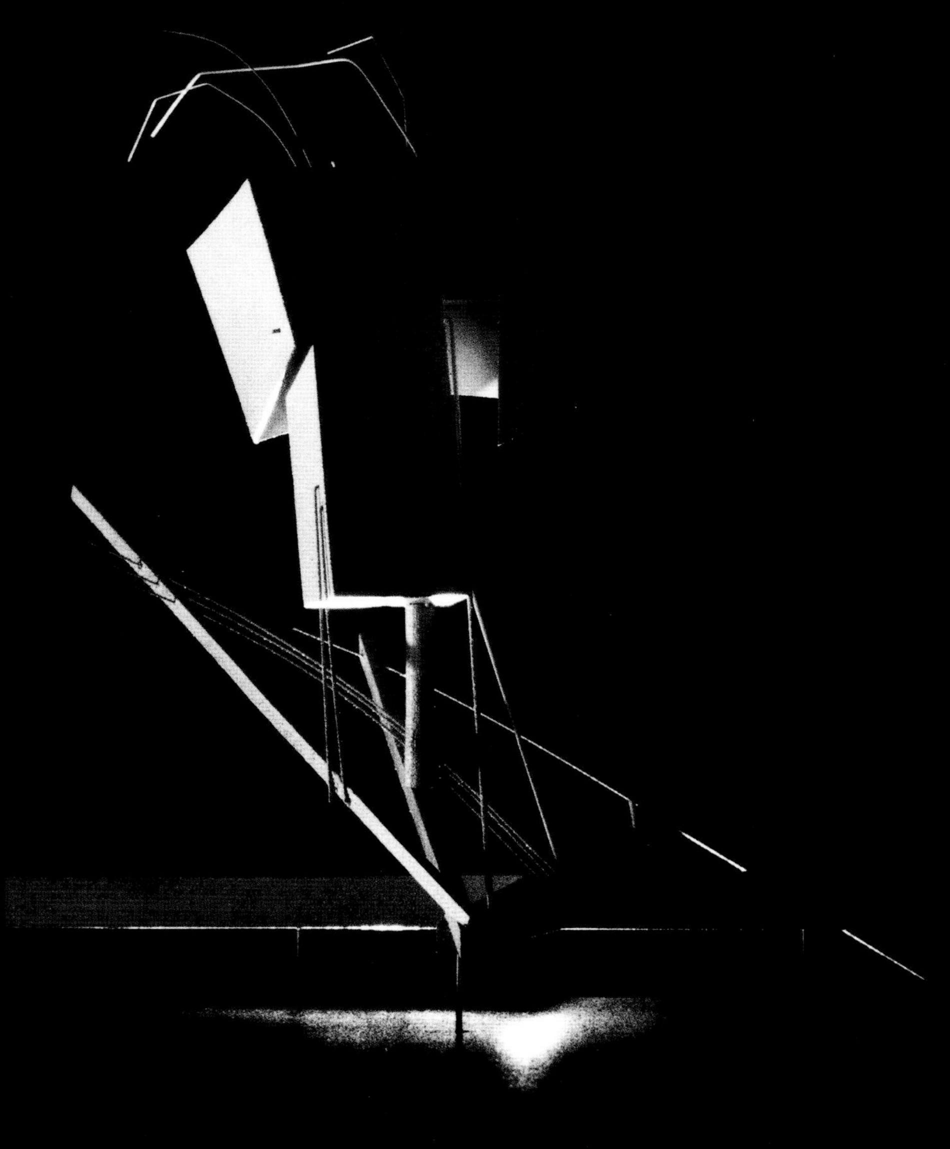

1991 Guggenheim-Museum Bilbao
Guggenheim Museum Bilbao
Spanien / Spain

Entwurfsmodell / Concept model, M / scale 1:500
C-Print, 1991

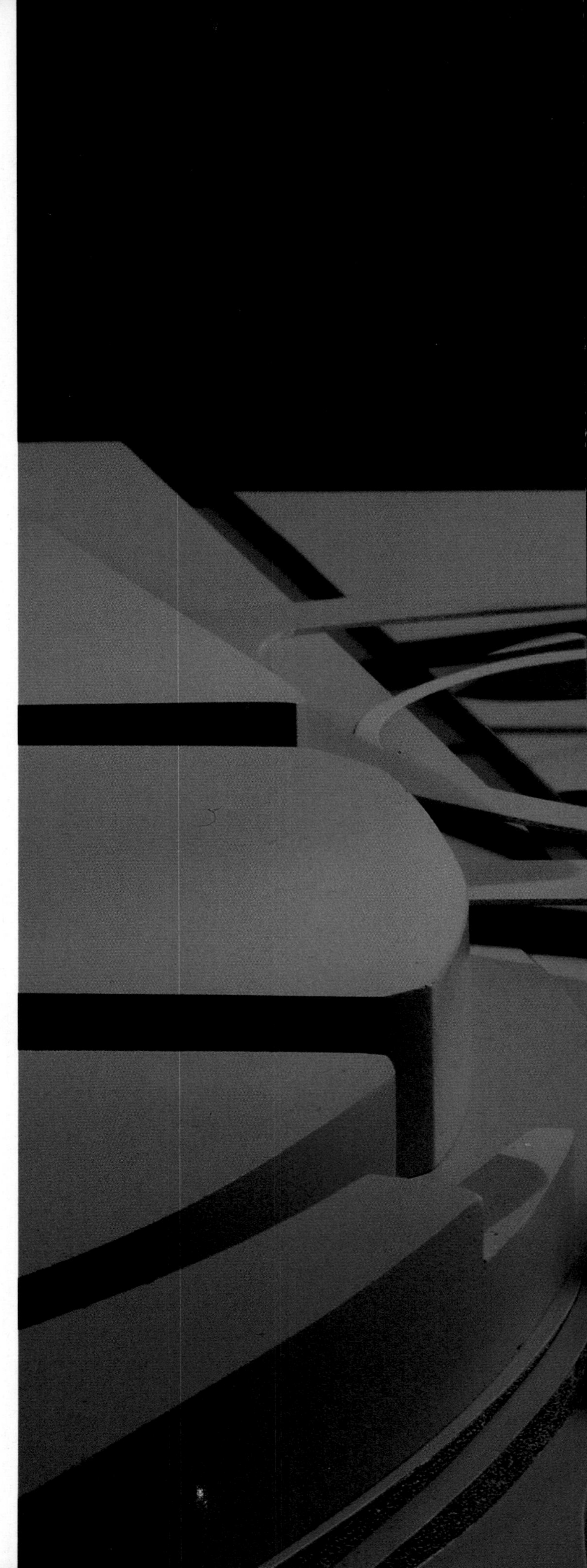

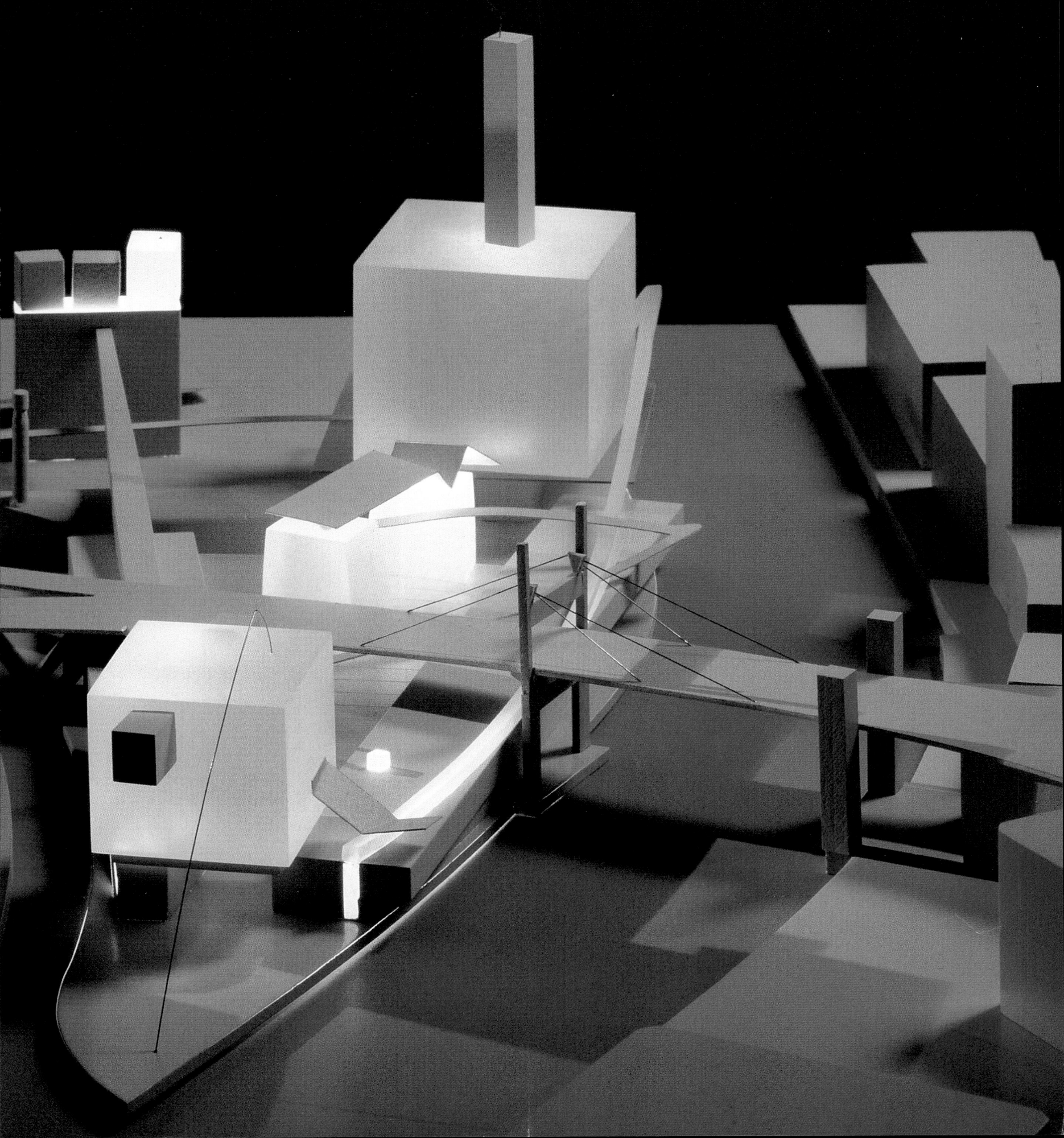

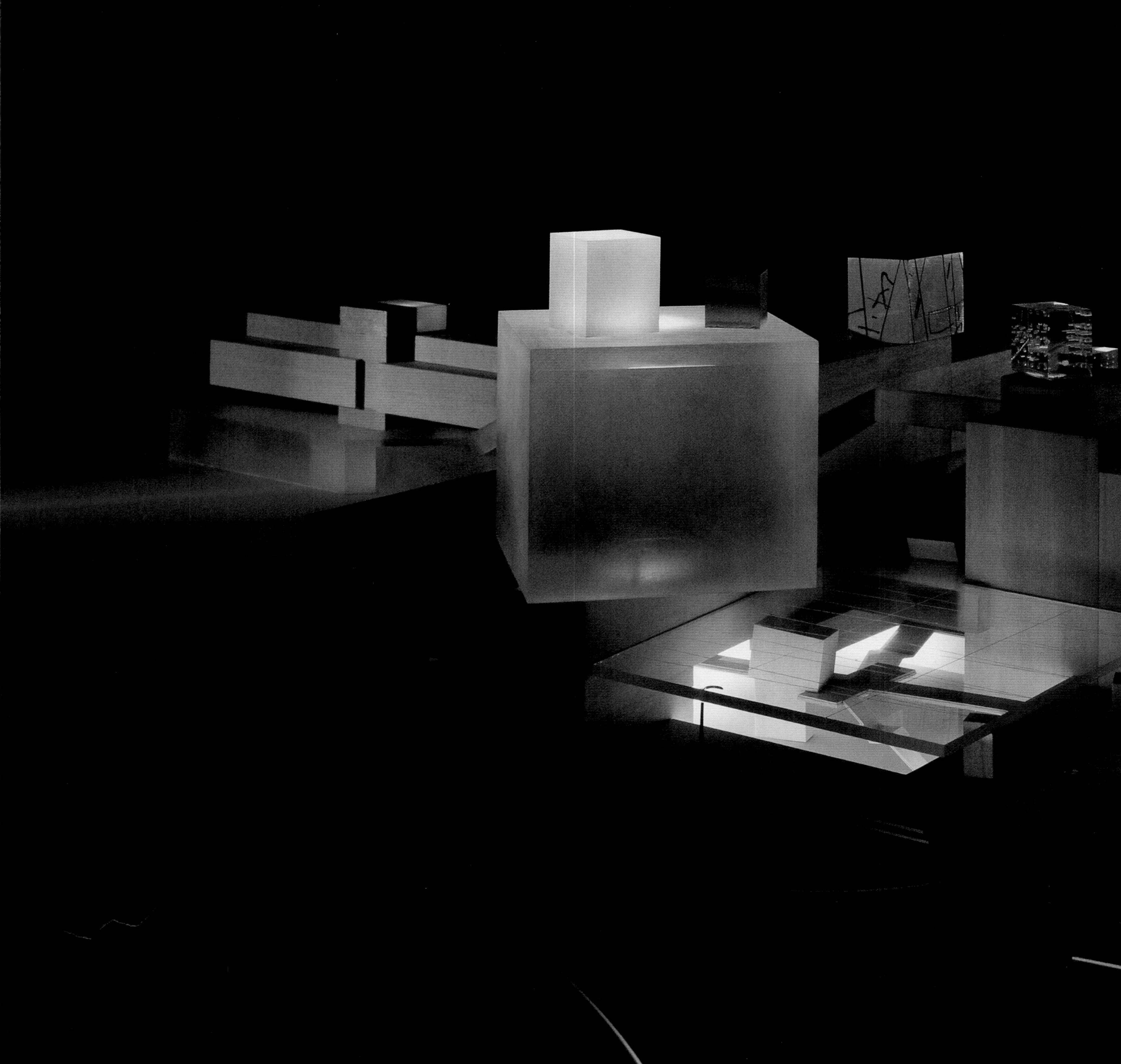

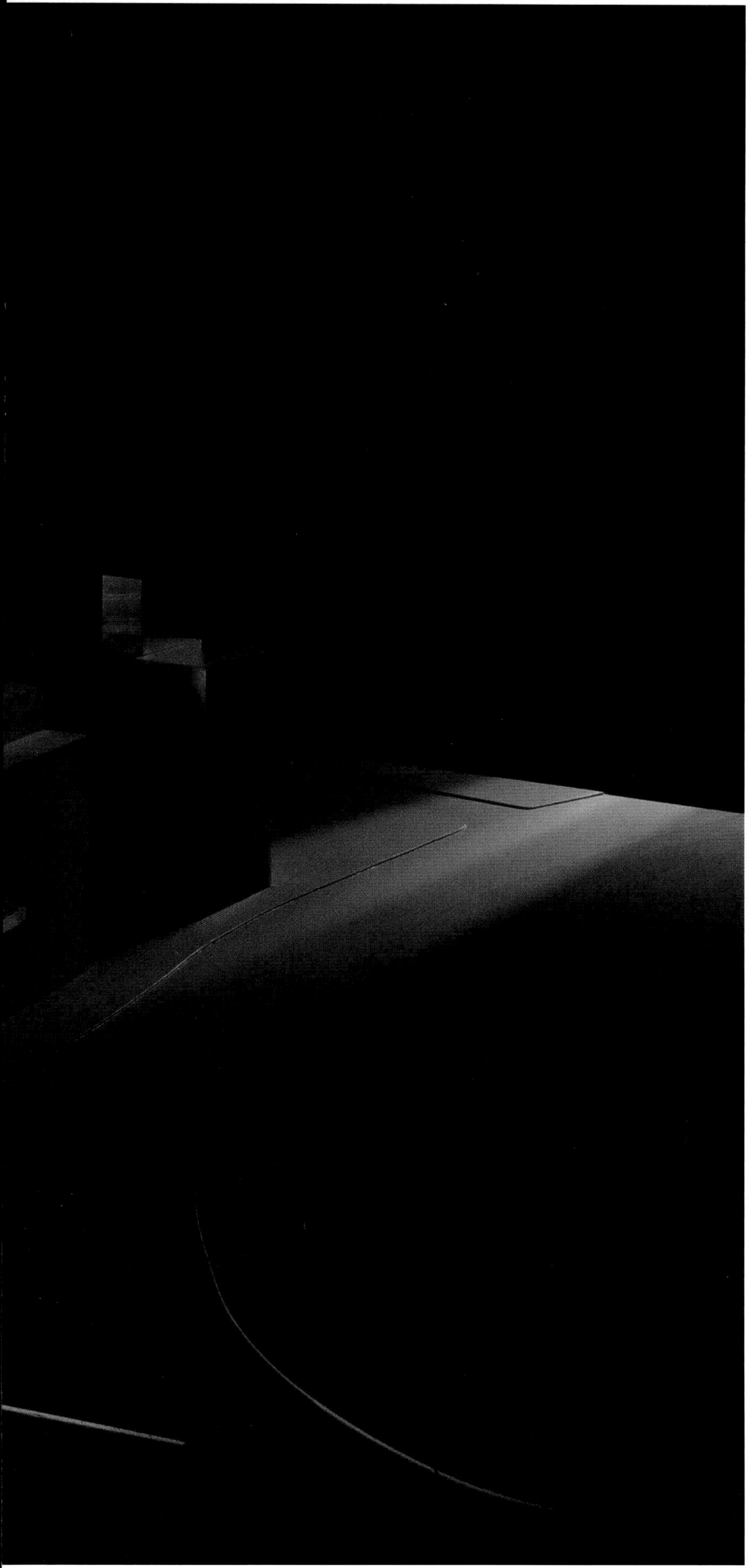

1990/91 Zentrum Europaplatz
St. Pölten, Österreich / Austria

Entwurfsmodell / Concept model, M / scale 1:200
C-Print, 1990

1990 **Haus Putzhammer**
Putzhammer House
Österreich / Austria

Entwurfsmodell / Concept model, M / scale 1:100
C-Print, 1990

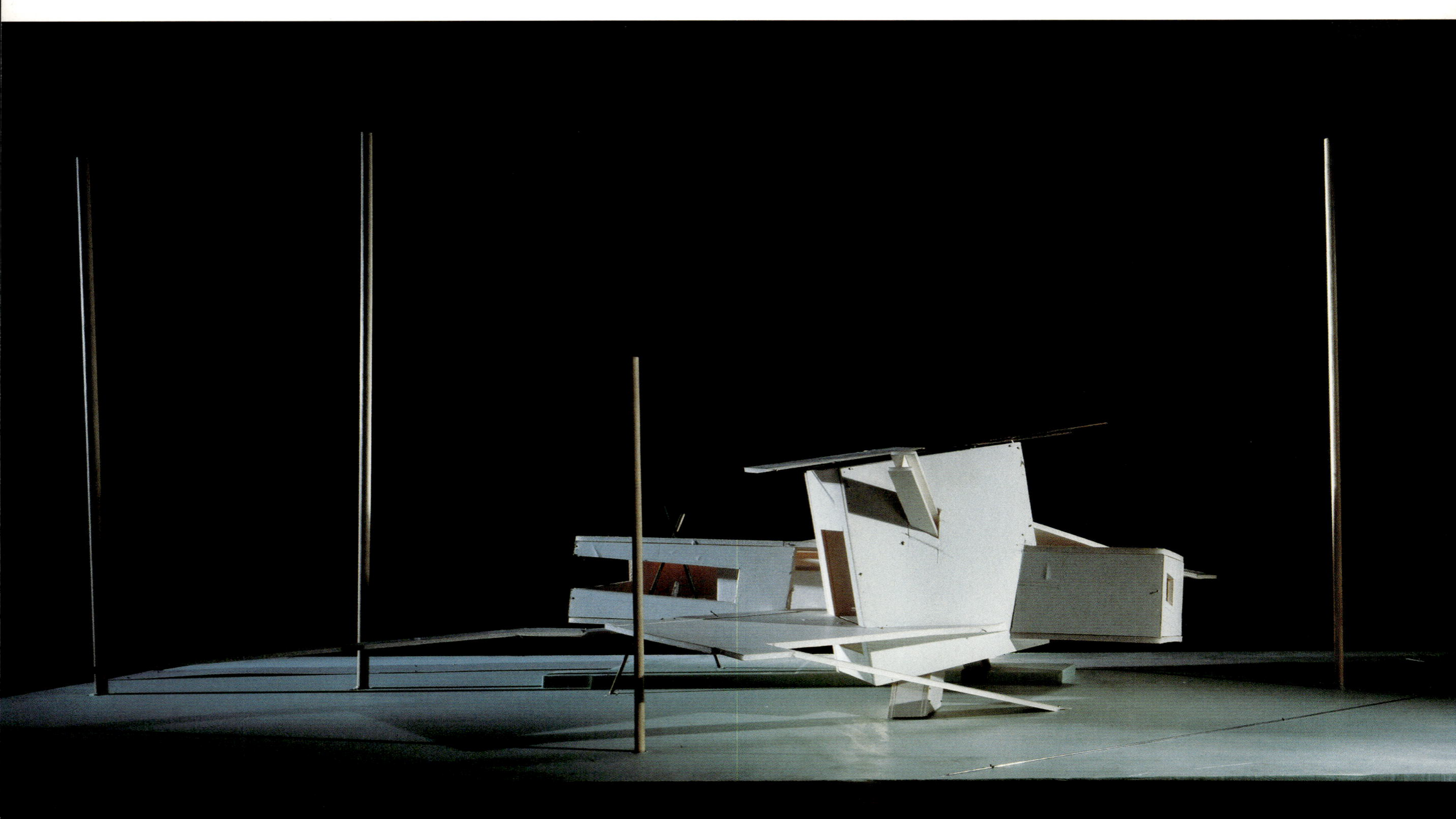

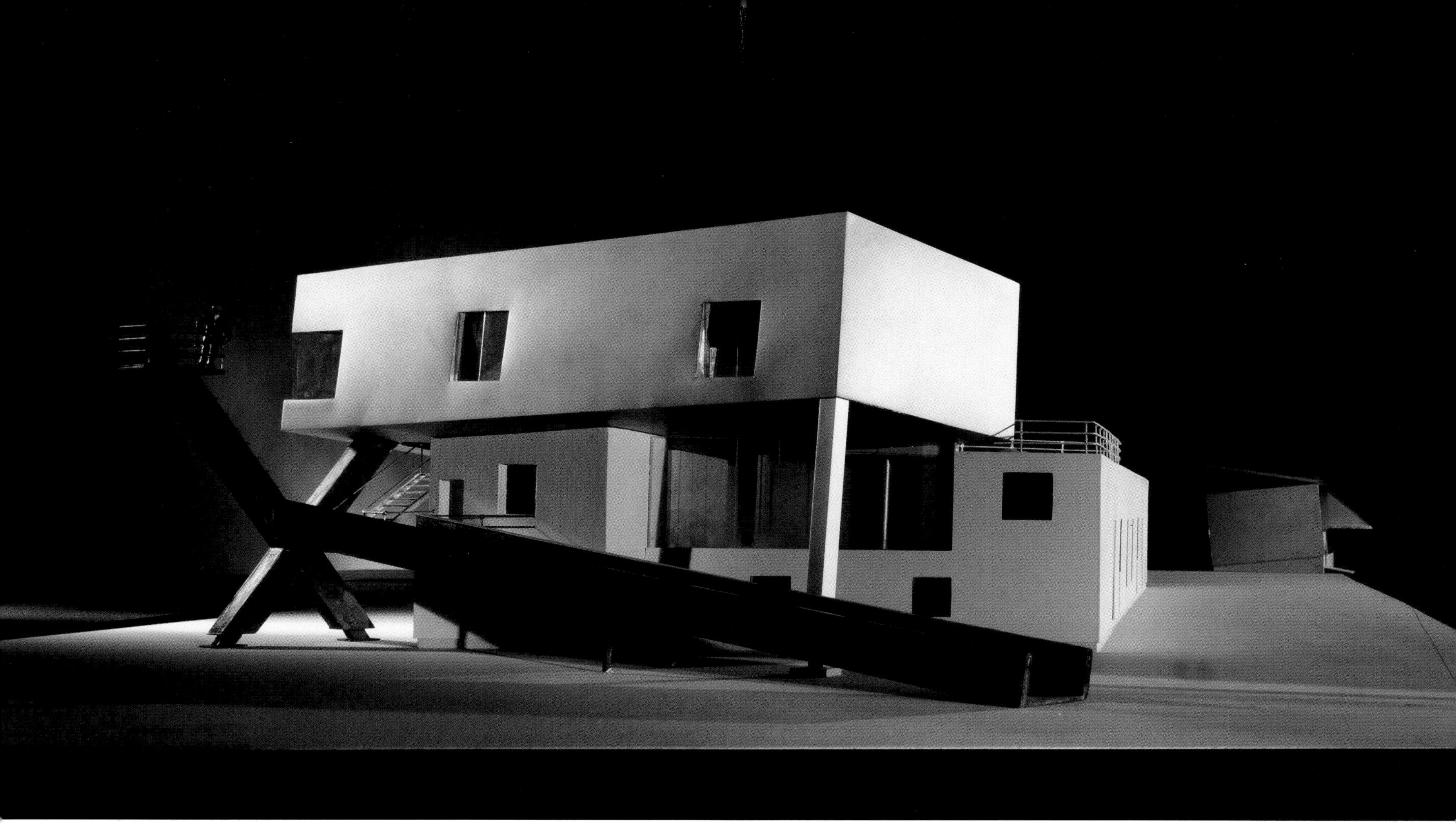

1990 **Tischlerei Vorlaufer**
Vorlaufer Furniture Factory
Amstetten, Österreich / Austria

Entwurfsmodell / Concept model, M / scale 1 : 100
C-Print, 1990

1990 **Mariahilfer Platz**
Wien, Österreich / Vienna, Austria

Entwurfsmodell / Concept model, **M** / scale 1:200
C-Print, 1990

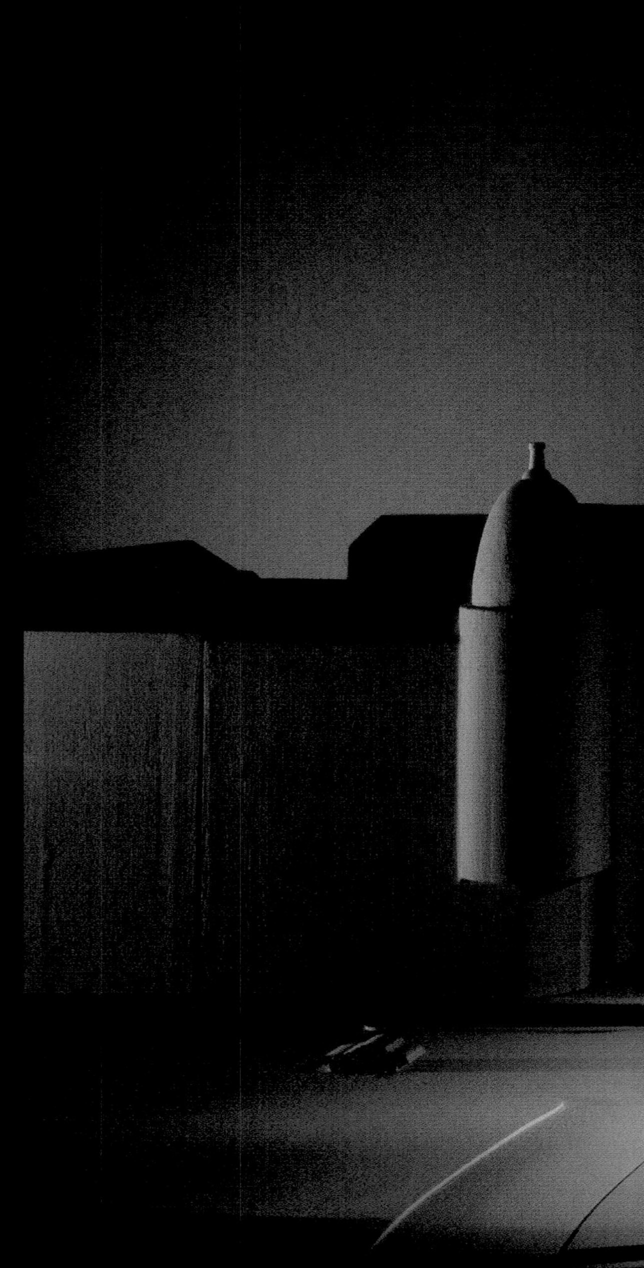

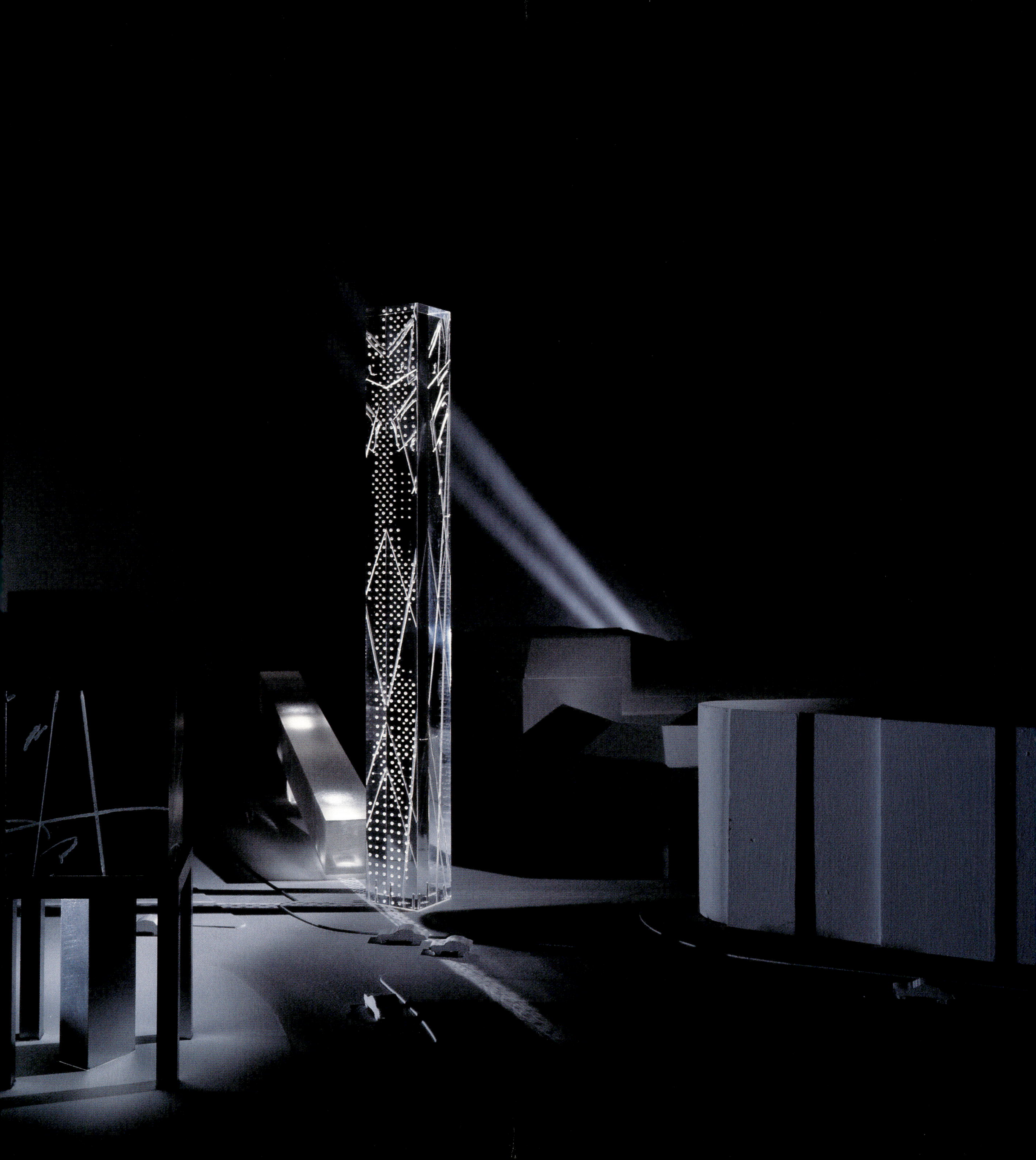

1990 **Forschungszentrum Seibersdorf**
Seibersdorf Research Center
Österreich / Austria

Studienmodell / Study model, M / scale 1:100
C-Print, 2001

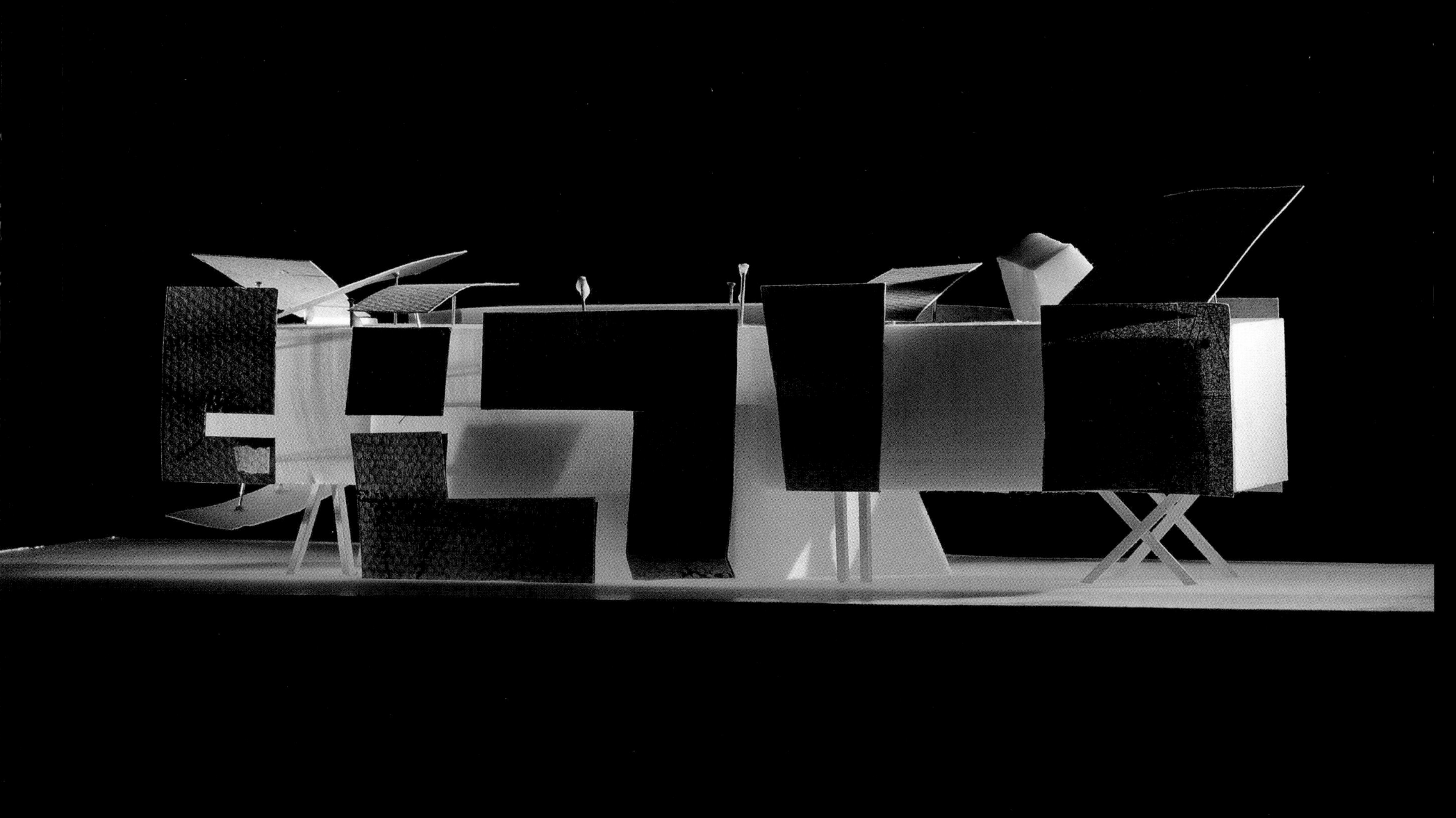

1989 Penthouse

Ideenmodell / Sketch model,
M / scale 1:50
C-Print, 1989

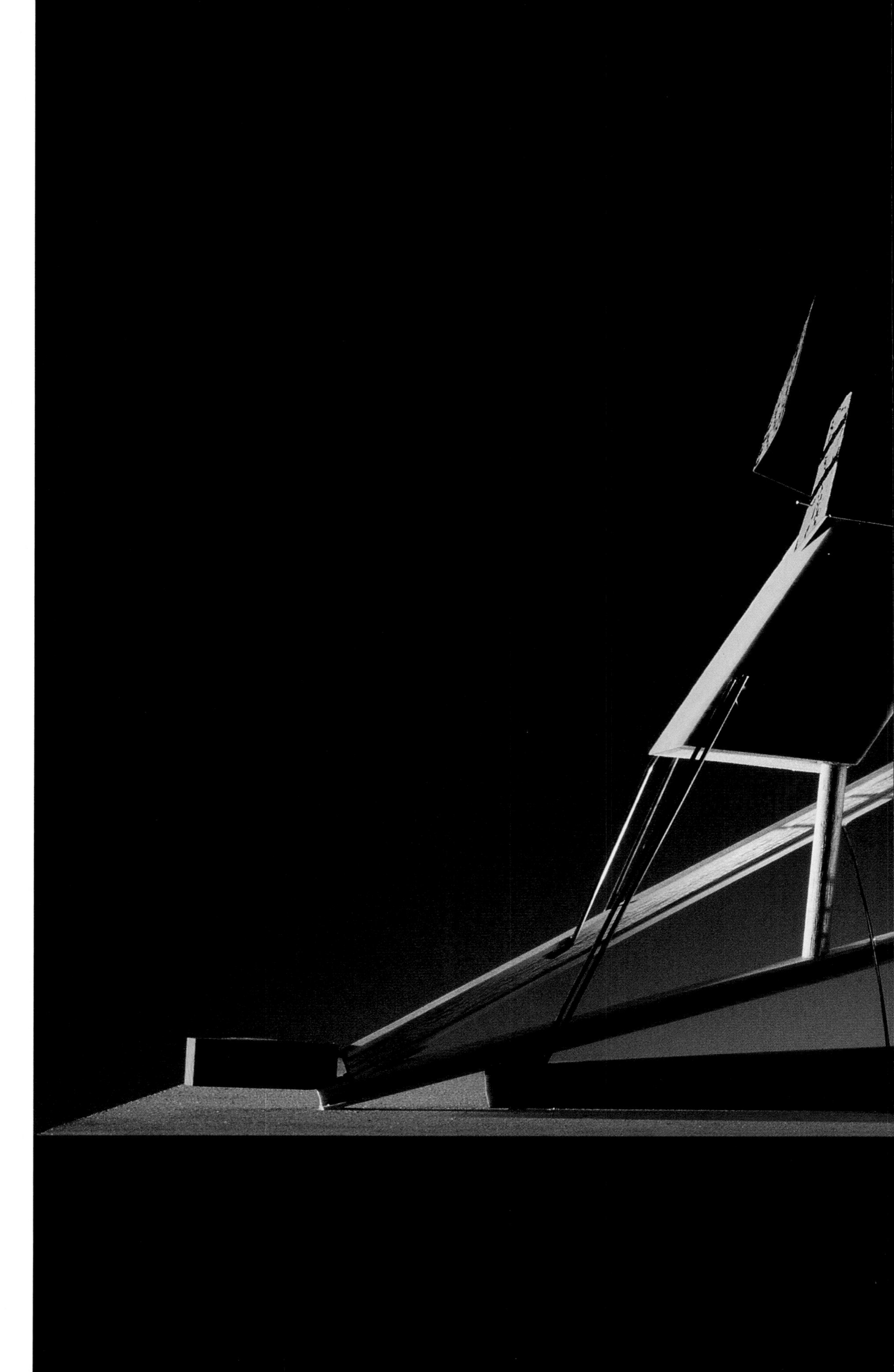

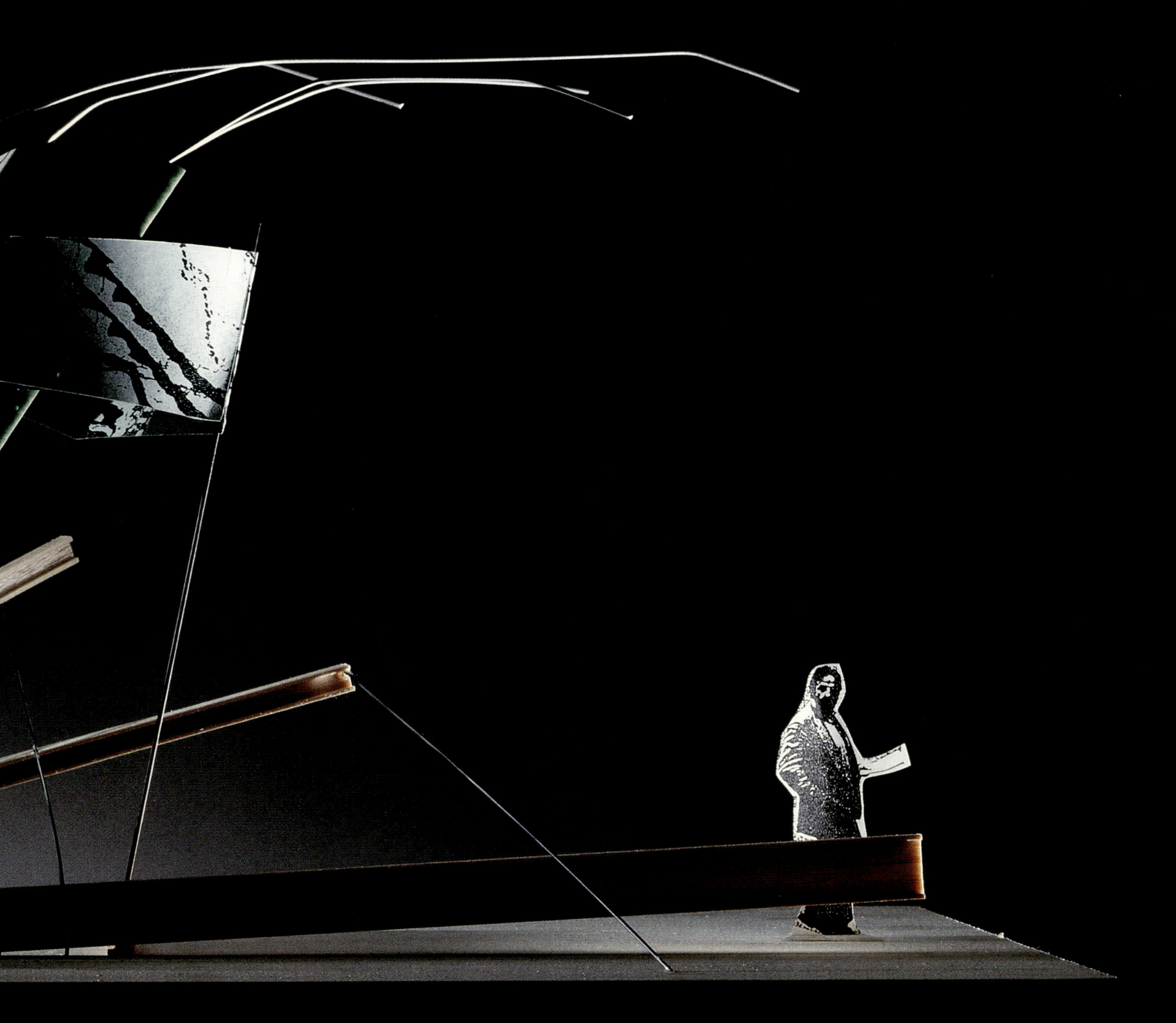

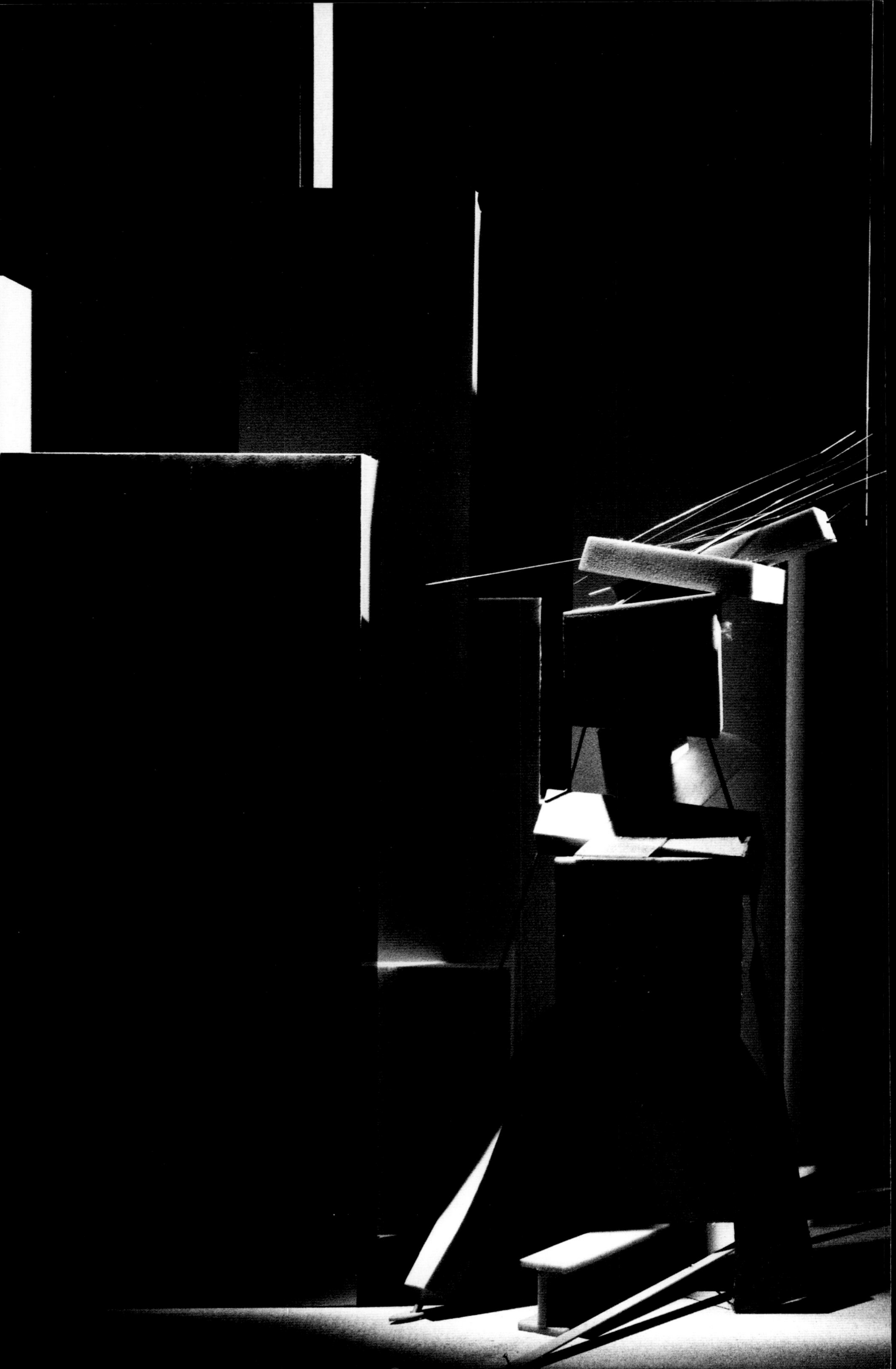

1989 Office Building

Los Angeles,
Kalifornien /
California, USA

Ideenmodell / Sketch model,
kein M / no scale
Gelatin Silver Print, 1989

1988 **Betrunkener Hirte**
Drunken Shepherd
Griechenland / Greece

Entwurfsmodell / Concept model, M / scale 1:100
C-Print, 1988

1988 Betrunkener Hirte
Drunken Shepherd
Griechenland / Greece

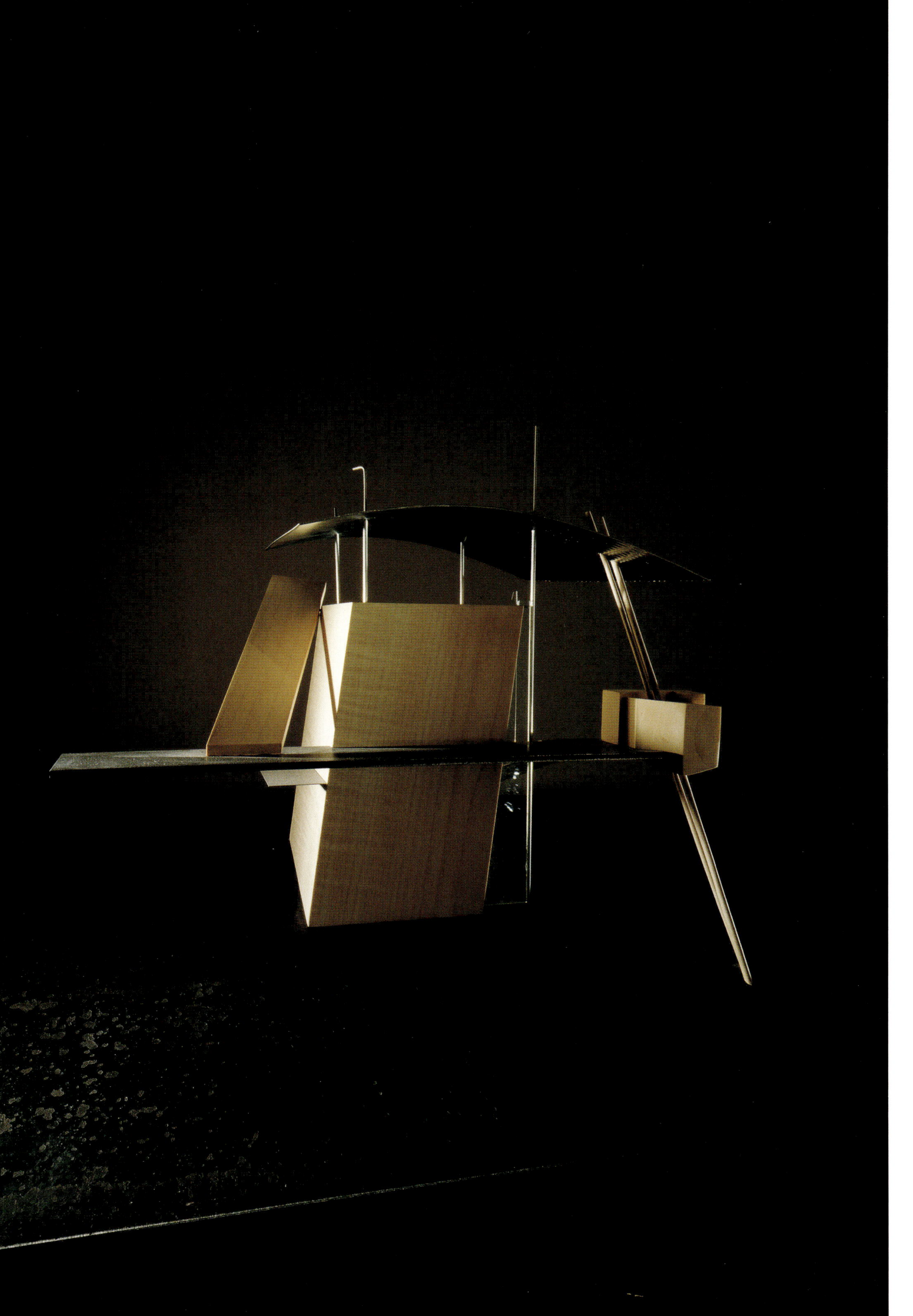

1988/89 **Funder-Werk 3**
Funder Factory 3
St. Veit/Glan, Österreich / Austria

Entwurfsmodell / Concept model, M / scale 1:200
Gelatin Silver Print, 1989

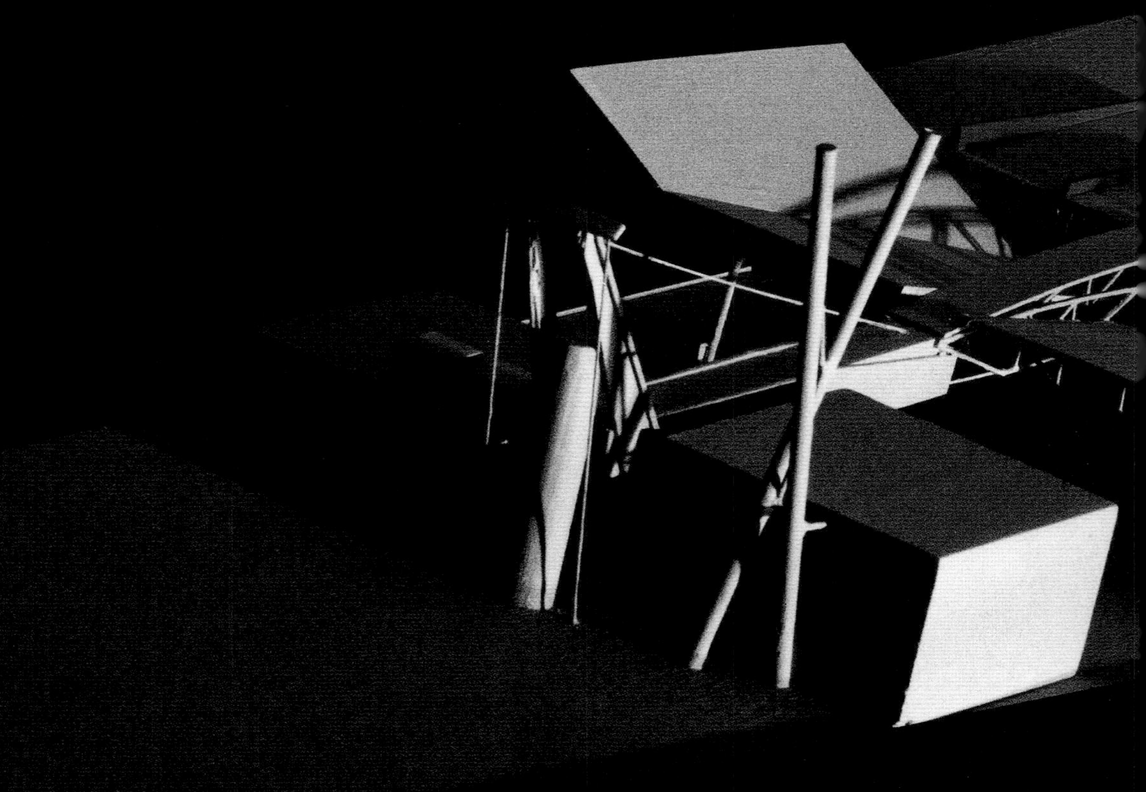

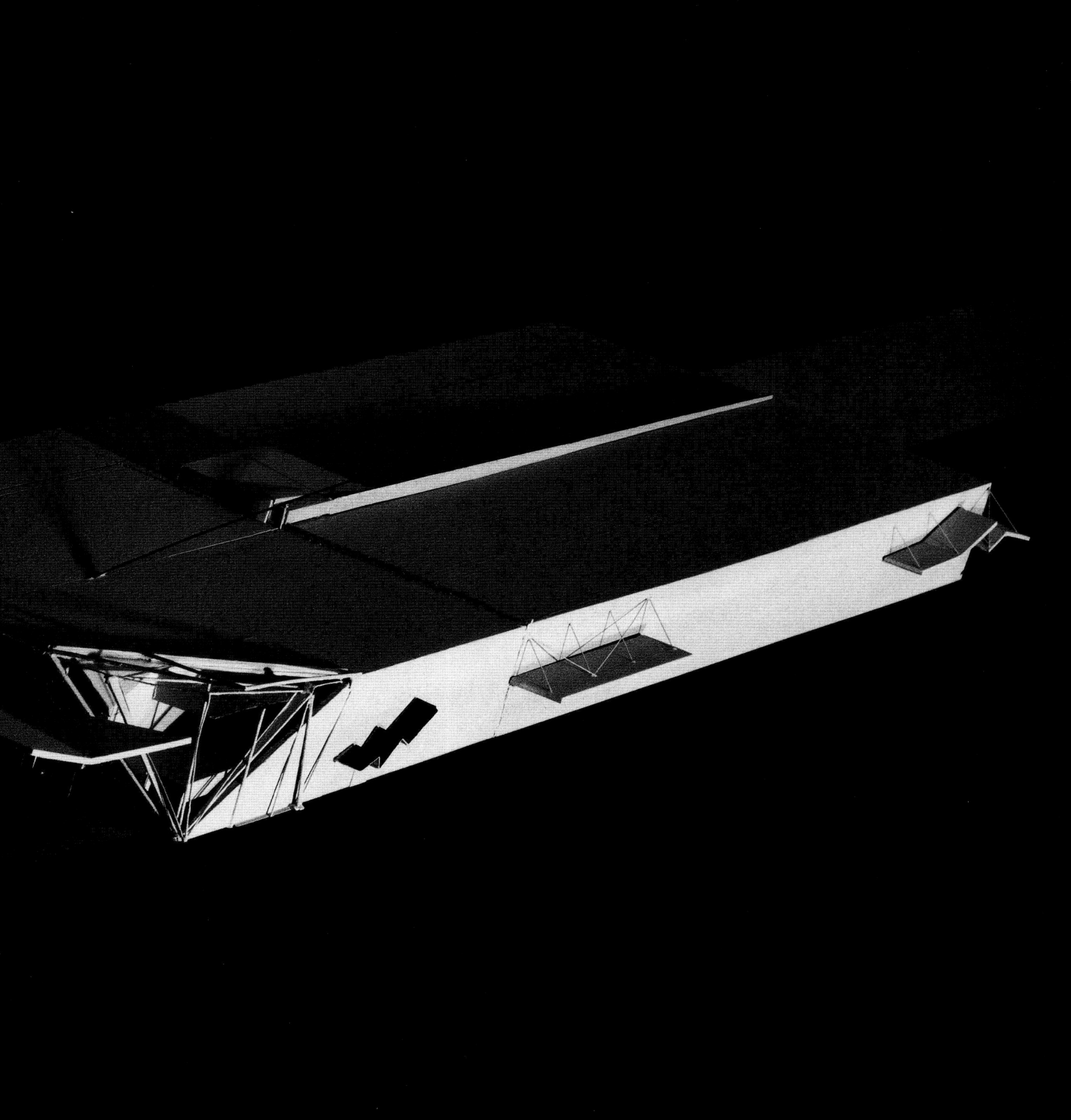

Und das geht so:

Wir trennen das Wort Entwurf in die Silbe „ent" und das Wort „Wurf". Ent-Wurf. „Ent" wie entäußern, entflammen. Wurf wie werfen.

Ohne zu wissen, wohin uns das führen soll, beginnen wir, die Zeit des Entwurfsvorgangs zu verdichten und zu verkürzen. Das heißt, Gespräche über das Projekt werden zwar lange geführt, aber immer, ohne an räumliche Konsequenzen zu denken. Und dann plötzlich ist die Zeichnung da, auf dem Papier, auf dem Tisch, und gleichzeitig dazu entsteht das Arbeitsmodell.

COOP HIMMELBLAU ist ein Team. Während des Zeichnens wird die Architektur in Worte gefaßt, dem anderen die Zeichnung erzählt, das Projekt erlebbar gemacht, der erlebte Entwurfsmoment vermittelt. (Beweisen können wir es nicht, aber wir vermuten sehr stark, daß der gebaute Raum umso erlebbarer wird, je intensiver der Entwurf vom Entwerfer erlebt wird.)

Und dieser Augenblick, wo Architektur gelebt wird, wo man Architektur spürt, das ist der Augenblick des „Ent-Wurfs". In diesem Moment zerfallen alle Sachzwänge, die Kausalität steht Kopf. In diesem Moment ist Architektur jetzt.

COOP HIMMELBLAU, 1980

And this is how it works:

We break up the word "design" etymologically: de-sign, which means to mark out. "Out" like in outflame, outbreak, outgoing; "mark" like in landmark.

Without knowing where this will lead us, we begin to condense and shorten the time of the design process, i.e. we talk about the project for a long time, but without ever thinking of the spatial consequences. And then, all of a sudden, there's the drawing on the paper, on the table, and, at the same time, we start on the working model.

COOP HIMMELBLAU is a team. When we draw, the architecture is put into words, the sketch narrated to the partner, the project presented for being experienced, the experienced moment of design communicated. (We cannot prove it, but we strongly surmise that the greater the designer's feelings concerning his design the better the possibility for experiencing the built space.)

That moment, in which architecture is experienced, in which architecture is felt, is the moment of de-sign. This is the moment when all practical necessities disintegrate and causality is turned topsy-turvy. This is the moment in which architecture is now.

COOP HIMMELBLAU, 1980

1988   **Die langen dünnen gelben Beine der Architektur**
The long thin yellow legs of architecture

Rotterdam, Niederlande / Netherlands

Entwurfsmodell / Concept model, M / scale 1:40
C-Print, 1988

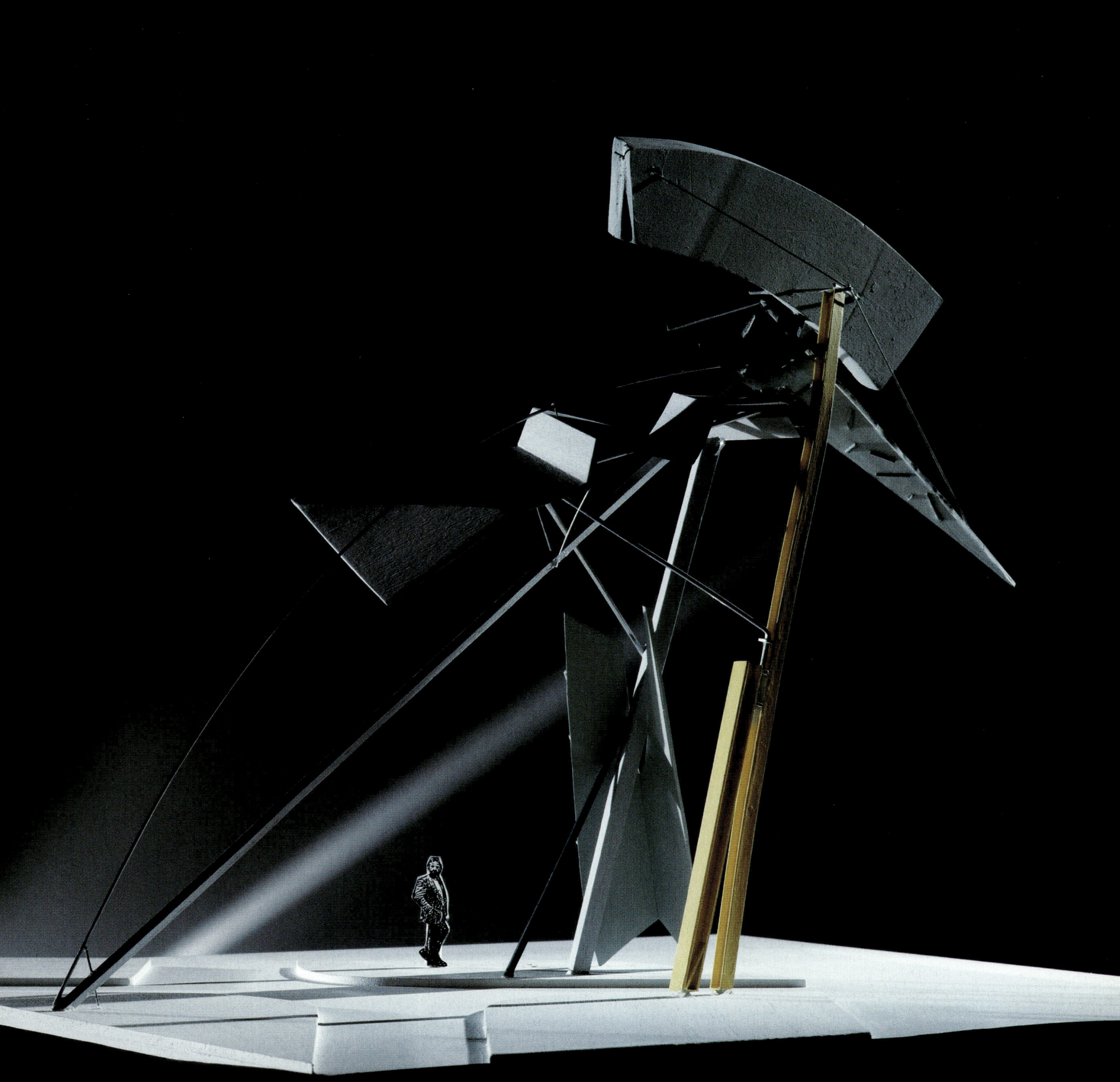

1987 **Ronacher-Theater**
Ronacher Theater
Wien, Österreich / Vienna, Austria

Entwurfsmodell / Concept model, M / scale 1:100
C-Print, 1988

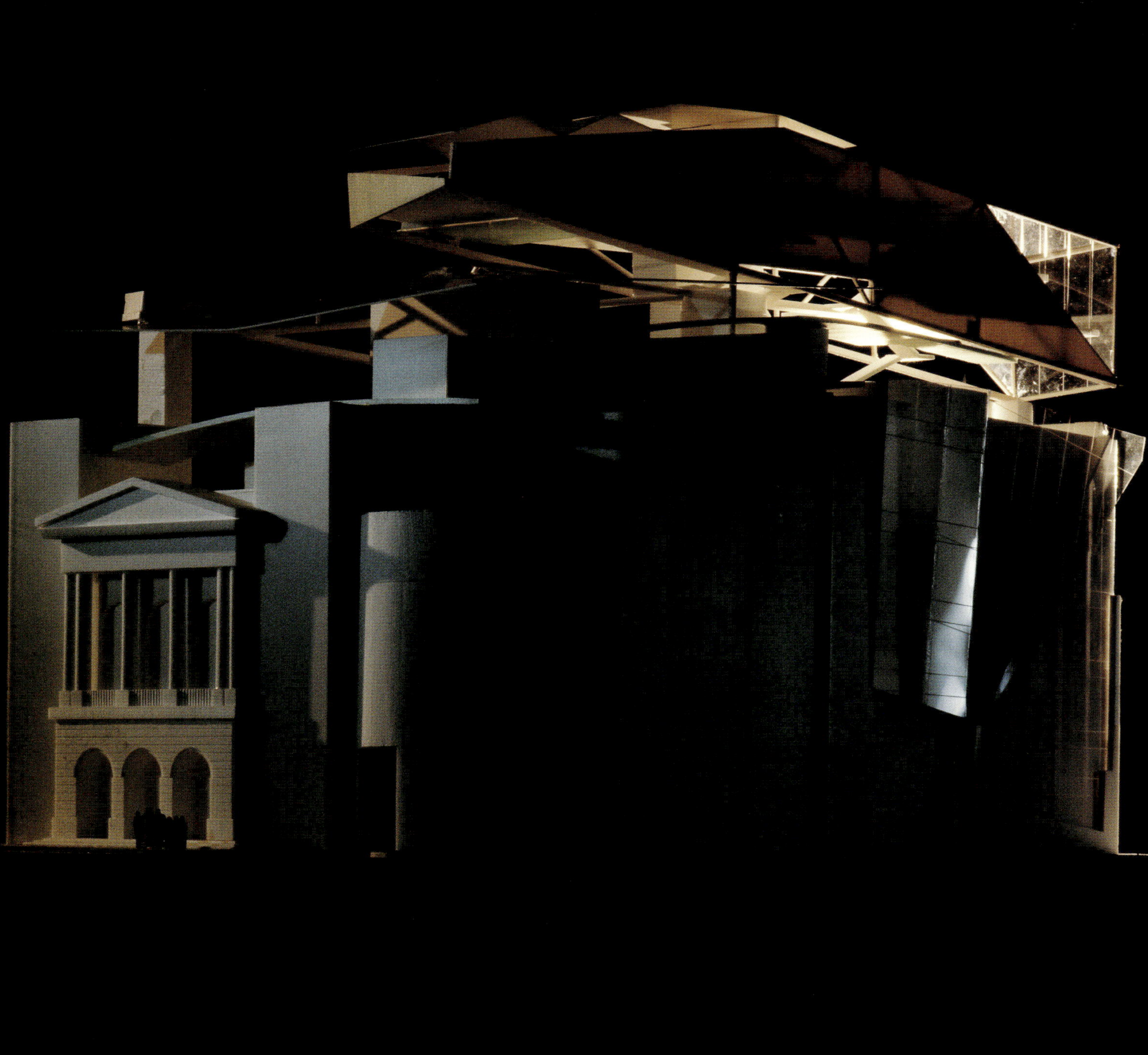

1987 **Das Herz einer Stadt**
The Heart of a City
Melun-Sénart, Frankreich / France

Ideenmodell / Sketch model, **kein M** / no scale
C-Print, 1987

Die Darstellung der Umarmung der Stadt im Modell.
The Portrayal of Embracing the City in Model Form.
COOP HIMMELBLAU, 1987

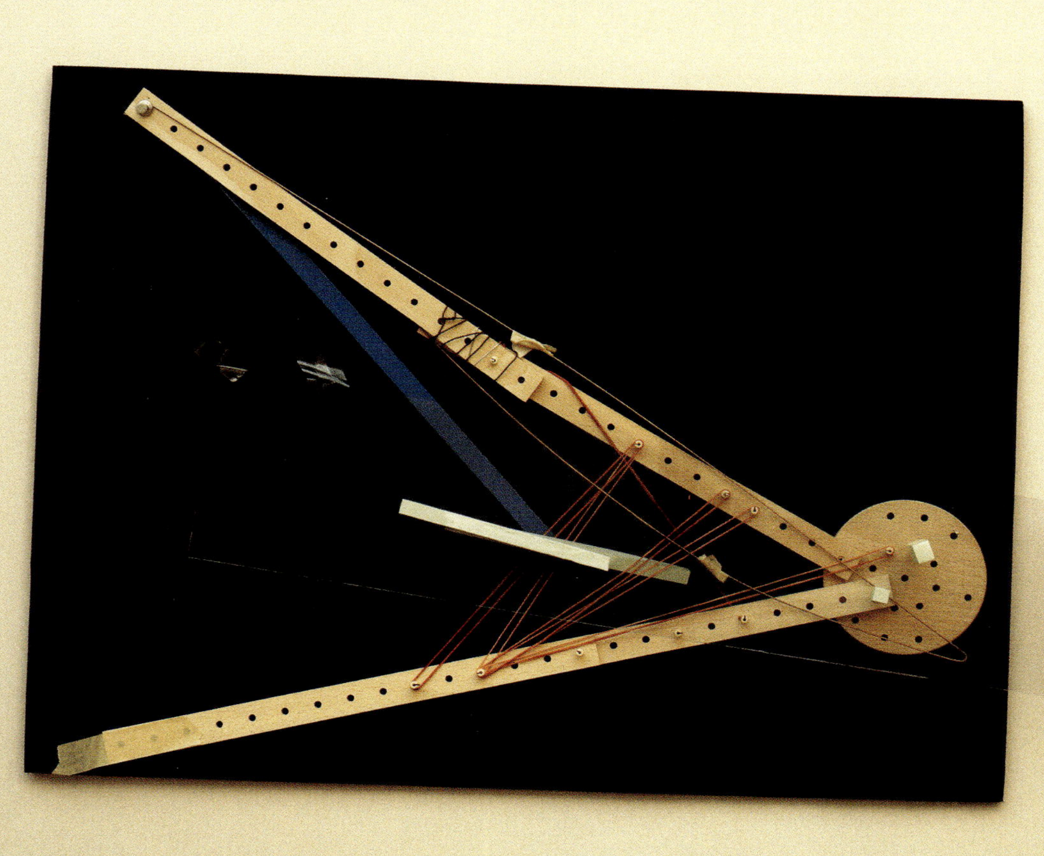

1985 Medienskyline Hamburg
Media Skyline Hamburg
Deutschland / Germany

Entwurfsmodell / Concept model, M / scale 1:100
Gelatin Silver Print, 1985

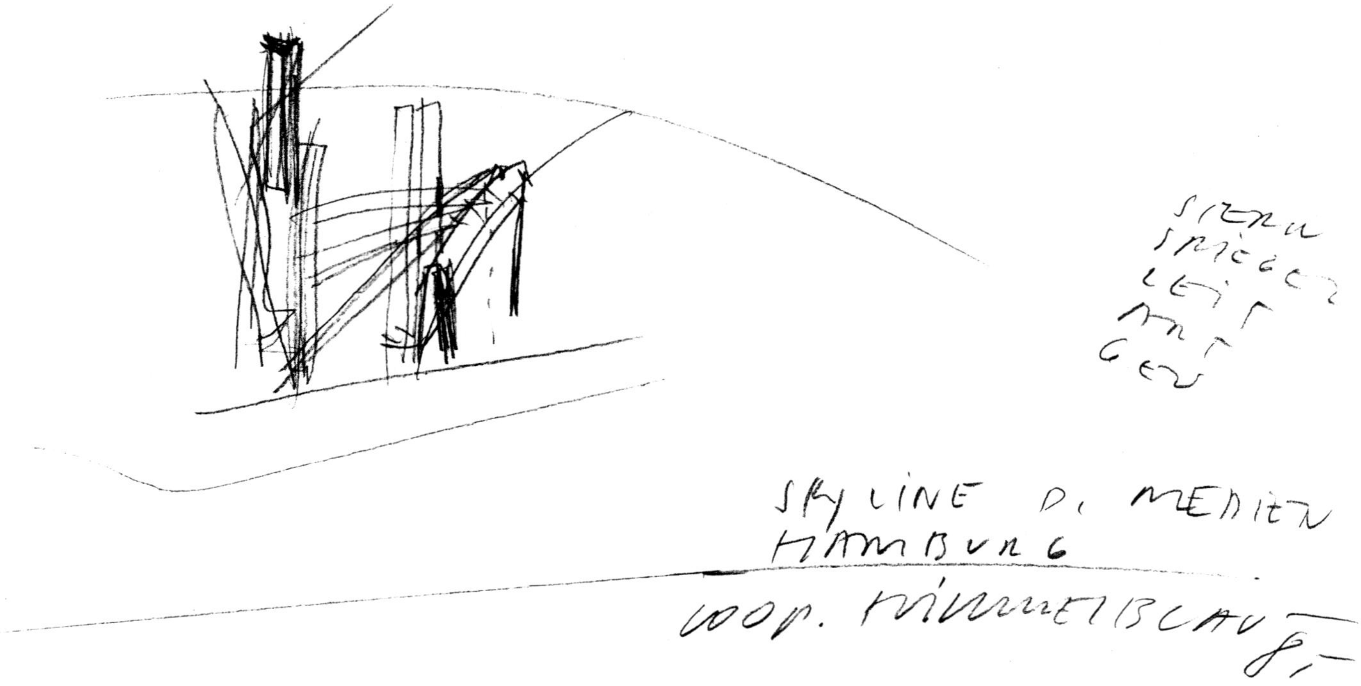

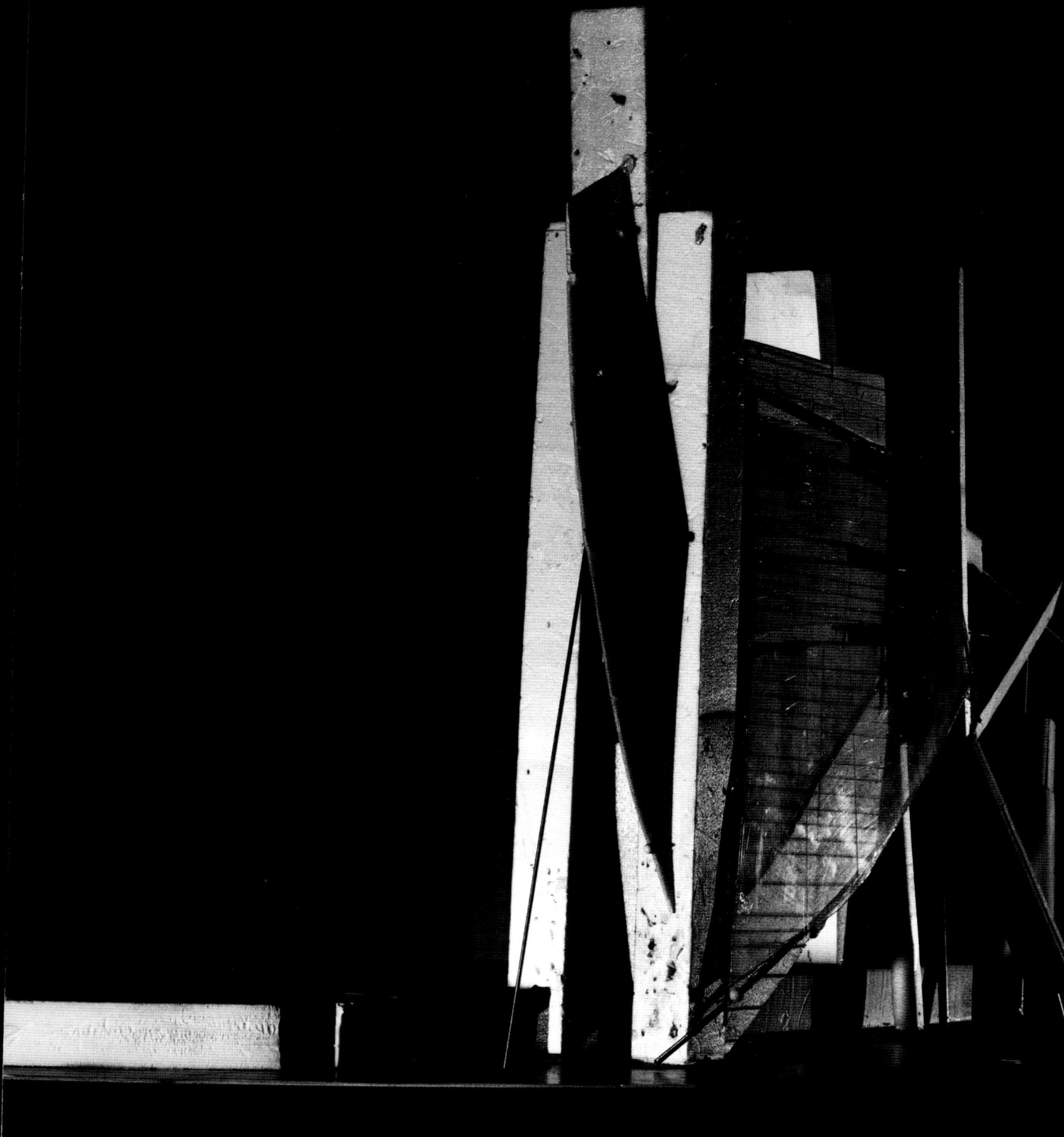

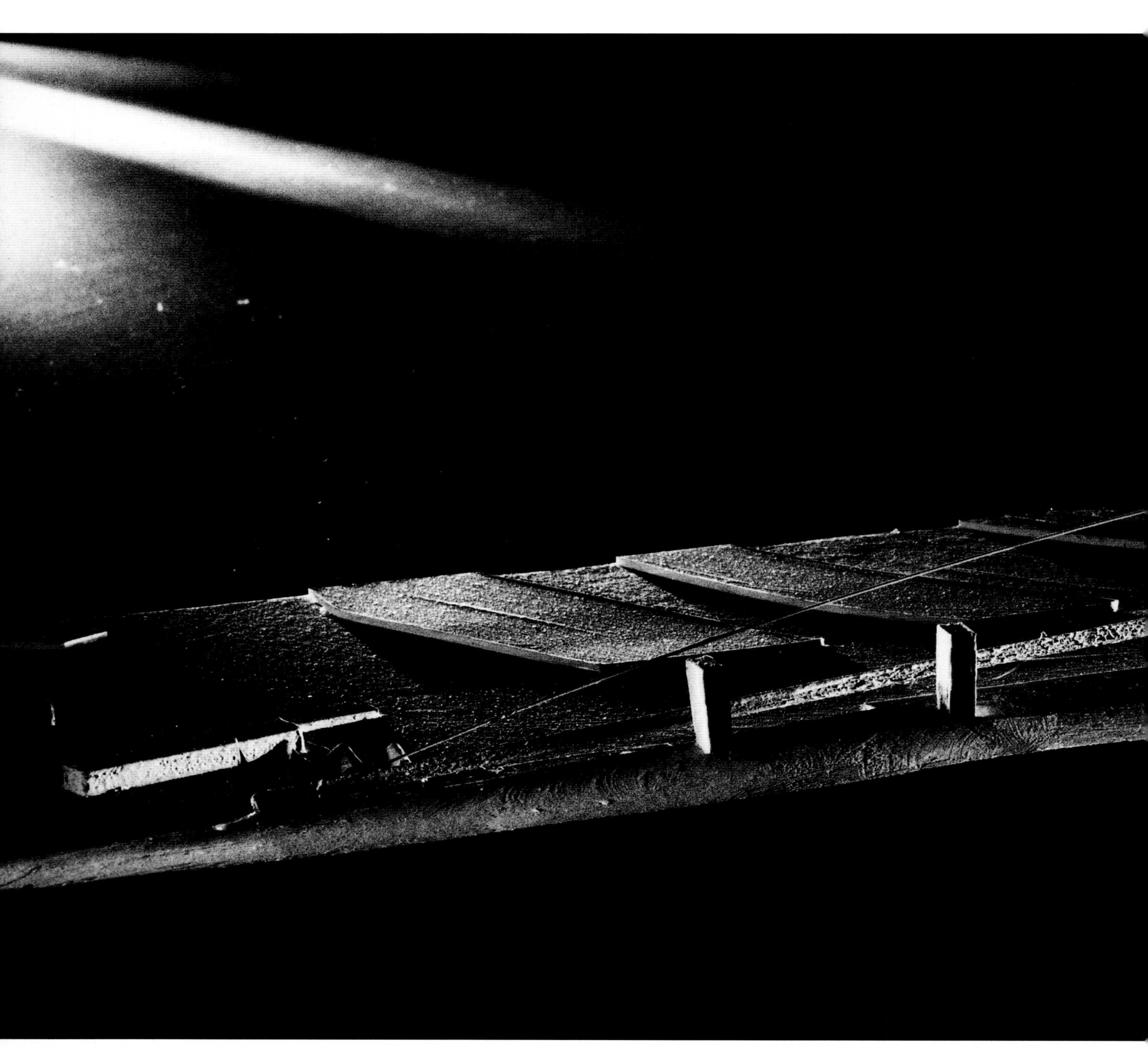

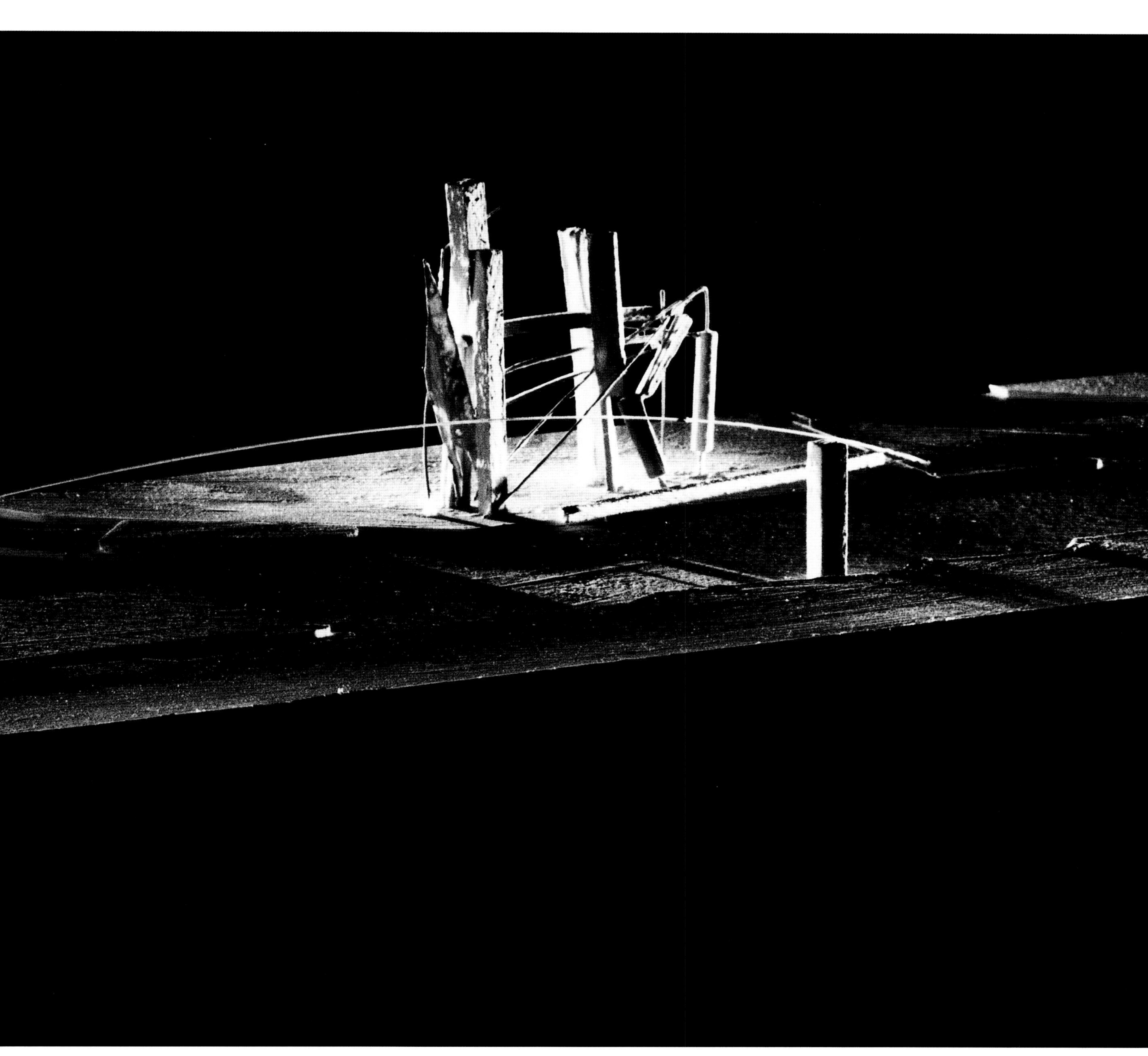

1984 – 88 Dachausbau Falkestraße
Rooftop Remodelling Falkestraße
Wien, Österreich / Vienna, Austria

Entwurfsmodell / Concept model, M / scale 1:20
C-Print, 1984

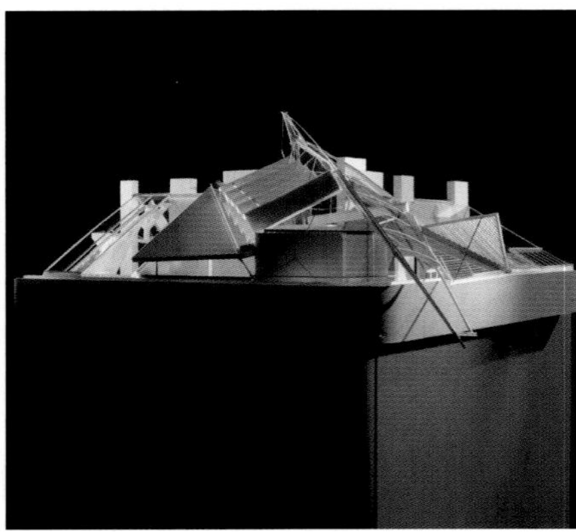

Seite / *page 95*
Konstruktionsmodell / Structure model, M / scale 1:50
Gelatin Silver Print, 1984

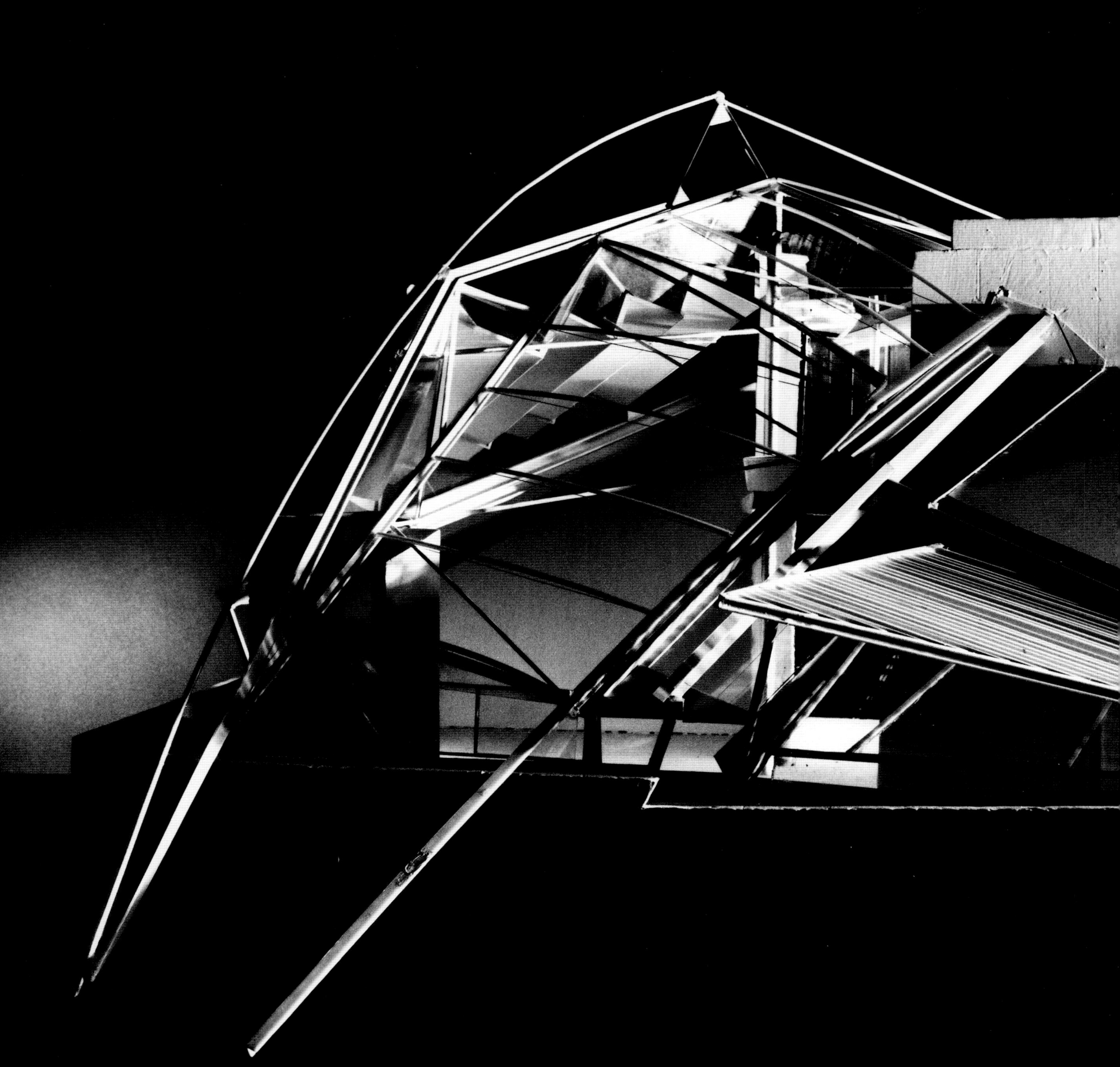

1984 Haus Svoboda
Svoboda House
Hinterbrühl, Österreich / Austria

Entwurfsmodell / Concept model, M / scale 1:100
Gelatin Silver Print, 1984

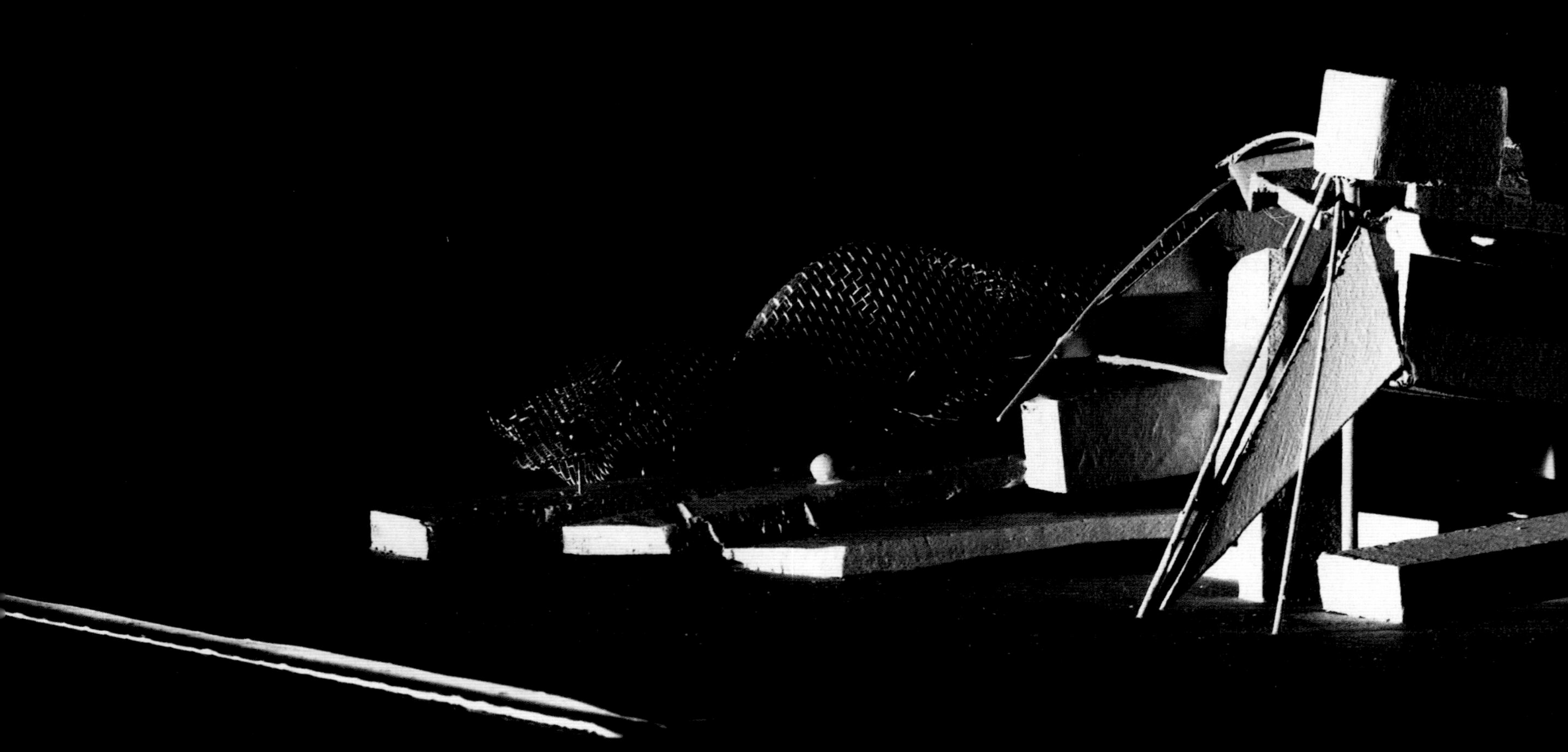

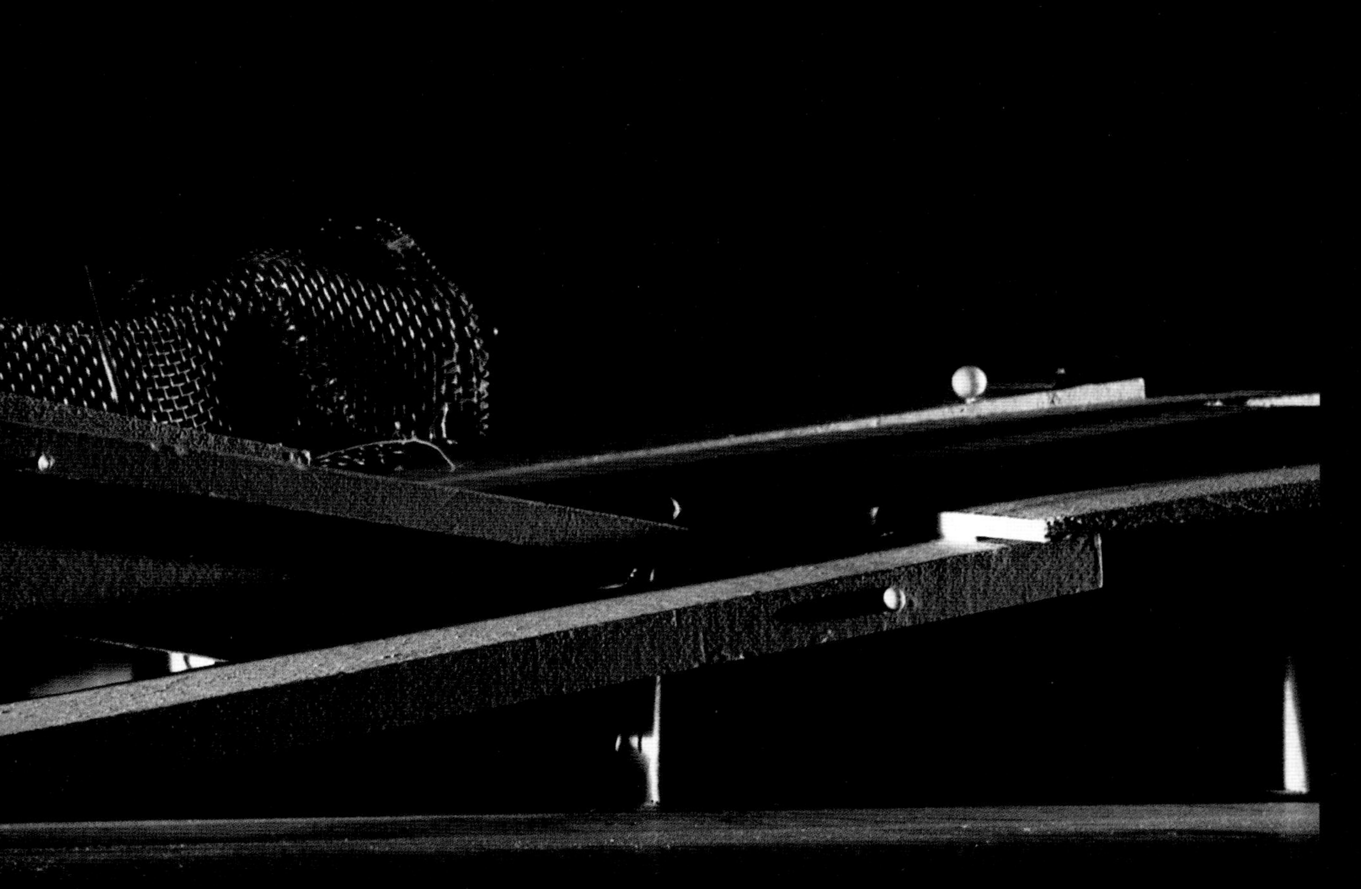

1984/85 **Studio E. Baumann**
Wien, Österreich / Vienna, Austria

Konstruktionsmodell / Structure model, M / scale 1:50
C-Print, 1984

1984/85 **Studio E. Baumann**
Wien, Österreich / Vienna, Austria

Konstruktionsmodell / Structure model, M / scale 1:50
C-Print, 1984

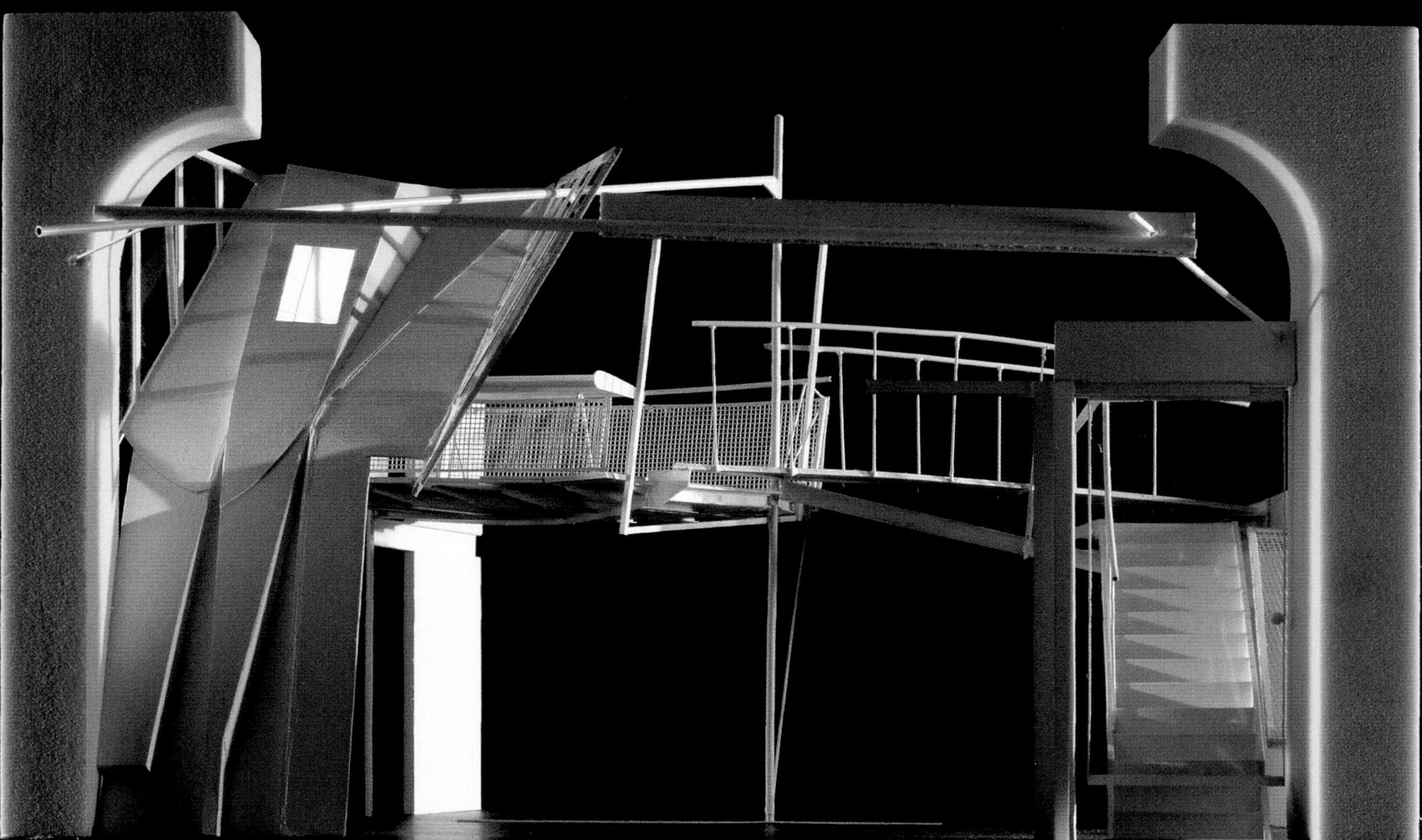

1983 Haus mit Nase, Humanic-Filiale, Wien 12
House with Nose, Humanic Branch, Vienna 12
Österreich / Austria

Entwurfsmodell / Concept model, M / scale 1:200
Gelatin Silver Print, 1983

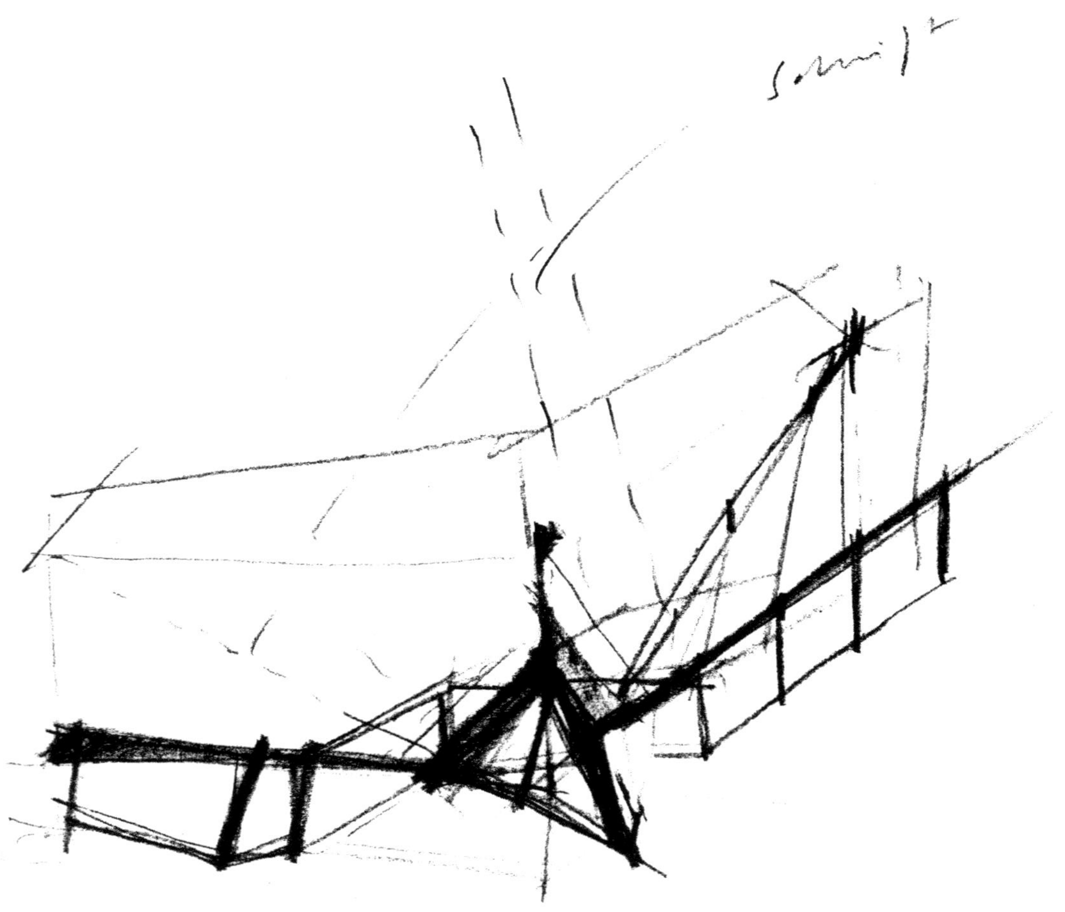

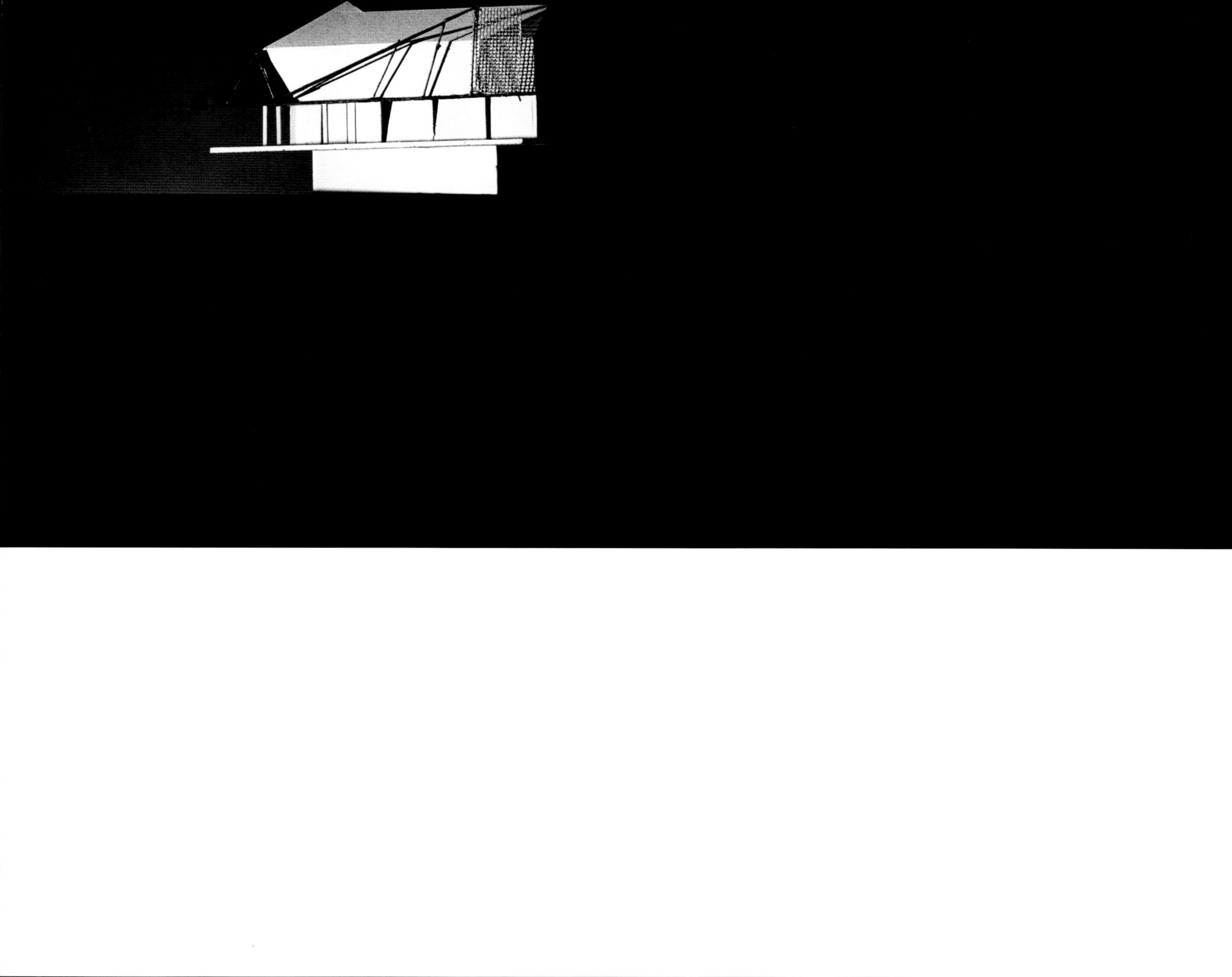

1983 **Wohnanlage Wien 2**
Apartment Complex Vienna 2
Österreich / Austria

Konstruktionsmodell / Structure model, M / scale 1:50
C-Print, 1983

Das offene System
Ideal wäre es, die Architekturen ohne Widmungen
zu bauen und sie dann zur Benützung freizugeben.
In den ineinander verschränkten, sich öffnenden Gebäuden
und Volumen gibt es keine abgeschlossenen Räume mehr.
Nur ungefähr gewidmete Flächen.
Willkürlich einteilbar und ausbaubar von den Bewohnern.
Die differenzierten räumlichen Situationen trennen nicht
mehr, sie besitzen höchstens Aufforderungscharakter,
den Raum in Besitz zu nehmen.

The Open System
It would be ideal to build architecture without objectives and
then release it for free use.
There are no longer any enclosed spaces in these buildings.
They interlace and open up.
The areas are vaguely designated.
Division and expansion depend on the choice of the occupant.
The differentiated spatial situations separate no longer –
at the most they present a challenge to utilize the space.

COOP HIMMELBLAU, 1983

Seite / pages 104–105
Studienmodell / Study model, M / scale 1:200
Gelatin Silver Print, 1983

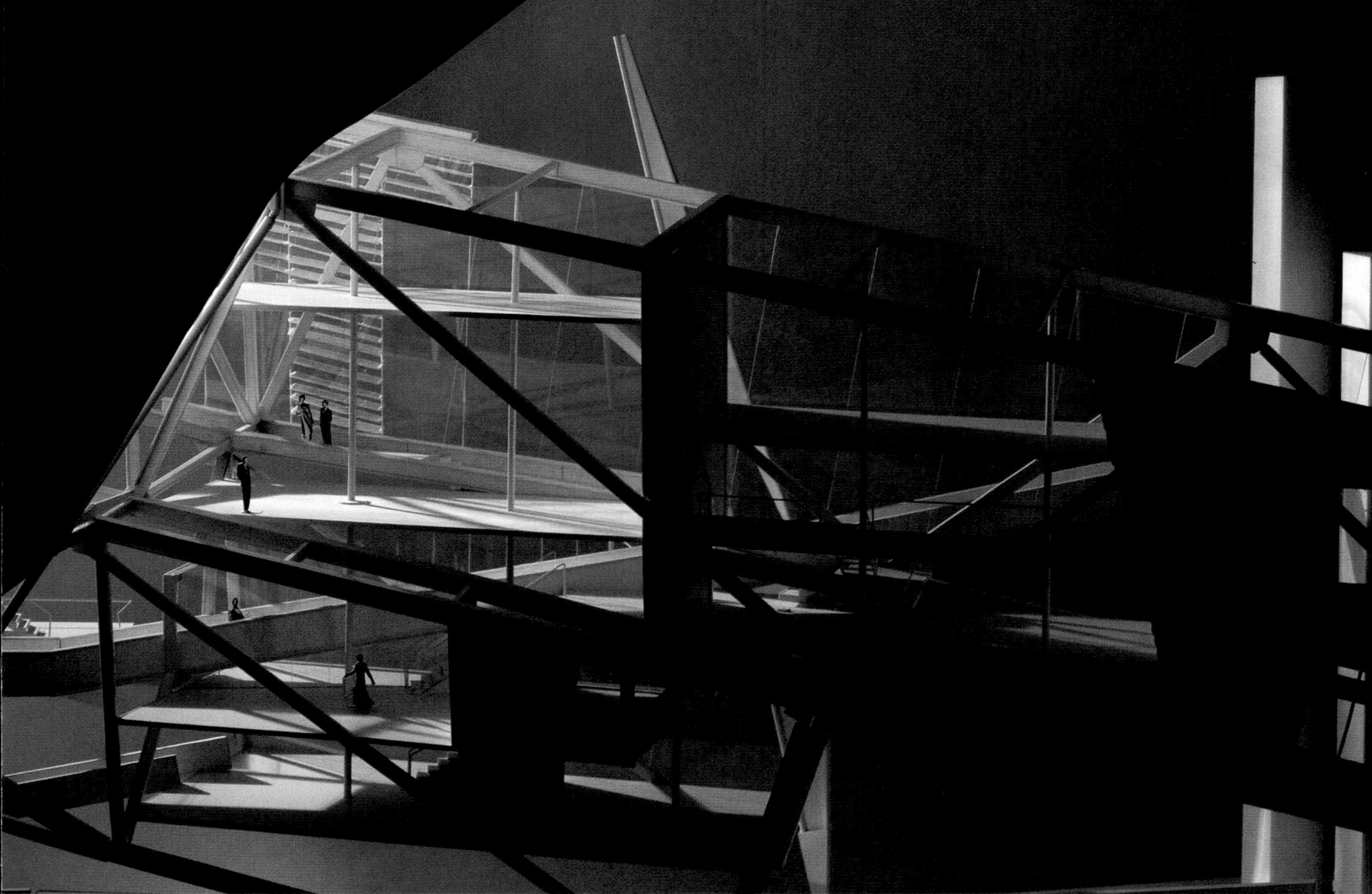

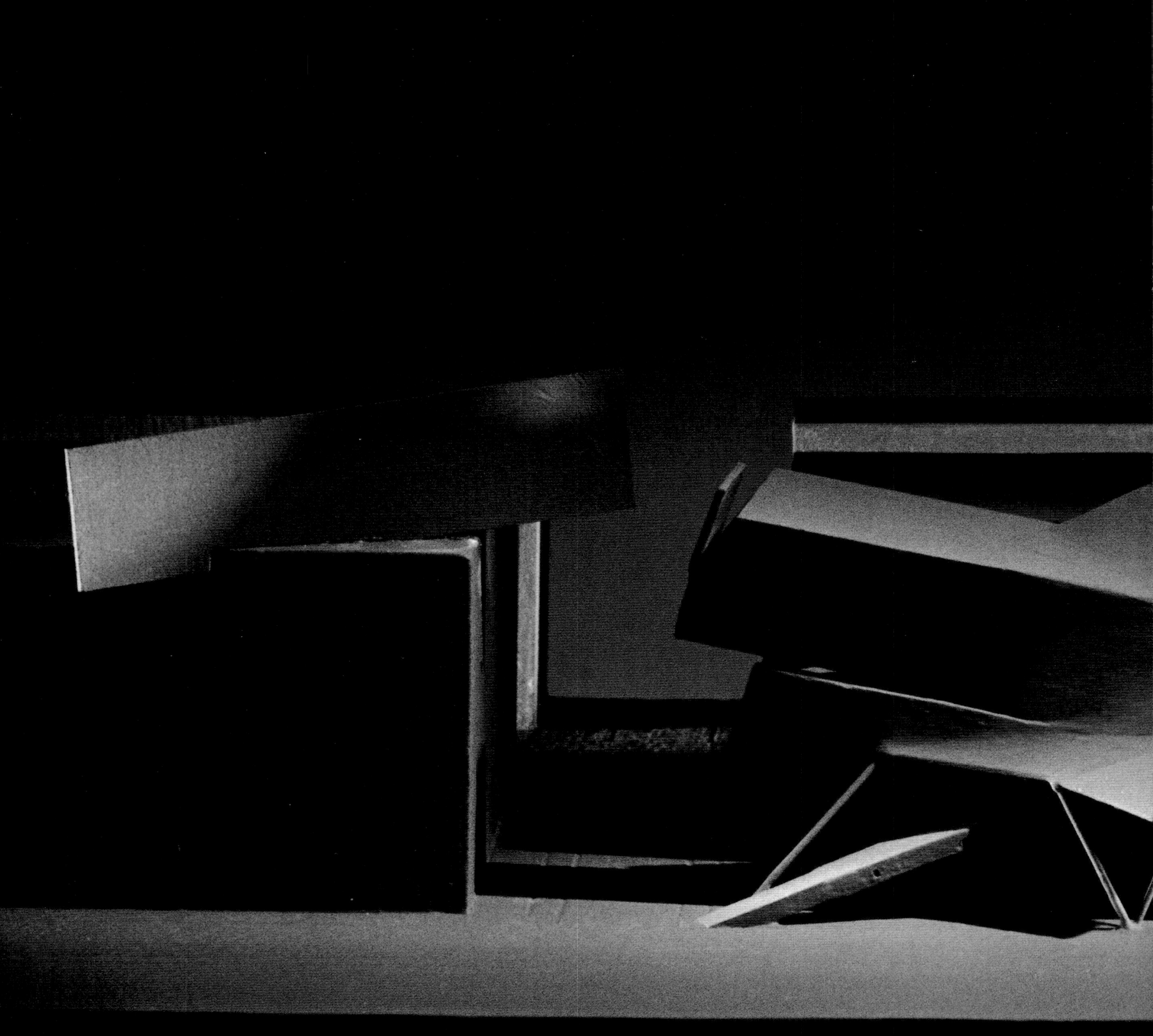

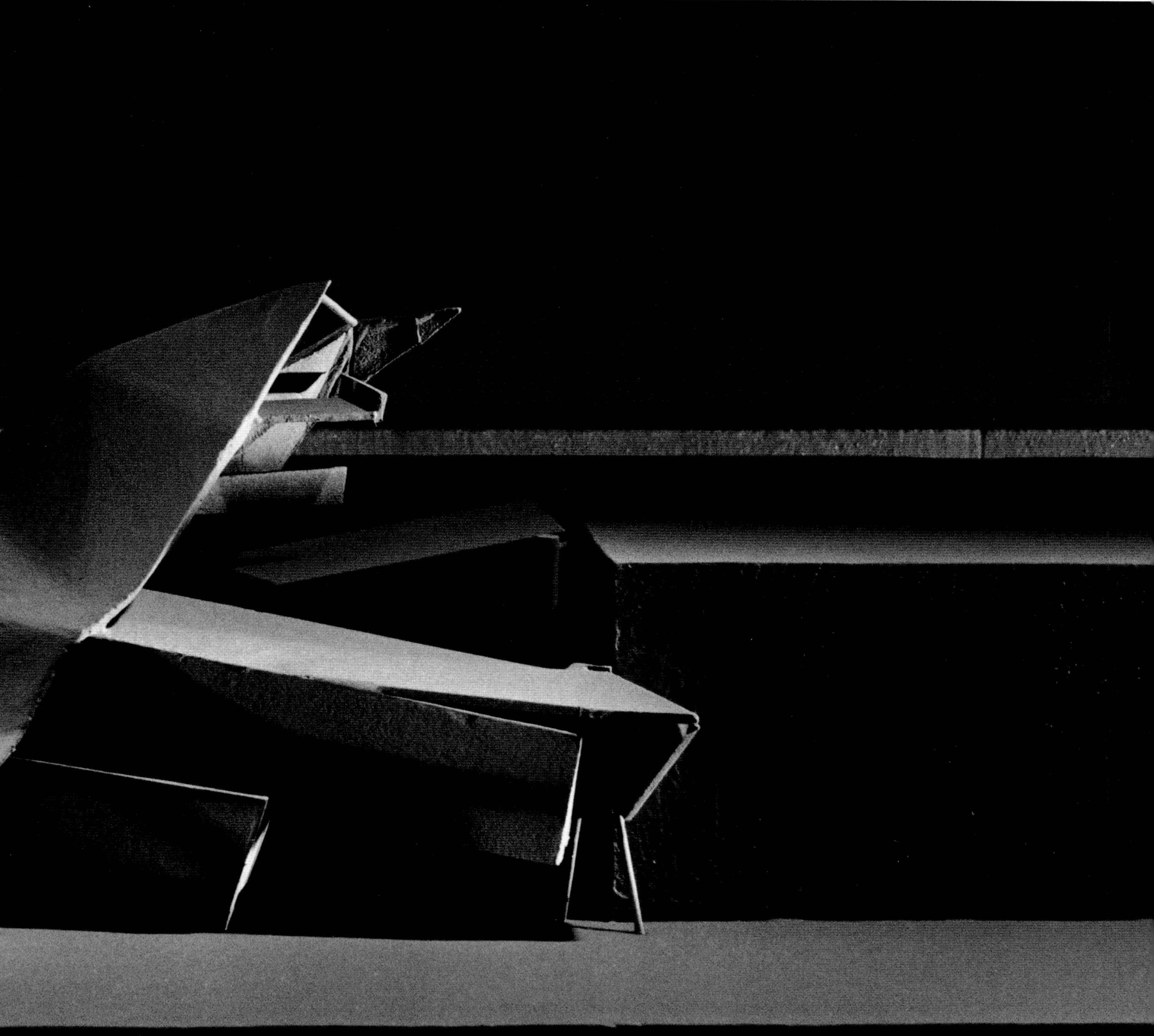

1983 **Jugendzentrum Berlin**
Youth Center Berlin
Deutschland / Germany

Entwurfsmodell / Concept model, M / scale 1:200
Gelatin Silver Print, 1983

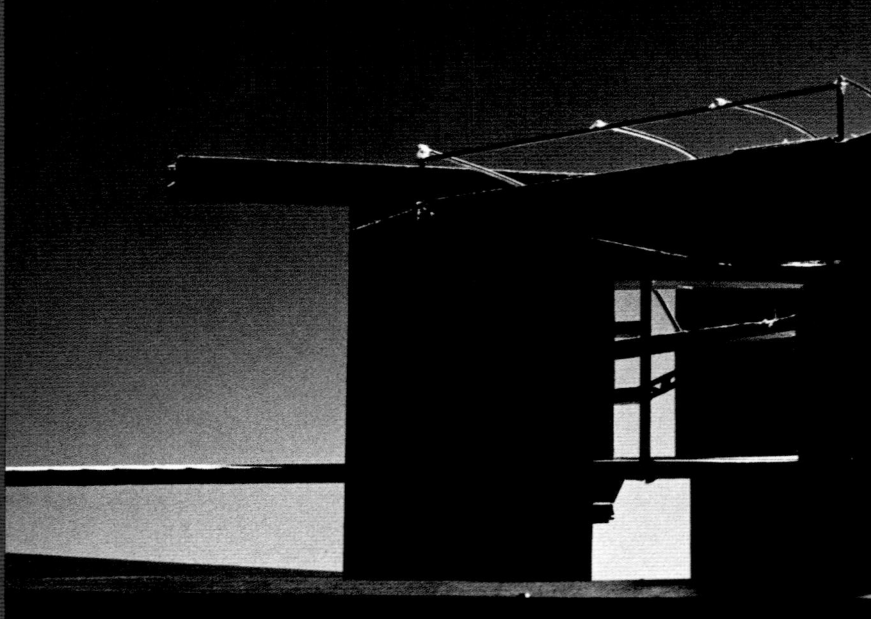

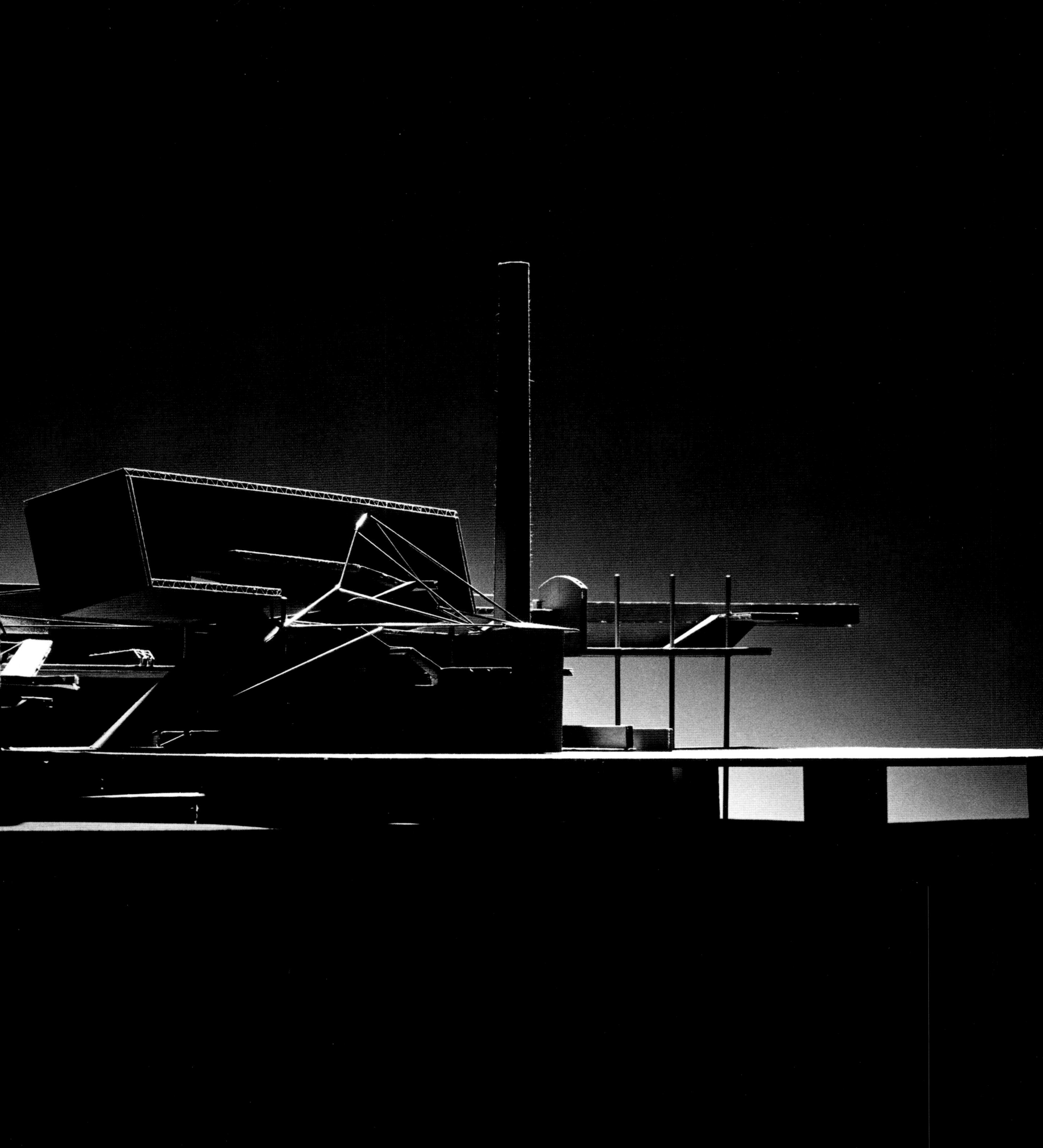

1983 **Offenes Haus**
Open House
Malibu, Kalifornien / California, USA

Entwurfsmodell / Concept model, M / scale 1:100
C-Print, 1984

Konstruktionsmodell / Structure model, M / scale 1:100
C-Print, 1984

Ein offenes Haus mit geschlossenen Augen gezeichnet.
Unabgelenkte Konzentration auf das Gefühl, das der
gebaute Raum haben wird.
An open house drawn with eyes closed. Undistracted
concentration on the feeling the space will have.

Es gibt keine vorbestimmte Raumeinteilung der 100 m²
großen Wohnfläche. Sie erfolgt vielleicht nach der Fertigstellung des Hauses oder nie.
The distribution of the 100 m² area is not predefined.
It may be determined after the building is completed
or not at all.

COOP HIMMELBLAU, 1983

Seite / pages 110–111
Entwurfsmodell / Concept model, M / scale 1:50
Gelatin Silver Print, 1983

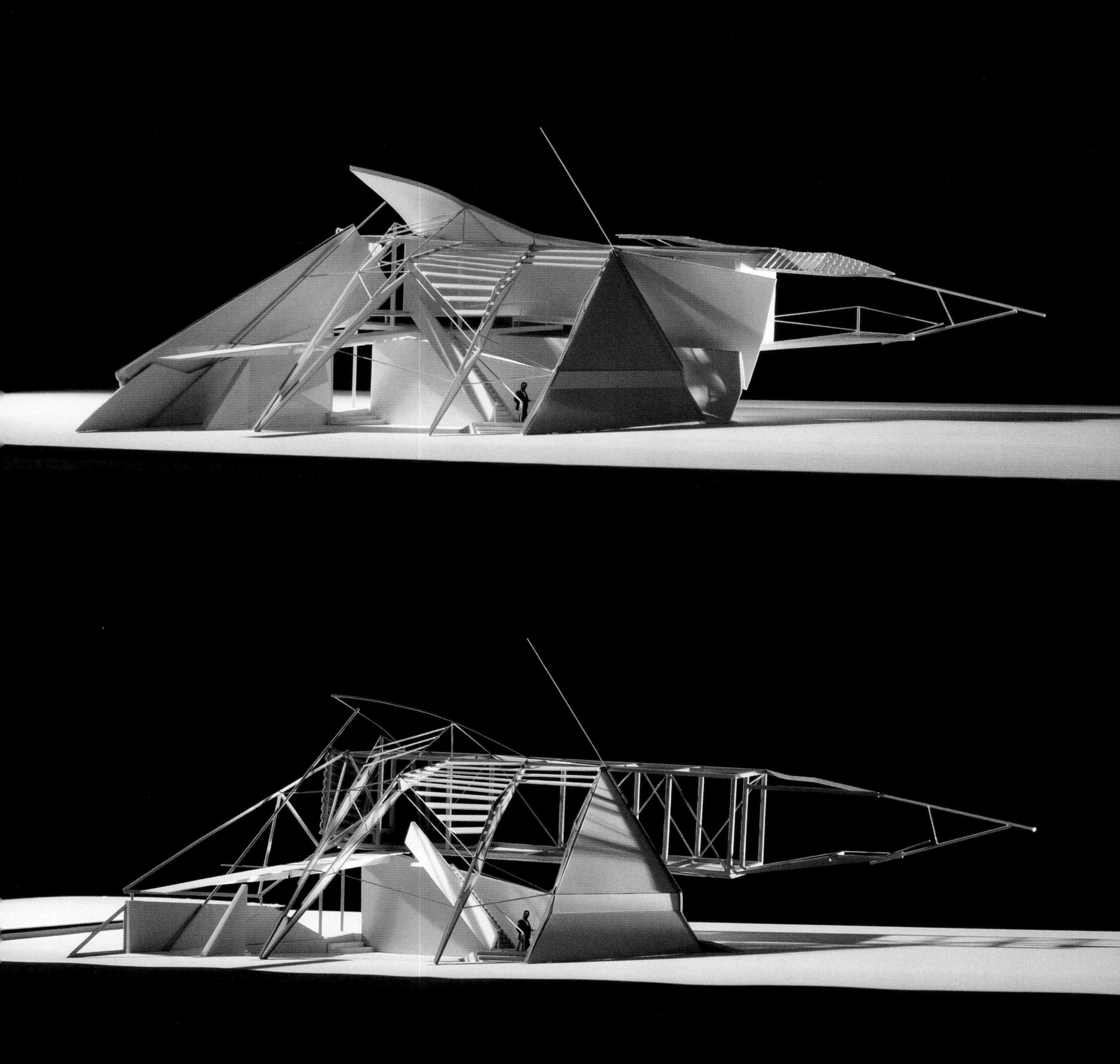

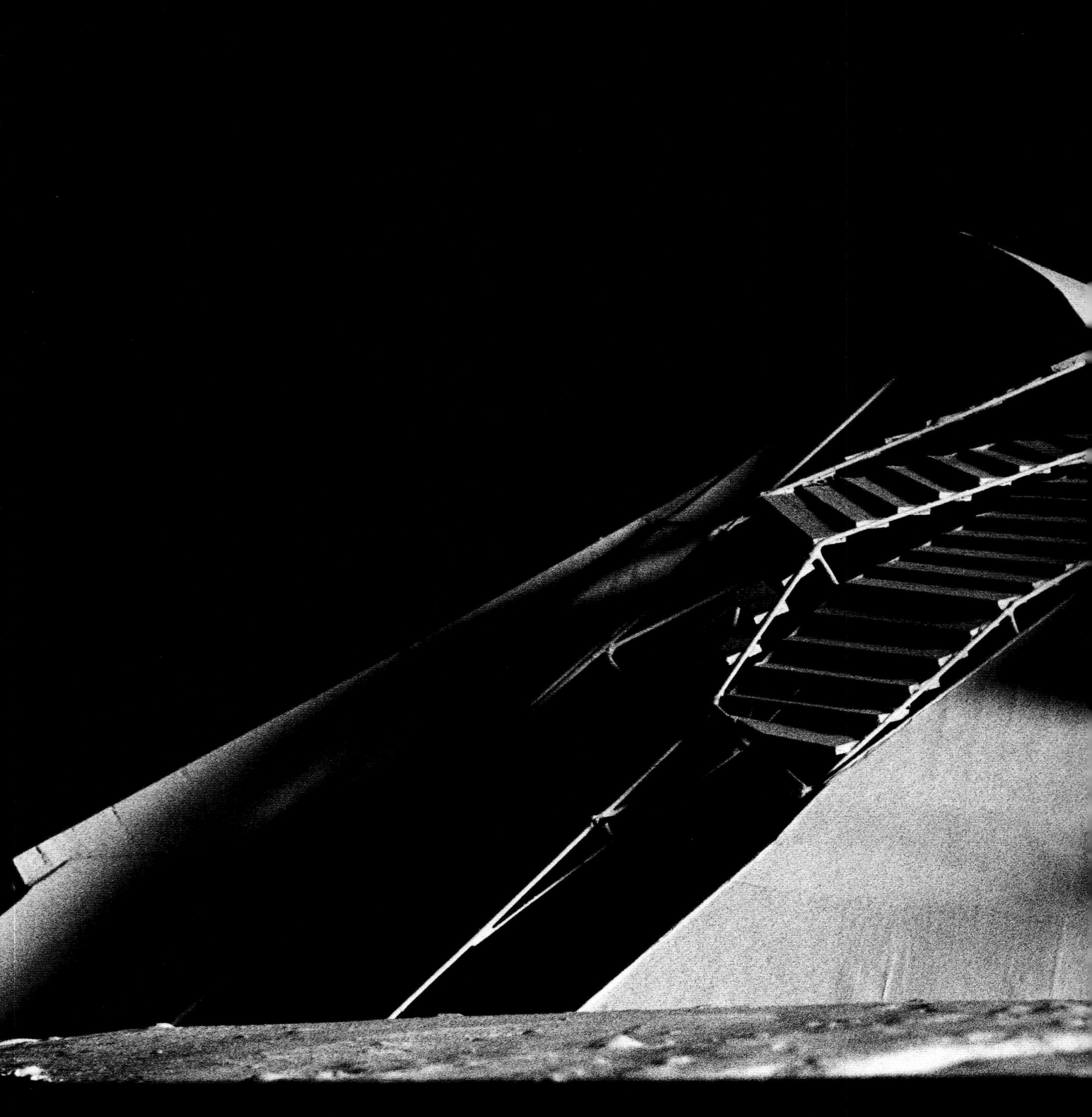

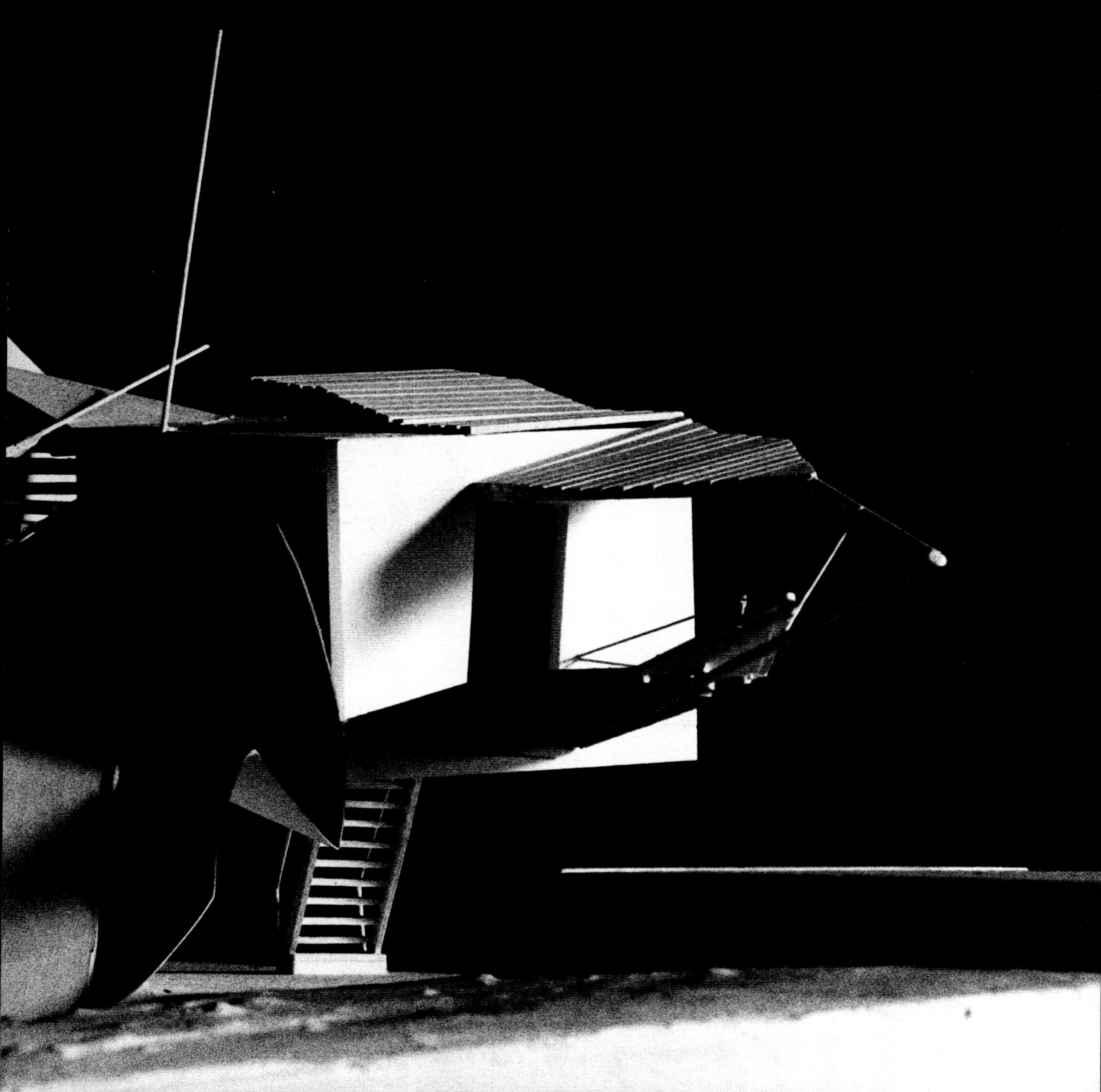

1982 **Architektur ist jetzt**
Architecture is now
Stuttgart, Deutschland / Germany

Ideenmodell / Sketch model, M / scale 1:100
Gelatin Silver Print, 1982

Unsere Architektur ist nicht domestiziert. Sie bewegt sich im städtischen Raum wie ein schwarzer Panther im Dschungel. Steht sie im Museum, so ist sie wie ein Raubtier im Käfig.
Our architecture is not domesticated. It moves around in urban areas like a panther in the jungle. In a museum, it is like a wild animal in a cage.

COOP HIMMELBLAU, 1982

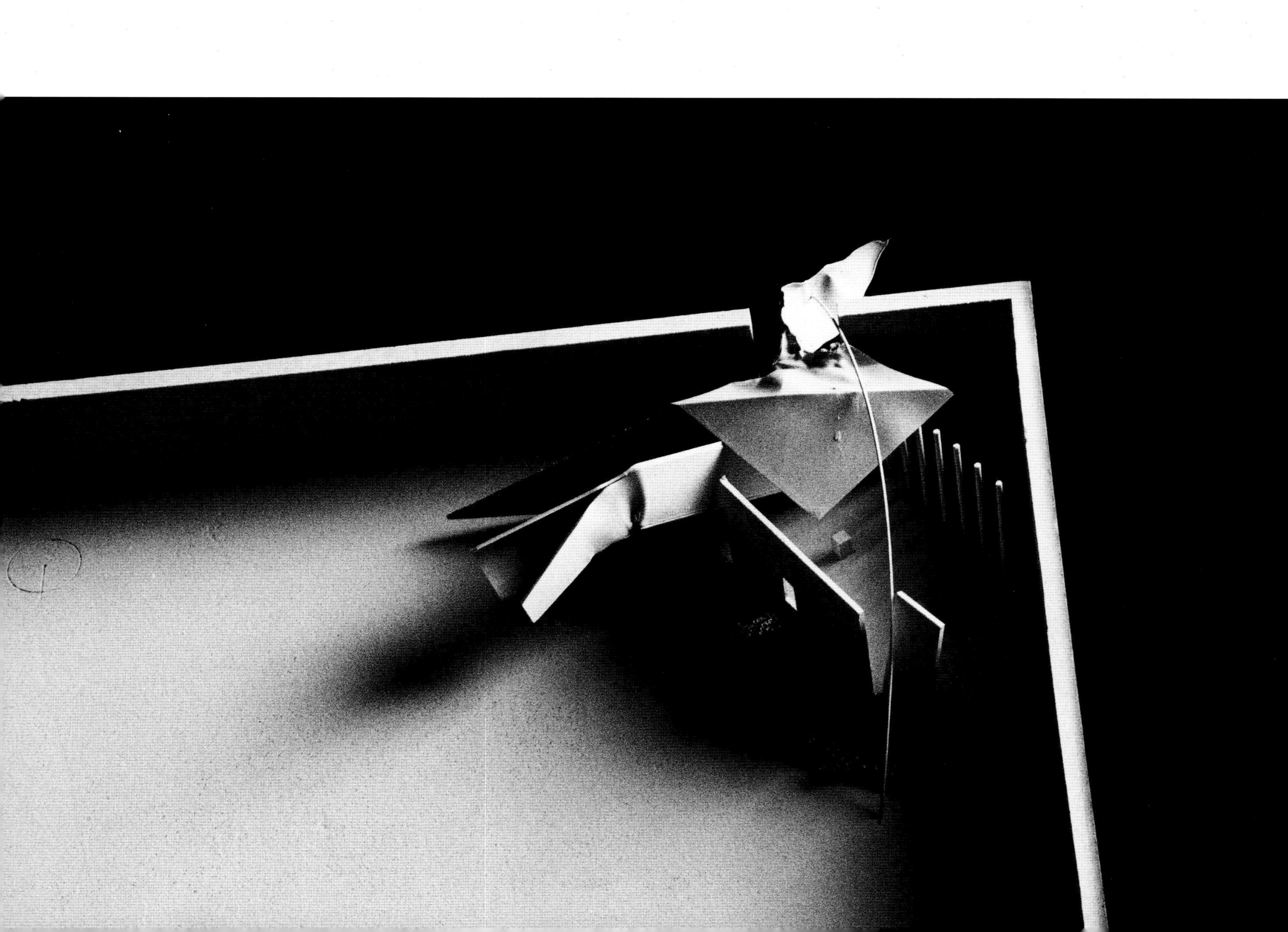

1982 **Haus Elek**
Elek House
Gastein, Österreich / Austria

Ideenmodell / Sketch model, M / scale 1:200
Gelatin Silver Print, 1982

1982 **Haus Elek**
Elek House
Gastein, Österreich / Austria

Ideenmodell / Sketch model, M / scale 1:200

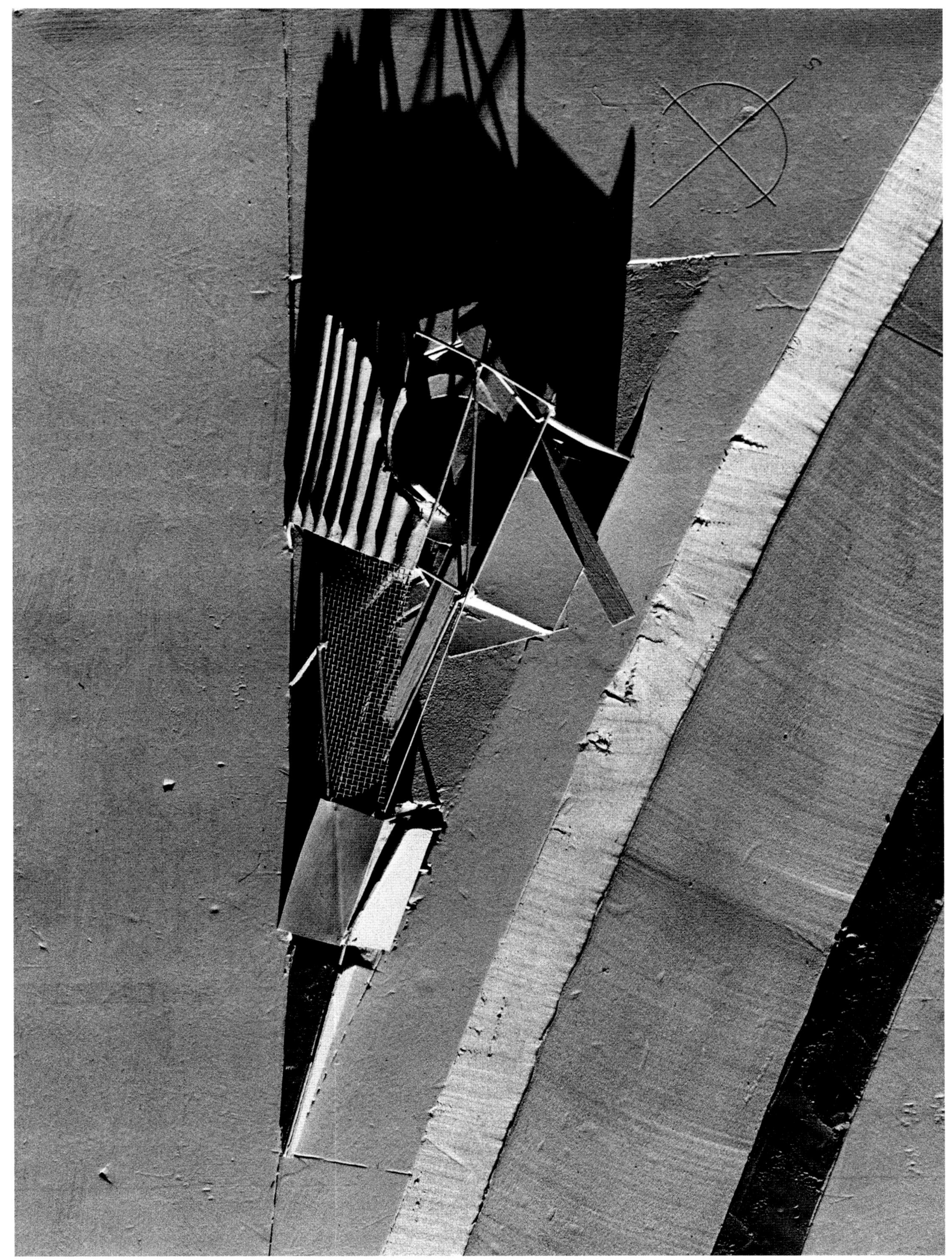

1981 **Merz-Schule**
Merz School
Stuttgart, Deutschland / Germany

Entwurfsmodell / Concept model, M / scale 1:100
Gelatin Silver Print, 1981

Internat Merz – oder wie ein Vogel fliegen lernt.

The Merz Boarding School or How a Fledgling
Learns to Fly.

COOP HIMMELBLAU, 1981

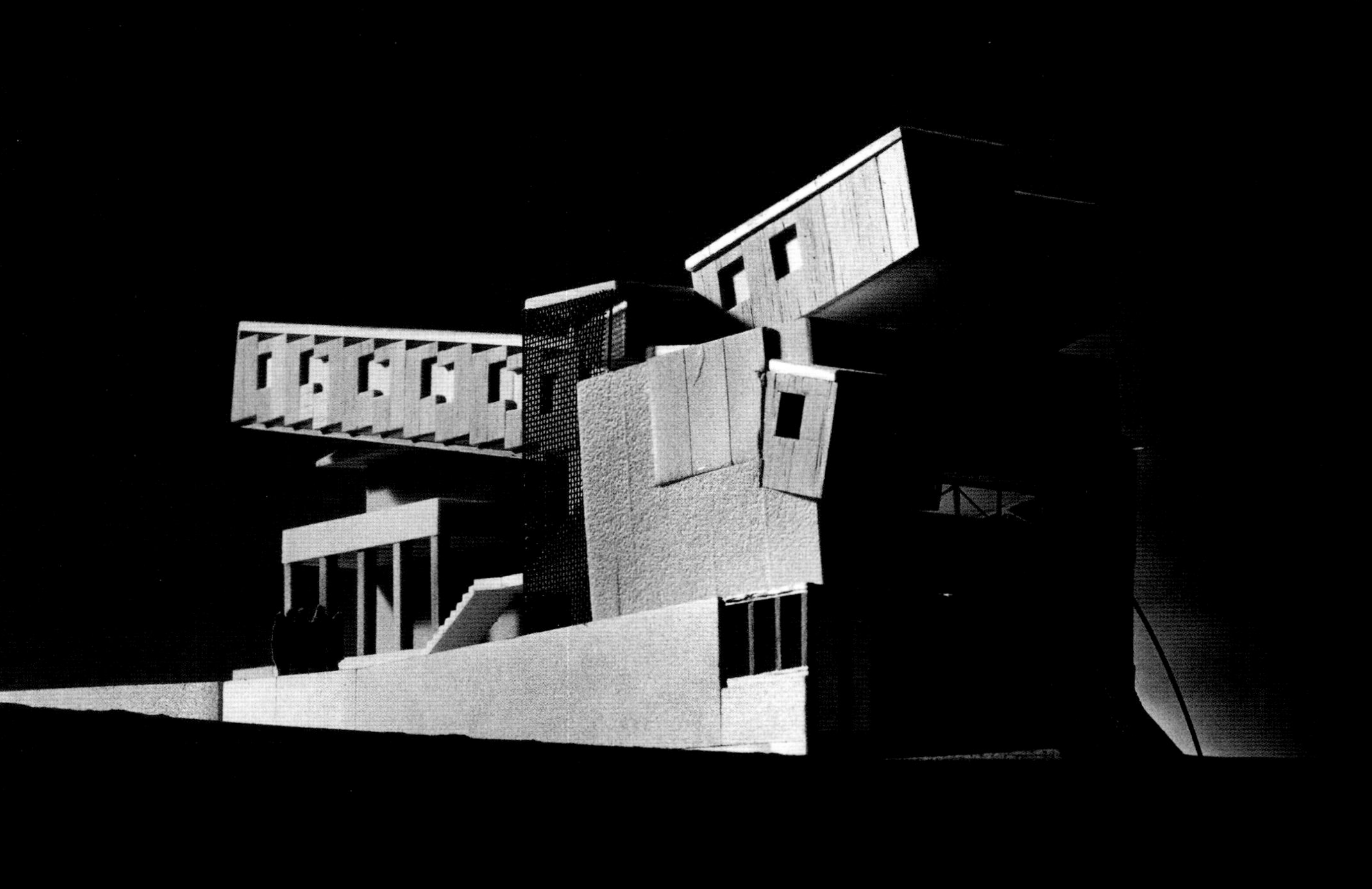

1980 Roter Engel
The Red Angel
Wien, Österreich / Vienna, Austria

Entwurfsmodell / Concept model, **M** / scale 1:100
C-Print, 2002

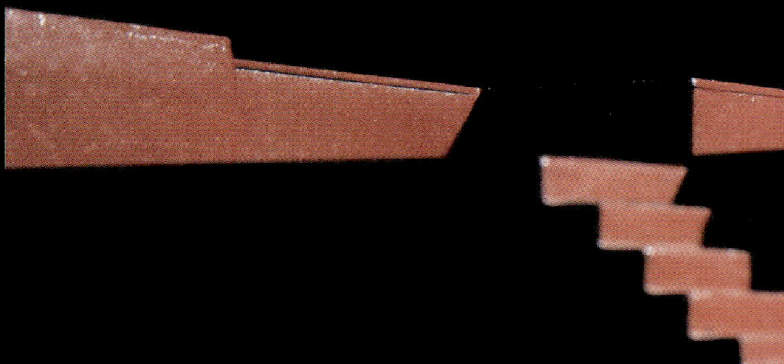

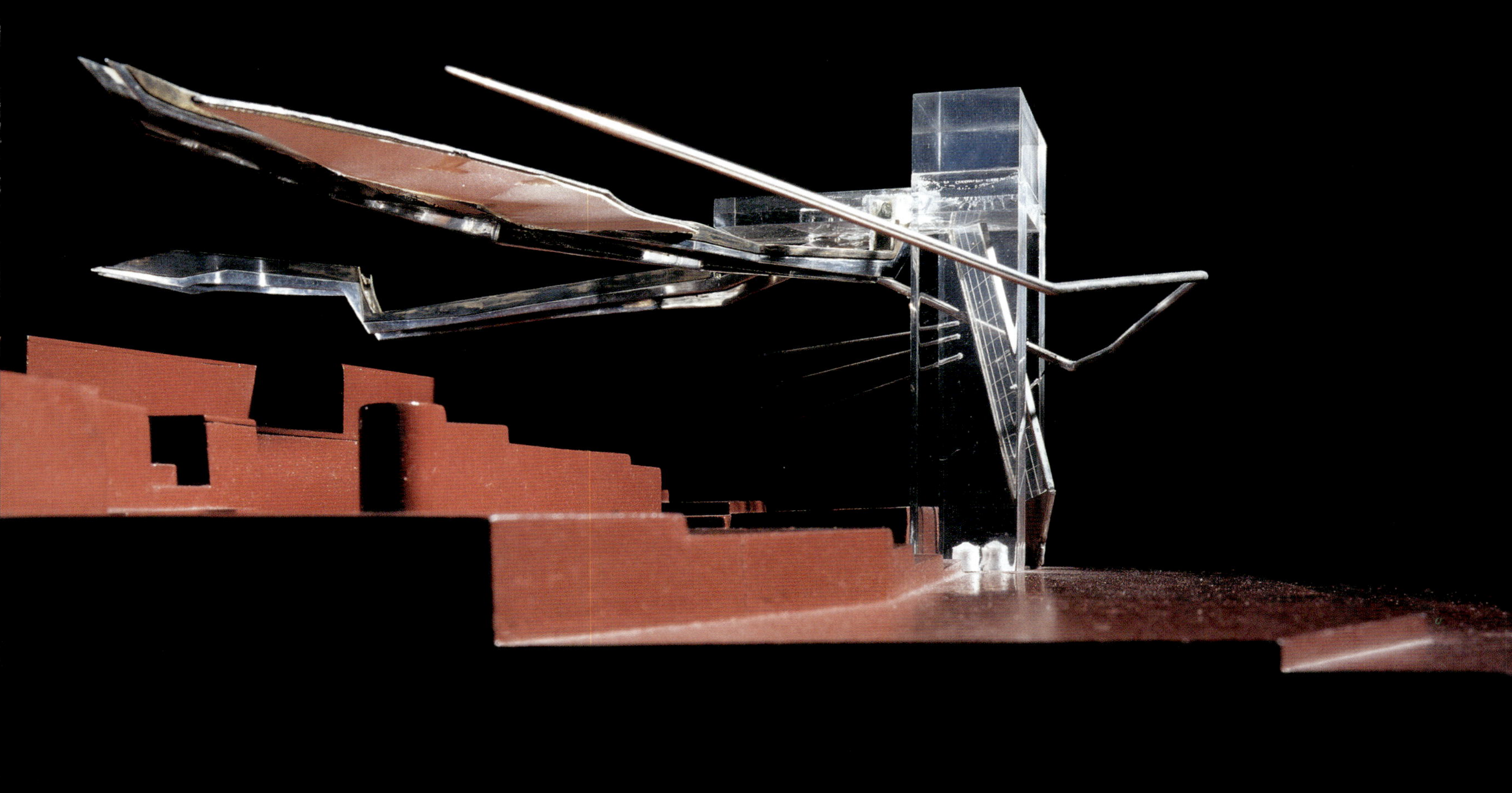

1980 **Der Flammenflügel**
The Blazing Wing
Graz, Österreich / Austria

Entwurfsmodell / Concept model, M / scale 1:100
Gelatin Silver Print, 1980

ARCHITEKTUR MUSS BRENNEN

Wie beschissen die 70er Jahre waren, kann man auch aus den verklemmten Architekturprojekten lesen.

Die Umfrage und Gefälligkeitsdemokratie lebt hinter Biedermeierfassaden.

Wir aber haben keine Lust, Biedermeier zu bauen.
Nicht jetzt und zu keiner anderen Zeit.
Wir haben es satt, Palladio und andere historische Masken zu sehen.
Weil wir in der Architektur nicht alles das ausschließen wollen, was unruhig macht.

Wir wollen Architektur, die mehr hat.
Architektur, die blutet, die erschöpft, die dreht und meinetwegen bricht.
Architektur, die leuchtet, die sticht, die fetzt und unter Dehnung reißt. Architektur muß schluchtig, feurig, glatt, hart, eckig, brutal, rund, zärtlich, farbig, obszön, geil, träumend, vernähend, verfernend, naß, trocken und herzschlagend sein.
Lebend oder tot.
Wenn sie kalt ist, dann kalt wie ein Eisblock.
Wenn sie heiß ist, dann so heiß wie ein Flammenflügel.

Architektur muß brennen.

ARCHITECTURE MUST BLAZE

You can judge just how bad the 70s were when you look at its supertense architecture.

Opinion polls and a complacent democracy live behind Biedermeier facades.

But we don't want to build Biedermeier.
Not now and at no other time.
We are tired of seeing Palladio and other historical masks.
Because we don't want architecture to exclude everything that is disquieting.

We want architecture to have more.
Architecture that bleeds, that exhausts, that whirls and even breaks.
Architecture that lights up, that stings, that rips, and under stress tears.
Architecture should be cavernous, firey, smooth, hard, angular, brutal, round, delicate, colorful, obscene, voluptuous, dreamy, alluring, repelling, wet, dry, and throbbing.
Alive or dead. Cold – then cold as a block of ice.
Hot – then hot as a blazing wing.

Architecture must blaze.

COOP HIMMELBLAU, 1980

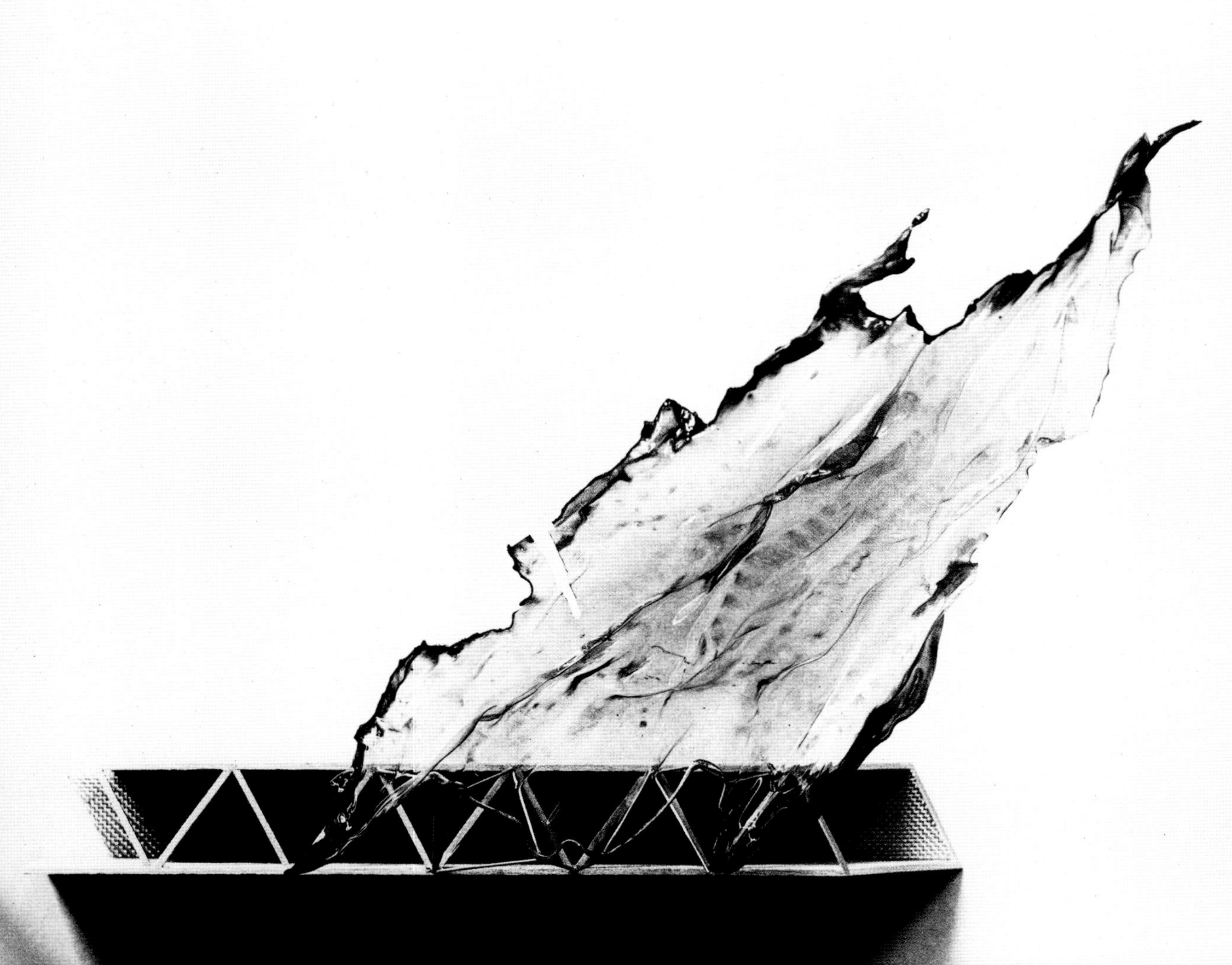

1978 **Hot Flat**
Wien, Österreich / Vienna, Austria

Entwurfsmodell / Concept model, M / scale 1:100
Gelatin Silver Print, 1978

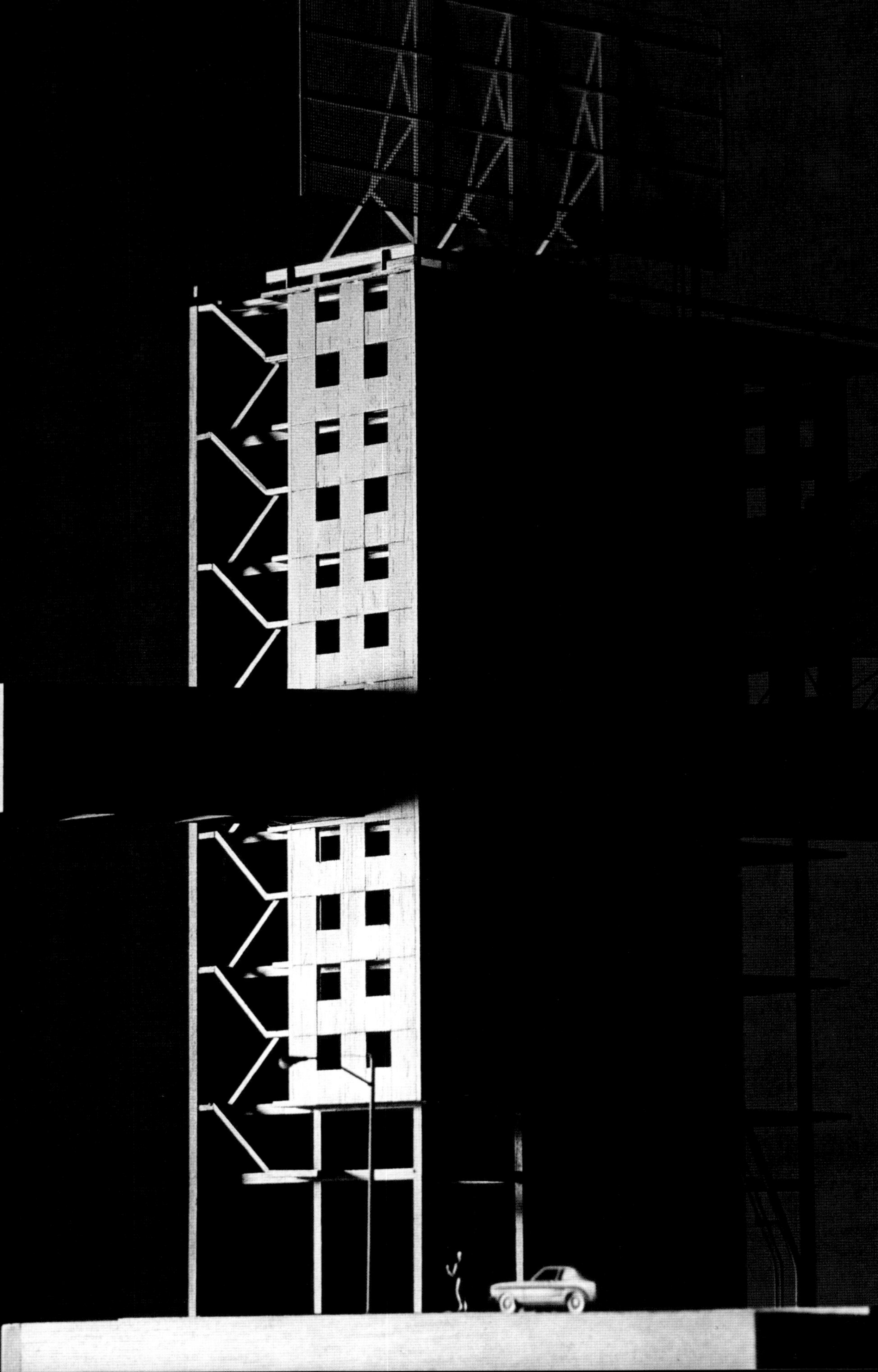

COOP HIMMELBLAU ist keine Farbe, sondern die Idee, Architektur mit Phantasie,
leicht und veränderbar wie Wolken zu machen.
COOP HIMMELBLAU is not a color but an idea. The idea of having architecture
with fantasy, as buoyant and variable as clouds.

COOP HIMMELBLAU, 1968

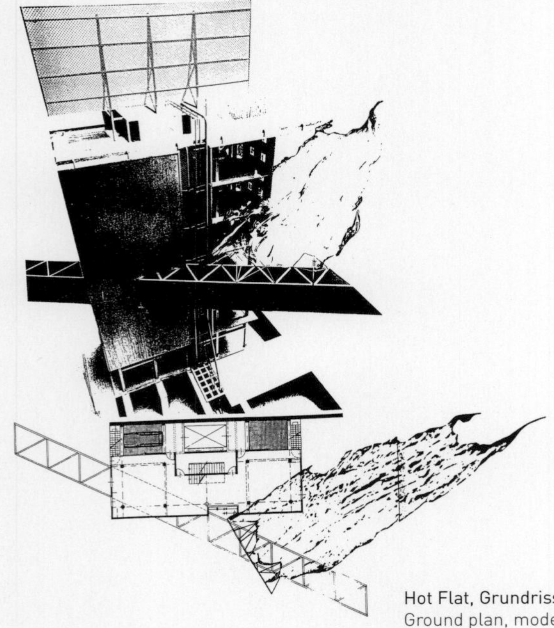

Hot Flat, Grundriss, Modellfoto /
Ground plan, model photography, 1978

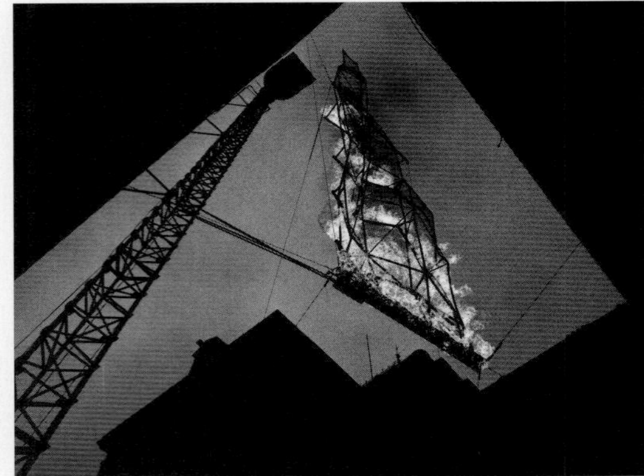

Der Flammenflügel / The Blazing Wing

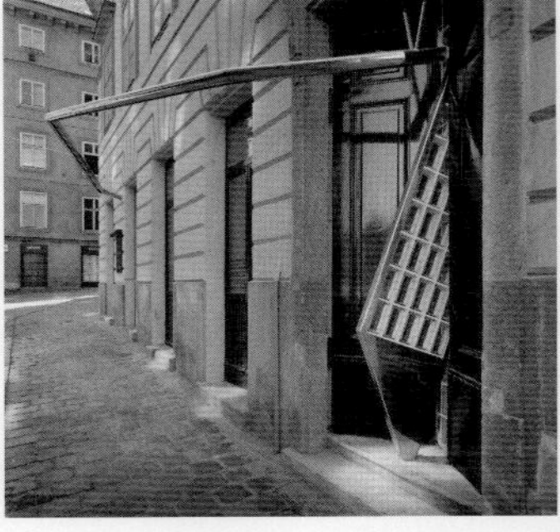

Das vordere Äußere des Engels (Tonlinie) /
The front exterior of the Angel (the tone line)

Alle Projekttexte sind Originaltexte
von COOP HIMMELB(L)AU.
All texts on the projects are by
COOP HIMMELB(L)AU.

Hot Flat
1978 Seite / Page 122
Wien, Österreich / Vienna, Austria
Projektstudie / Project study

Die Hot Flat ist ein Stadtwohnhaus
für 5–10 Familien. Ein Entwurfsprinzip war, die Wohnung so groß
wie möglich und so billig wie möglich zu bauen. Die bewohnbar
gemachten Fabrikshallen aller
großen Städte der Welt sind dafür
Vorbild. Ein anderes Entwurfsprinzip
war das Sichtbarmachen und die
Formung der Zusammenhänge und
Übergänge vom privaten Bereich
(Wohnung) zum öffentlichen Bereich
(Stadt). Die Gemeinschaftsräume
und die Überdachung des Hofes sind
daher plastisch und identifizierbar.
Die Innenräume des Hauses, die
Wohnungen, bleiben jedoch gestalt-
los und sind lediglich Angebot von
zweigeschoßigen Hallen – 164 m²
Grundfläche, Höhe 5 m – die von den
Bewohnern selbst gestaltet und bis
zu 282 m² ausgebaut werden können. Fixe Bausteine der Wohnung
sind nur die medialen Anschlüsse an
die Stadt. Telefon, TV, Video- und
Stereoanlage.

Da der Bauaufzug als Lastenaufzug
erhalten bleibt, kann der Balkon entweder als Garten oder als Autoab-
stellplatz genutzt werden – auch im
15. Stock.

The "Hot Flat" is a city apartment
building for 6–10 families. One of the
principal concerns was to make each
apartment as large as possible for as
little money as possible. A model for
this was found in the large factories
which have been made habitable.
Another fundamental concern was
shaping and directing attention to
the connections and transitions
between the private sphere (the
apartment) and the public sphere
(the city). The communal rooms and
the roofed-over courtyard are clearly
identifiable and sculptured. Inside
the building, however, the apartments consists only of the four outside walls. They have a floor space of
164 m² and a height of 5 m. These
apartments can be arranged by the
owners and a second floor can be
built in, which expands the living
space to 282 m².
The only permanent fixtures in the
apartment are the connections to the
media of the city: Telephone, TV,
video and stereo sets.
The hoist used for building will remain as a freight hoist and therefore
the balconies can be used either as
gardens or as parking spaces – even
on the 15th floor.

Der Flammenflügel
The Blazing Wing Seite / Page 120
1980
Graz, Österreich / Austria
Aktionsobjekt / Performance object

Die 15 m hohe und 1.5 t schwere
räumlich verformte Stahlkonstruktion war als ein mit Flüssiggas be-
triebenes Brennersystem ausgebildet. Im Hof der TU Graz abge-
hängt, wurde die Konstruktion am
9.12.1980 um 20.35 Uhr gezündet.
Wasservorhänge schützten die
Fassaden. Die Flammengeräusche
wurden über eine Tonanlage ver-
stärkt wiedergegeben.
Die Stahlkonstruktion wurde von
der Firma Metallbau Treiber in Graz
nach einem Modell im Maßstab 1:50
ausgeführt.

The distorted steel construction,
15 m high and weighing 1.5 tons,
was developed to be fueled by liquid
gas burners. The wing was suspended in the courtyard of the Technical
University in Graz on December
12,1980 and was ignited at 8:35 P. M.
Water curtains protected the facades.
During the action the crackling of the
flames was heard over amplifiers.
The steel construction was produced
by the firm Metallbau Treiber in Graz
according to a model scaled at 1 : 50.

Roter Engel
The Red Angel Seite / Page 118
1980
Wien, Österreich / Vienna, Austria
*Wein- und Liederbar, realisiert / Wine
Bar and Chanson Theater, realized*

Der Rote Engel ist die Kombination
einer Weinbar mit einem Lieder-
theater für bis zu 120 Personen
Publikum. Mit einer Bühne, über der
sich ein Engel entfaltet.
Der Engel des Tons ist der gebaute
Atem des Sängers, die gebaute
Melodie des Musikers, die materia-
lisierte Sprache des Spielers auf der
Bühne. Die gestaltete Verletztheit
der Architektur ist die Verletzlichkeit
des Sängers. Und der Schutzgott
über ihm. Der Körper des Engels ist
aus plastisch geformtem Mauerwerk
und Glasbausteinen – wer hat schon
je den Körper eines Engels gesehen?
– und ist auch an der Fassade sichtbar.
Die Flügel des Engels, die das Ge-
wölbe durchschneiden, sind räumlich verformte Blechprofile mit einer
Nirosta-Schneide. Dazwischen ist
Ton. Die Tonlinie beginnt über der
Bühne, knickt entlang der Fassade,
durchbricht die Außenmauer und
endet im Innenraum in einer
Nadelspitze.
Die Materialien der Gestaltung sind
städtisch: Wellblechtüren, Wellblech-
wandverkleidung, die Lichtblenden
sind industriell gefertigte Guardrail-

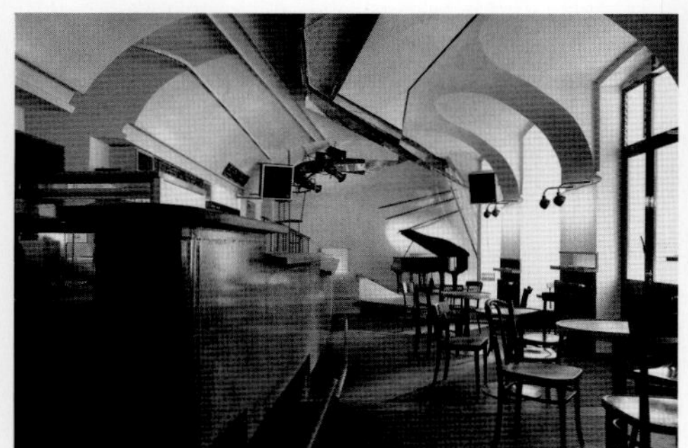

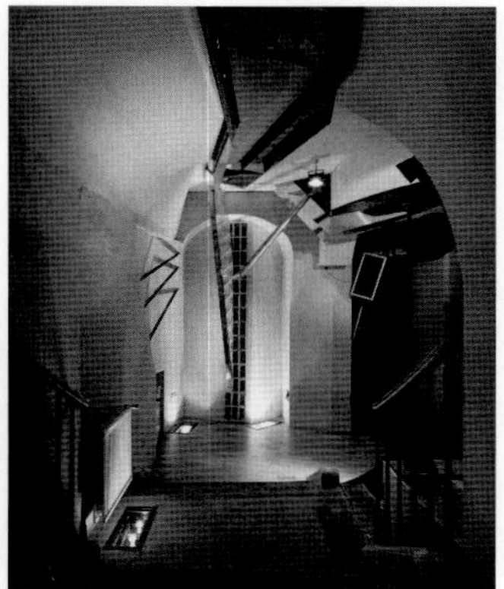

Der Körper und Kopf des Engels über der Bühne / The body and head of the Angel over the stage

Roter Engel / The Red Angel

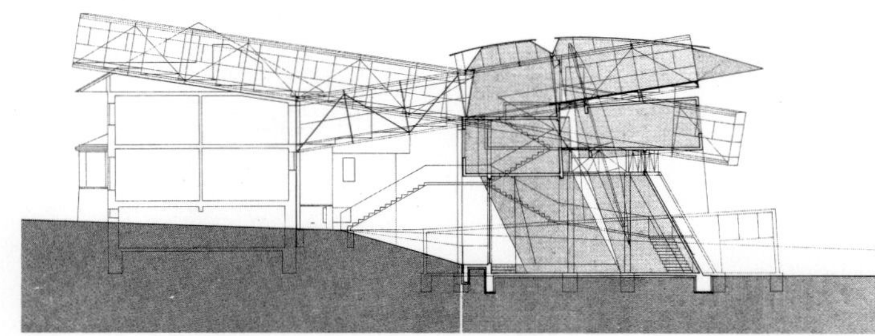

Merz-Schule, Schnitt / Merz School, section

profile. Die Thekenwand ist versiegelter Beton, der Boden Asphalt. Die Wandborde sowie das Barpult sind jedoch Red Pine-Holzprofile.
Die Auswahl und Aufstellung der Einrichtung wurde dem Auftraggeber überlassen.
Für den Umbau des 130 m2 großen Lokals wurden drei Räume und ein aufgelassenes Stiegenhaus zusammengefaßt. Die tragenden Zwischenwände, die die Räume trennten und den Raum versperrten, wurden vollkommen entfernt. (Die Unterfangungskonstruktionen dafür befinden sich im Geschoß über dem Lokal). Das Haus, in dem sich das Lokal befindet, wurde ca. 1835 von Kornhäusl erbaut und ist denkmalgeschützt.
Der Engel des Tons wurde im Dezember 1980 konzipiert. Im Mai 1981 wurde das Lokal eröffnet.

The Red Angel is a combination of a wine bar and chanson theater, designed for 120 people. Over the stage, an angel unfurles.
The angel of tone (in German, Ton means both tone and clay) is the concrete breath of the singer, the concrete melody of the musician, the materialized speech of the player on the stage. The formed vulnerability of architecture is the vulnerability of the singer. And above him – the Protector. The body of the angel is molded of plaster and glass blocks – who knows what an angel's body really

looks like? – and is visible on the facade as well. The wings of the angel pierce the ceiling. They are distorted sheet metal rails with a stainless steel edge. And between them, there is clay. The stainless steel tone line begins over the stage, ducks along the facade, breaks through the outside wall and ends inside in a needle point.
The materials used are urban: Corrugated metal doors, corrugated metal interior wall panels. The lights are shaded by industrial guardrails. The bar is concrete, the floor asphalt. But the ledges of the walls and the bar are of red pine rails.
The choice and arrangement of the furnishings were left to the client's discretion.
For the building alternations, three rooms and an unused stairway were combined. The supporting partition walls that separated the rooms and closed the area off were completely removed. (The supporting steel construction is located on the floor above.) The building in which the Red Angel is located was built in 1835 by Kornhäusel and is now a protected landmark.
The idea for the angel of tone was originated in December 1980; in May 1981 the Red Angel opened.

Merz-Schule
Merz School
1981
Stuttgart, Deutschland / Germany
Projekt / Project

Seite / Page 116

Zu erfinden war ein Anbau an eine bestehende Villa in Stuttgart, die momentan als Internatshaus für 20 Kinder dient. Der Anbau soll 25 Kindern zwischen 11 und 17 Jahren Platz bieten, einen Mehrzwecksaal, Nebenräume sowie eine 3-Zimmer-Wohnung enthalten. Die Kinder möchten in 2-Bett-Zimmern wohnen.
Während des Entwurfs hatten wir die Vorstellung eines Hauses, das kein Haus mehr ist, sondern ein frei begehbares Volumen, das auf der einen Seite Zurückgezogenheit erlaubt, auf der anderen Seite ein Architekturabenteuer ist: Die Auflösung und Veränderung eines Hauses zu einem selbstbewußten, frechen, offenen System. Entsprechend dem pädagogischen Konzept der Merz Schule, das ein Herauswachsen aus der „Behütung" fördert, wachsen Stahläste aus den derzeitigen Kindergeschoßen der Villa; vorgefertigte 2-Bett-Hütten aus Holz werden in den Ästen montiert. Die unter den Ästen liegende Wohnung, Halle, Werkstätte, Terrasse etc. sind kompliziert miteinander verschränkte Volumen. Verbunden durch Stufen, Rampen,

Treppen. Das statische System entspricht der Vorstellung der differenzierten Auflösung eines Hauses und wird zum dynamischen System.
Wir haben das Projekt „Internat Merz – oder wie ein Vogel fliegen lernt" genannt. D. h., die Ähnlichkeit des Entwurfs mit einem Vogel ist nicht zufällig, sondern beabsichtigt.

A villa in Stuttgart, currently a dormitory for 20 children, is to have an addition. The addition is to house 25 children between the ages of 11 and 17, as well as an all-purpose room, utility rooms and a three-room apartment. The children are to sleep two to a room.
While working on the house, we conceived the idea that it was no longer a house, but a freely entered space – one which would provide a refuge on the one hand and on the other hand was an architectural adventure: the dissolution and alteration of a house into a confident, bold, open system. In accordance with the educational philosophy of the Merz School, which emphasizes growing up and out of a "protected" environment, there are steel branches growing out of the present children's floors. Wooden prefab huts for two are mounted in the branches. Under the branches lie the apartment, the hall, the workrooms, the terrace etc. They are integrated, entwined areas, connected by steps, ramps, stairways.

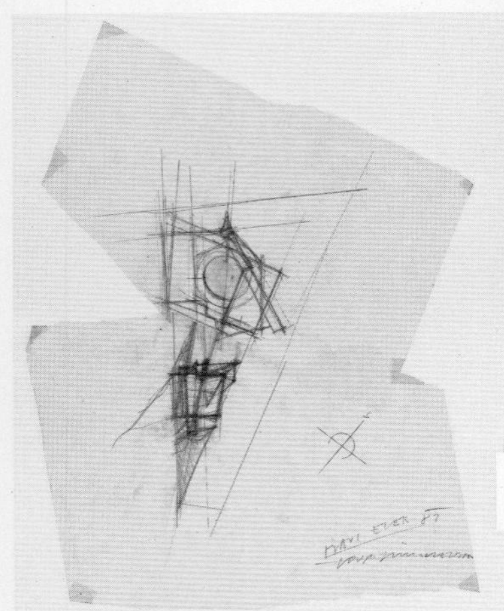

Haus Elek, Zeichnung 1981 /
Elek House, drawing 1981

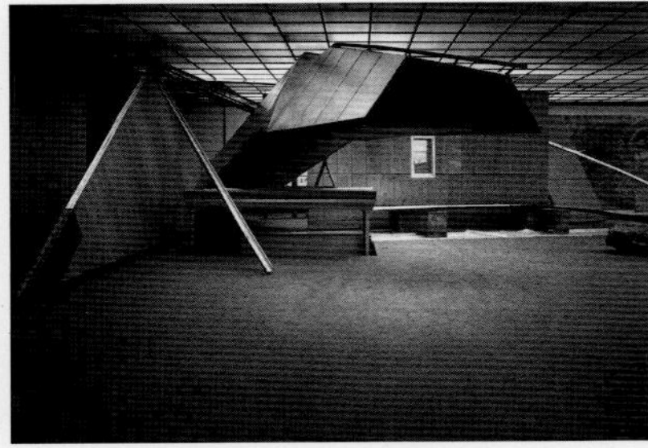

Architektur ist jetzt / Architecture is now
Der zerborstene Träger hebt und senkt sich wie der Kopf eines Raubtiers /
The burst beam rises and sinks like the head of a wild animal

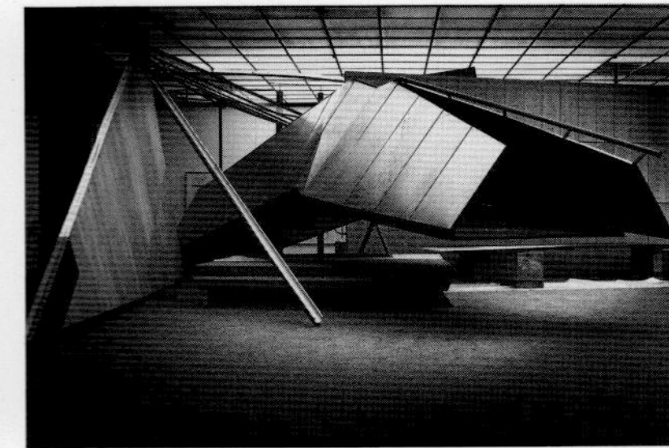

Architektur ist jetzt / Architecture is now

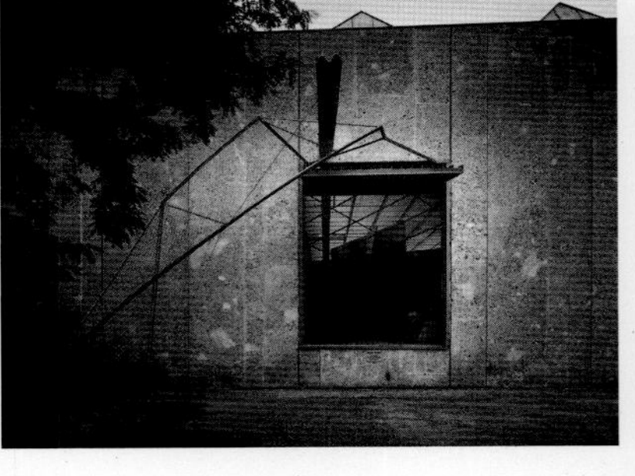

The static system complies with the concept of a differentiated disintegration of a house and thereby becomes a dynamic system.

We called the project "The Merz Boarding School or How a Fledgling Learns to Fly." The similarity of the plan to a bird is not accidental. It is intentional.

Haus Elek
Elek House
1982

Seite / Page 114

Gastein, Österreich / Austria
Projekt / Project

Haus mit Gästehaus, 130 m². Für Selbstausbau geplant. Die sonnenorientierten Räume sind entlang der aufsteigenden Rampe organisiert. Passives Energiesparkonzept.

House with guest house, 130 m². Planned to be finished by the occupants. The sun-oriented rooms are organized along the ascending ramp. Passive energy-saving concept.

Architektur ist jetzt
Architecture is now
1982

Seite / Page 112

Stuttgart, Deutschland / Germany
Installation, Württembergischer Kunstverein Stuttgart

Das Objekt ist die kompromißlose Umsetzung des Entwurfs am frühen Abend des 5. März 1982. Die explosiven und implosiven räumlichen Phantasien des Entwurfsmoments sind in der Materialsprache unserer ungeliebten aber realen städtischen Zivilisation gesprochen.
Die Elemente und Formen des 21 x 20 x 4,3 m großen Raums sind aus Stahl, Blech, Beton, Eternit, Maschendraht, die gebogene Autobahnleitschiene überspannt den Raum und führt ins Freie. Durch das zeitweise geöffnete Tor kann man die Durchdringung und Verlängerung des Raums nach außen sehen. Der zerborstene Träger ist Rückgrat und Kopf des Panthers. Er hebt und senkt sich. Die 3.2 t schwere Stahlkonstruktion wurde von der österreichischen Firma Metallbau Treiber, Graz, nach dem Modell hergestellt und montiert.

The project is the uncompromising conversion of a spontaneous idea, born in the early evening of March 5, 1982. The explosive and implosive phantasies of the moment are ex-pressed in the materials of our unloved yet real urban civilization. The elements and forms of the area (21 x 20 x 4.3 m) are made of steel, sheet metal, concrete, asbestos cement panels, wire netting.
A guardrail from the freeway curves over the area and leads into the exterior. At times the door is opened and then one can see the penetration and extension of the area into the outside. The burst beam is the backbone and head of the panther. He rises and sinks. The steel construction, weighing 3.2 tons, was produced and mounted by the Austrian company, Metallbau Treiber, Graz, according to the model.

Offenes Haus
Open House
1983

Seite / Page 108

Malibu, Kalifornien / California, USA
Einfamilienhaus / Single family residence

Das Gefühl des Innen spannt die Haut des Außen.

Entstanden aus einem explosiv gezeichneten Entwurf.
Gezeichnet mit geschlossenen Augen.
Unabgelenkte Konzentration, die Hand als Seismograph der Gefühle, die der gebaute Raum wecken wird.

Nicht Formen oder Details waren wichtig in diesem Augenblick, sondern die Ausstrahlung von Licht und Schatten, hell und dunkel, von hoch und breit, von weiß und Wölbung, Ausblick und Luft.

Das Haus – gekippter Körper und gewölbte Haut – ist 190 m² groß. Zugänglich nur über eine Treppe.

Der Kraftfluß der Zeichnung ist auch in Statik und Konstruktion übersetzt. Der Baukörper – gelagert auf drei Punkten und abgespannt – schwebt fast.
Die Konstruktion der Abspannung gibt die Möglichkeit für eine doppelglasige Haut. Sonnengeschützt durch die verstellbaren Lamellen, die auch die Lichtführung verändern.

Durch die Kippung des Raumes entsteht eine doppelseitige Konstruktion. Geeignet für das passive Energiekonzept und für die jederzeitige spätere Veränderung der Installation.
Denn es gibt keine vorbestimmte Raumeinteilung der Wohnfläche. Sie erfolgt vielleicht nach Fertigstellung des Hauses oder nie:
Auch das ist offene Architektur.

The feeling of the inside tightens the skin of the outside.

Created from an explosive-like sketch drawn with eyes closed with intense concentration. The hand acts as a seismograph, recording those feelings created by space. It was not the

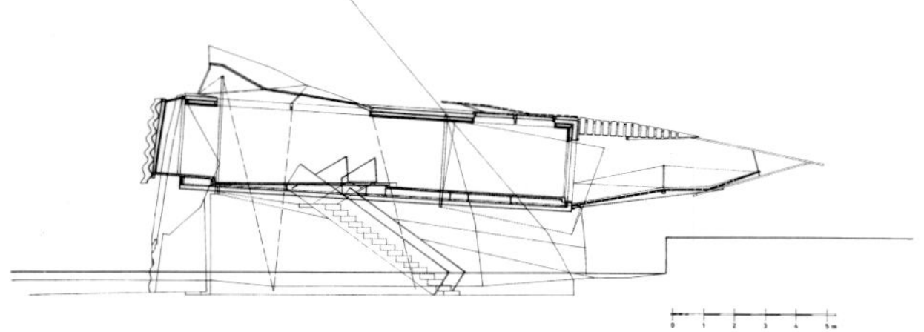

Offenes Haus, Schnitt A-A / Open House, cross section A-A

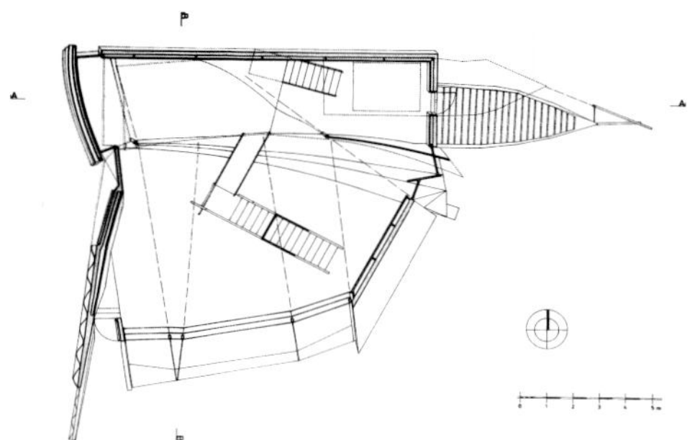

Offenes Haus, Grundriss / Open House, ground plan

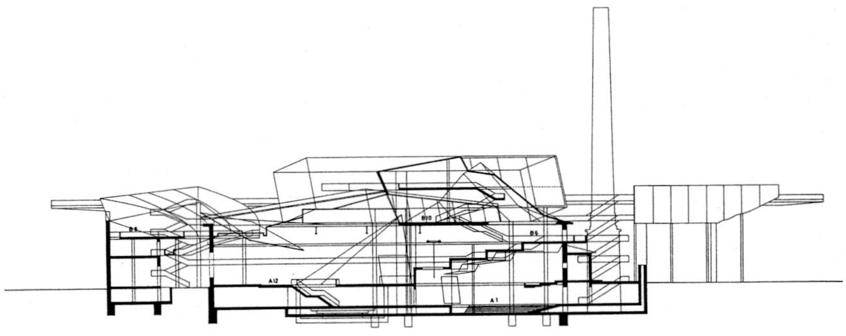

Jugendzentrum Berlin, Schnitt A-A / Youth Center Berlin, section A-A

details that were important at that moment, but the rays of light and the shadows, brightness and darkness, height and width, whiteness and vaulting, the view and the air.

The house – slanted body and vaulted skin – is 2050 sq ft.
The entry a stairway.

The current of the energy in the sketch is translated into statics and construction. The building itself – resting on three points and taut – almost floats. The construction of the taut elements makes a double-glazed skin possible.

Considering a protection of the building results in a double-shelled construction. It will be suitable to enable the passive energy concept, as well as the ever possible alteration. There is no predetermined division of the living area. That would be decided after the completion of the house or never – that too is open architecture.

Jugendzentrum Berlin Seite/Page 106
Youth Center Berlin
1983
Berlin, Deutschland / Germany
Gutachten „Altes Pumpwerk VII" für die Internationale Bauausstellung Berlin 1984–1987 / Design study of the "Old Pumphouse VII" for the Internationale Bauausstellung Berlin 1984–1987

Entwurfsaufgabe war die Umnutzung der als Baudenkmal eingestuften Gebäudegruppe des alten Pumpwerks VII, einer im südlichen Tiergartenviertel Berlins gelegenen stillgelegten Abwasserpumpstation zu einem stadtteilbezogenen Jugendzentrum.
Bei der Ausarbeitung des Projekts mußte zu Beginn die prinzipielle Entscheidung fallen zwischen Idylle und Aktivität, zwischen Angepaßtheit und Selbstbewußtsein, zwischen abhängig und unabhängig, zwischen festgeschriebenen Konturen und beweglicher Form, zwischen Alibi-Beschäftigungstherapie und Projekten zur Bewältigung der Zukunft, zwischen einem geschlossenen und einem offenen System. Wir haben uns für Aktivität, Selbstbewußtsein, bewegliche Form, Unabhängigkeit, für Experimente und für das offene System entschieden. Das Gutachten ist daher ein Katalog der Möglichkeiten eines Jugendzentrums. Es zeigt, wie ein Jugendzentrum sein kann und ist nicht die verlangte Antwort auf die Frage, wie es unter vorgegebenen Bedingungen zu sein hat. Entsprechend der Erweiterung des organisatorischen Konzepts (es gibt drei Selbstverwaltungsgruppen: soziales Service, Initiativ-, Veranstaltungs- und Kommunikationsgruppen) wird das vorgegebene Raumprogramm erweitert. Die beiden ersten Gruppen brauchen hauptsächlich die Ateliers,

Lofts, Werkstätten, Büros und Wohnungen (B/C). Die Veranstaltungs- und Kommunikationsgruppen betreiben die Treffpunkte, Kaffees, Restaurants, Veranstaltungsräume und die Mehrzweckhallen (A).
Wir gehen davon aus, daß Architektur nicht Bedeutung hat oder ist. Sie ist die dreidimensionale Darstellung der Bauaufgabe und damit die Lösung. Soweit es eine Lösung gibt. Um die Nutzflächen so groß und so billig wie möglich zu machen, ist das Projekt als Rohbau konzipiert, der von den Nutzern in Besitz genommen und ausgebaut werden kann. Das Sichtbarmachen der Möglichkeiten und deren Veränderung macht die äußere Gestalt des Komplexes identifizierbar. Die innere Gestalt ist differenzierend aber nicht bestimmend.
Vorhandene Bausubstanz betrachten wir weder vom Inhalt noch von der Form her als festgeschrieben. Wir sehen sie als leere Hüllen, als Volumen, die man nicht mehr zu bauen braucht, weil sie eben schon da sind. Eingriffe sind daher weder mutwillig noch dialektisch, sondern dienen nur der neuen räumlichen Organisation. Die verdreht gesetzten neuen Gebäudeteile werden zu Vektoren aus der Wegrichtung durch den Gebäudekomplex und der städtebaulichen Bestandsrichtung.
Die vorhandenen Dachgeschoße werden ausgebaut. Werkstattge-

bäude und Lagerhaus werden unter einem Dach zusammengefaßt, das zugleich eine Eingangssituation schafft (B7/B8/B9).
Die Erweiterung des Jugendzentrums in das angrenzende Gewerbehaus ist durch eine an der Feuermauer liegende Treppenerschließung angedeutet. Trotzdem sehen wir ein zusätzliches Loft-Gebäude (B10) als Dachaufbau über der Pumpenhalle vor. Die 10 m hohe Halle, als Rohbau gedacht, kann von 360 m² auf 700 m² ausgebaut werden. Das Atelierhaus (B12), als „Luftgelenk" in den angrenzenden Park ragend, ist 2geschoßig von 135 m² auf 200 m² ausbaubar.
Ein Wegesystem von Rampen, Treppen, Galerien, außenliegenden Stiegen durchziehen und verflechten räumlich den Komplex. Die Erweiterung der Anlage in die angrenzenden Grundstücke durch Galerien und Gebäudeteile sollen nicht als Eingriffe in fremdes Planungsgebiet verstanden werden, sondern als Gelenke und Verbindungen zu den Nachbarschaftsgebäuden. Die vorhandenen Gebäude – das Wohnhaus, Werkstatt und Lagerhaus – werden entkernt. Die entfallenen Decken und Stiegenhäuser durch Massivdecken ersetzt und die so neu entstandenen Flächen durch Außentreppen erschlossen.
Das Herz der Anlage ist die Pumpenhalle, die zu Veranstaltungs- und Kommunikationsbereichen ausge-

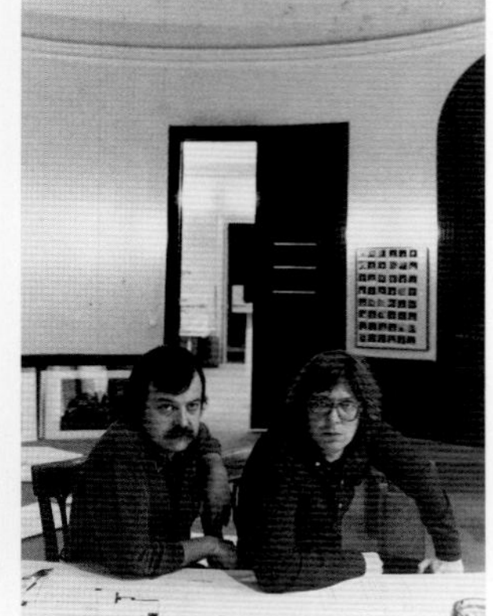

Helmut Swiczinsky und /
and Wolf D. Prix, 1982

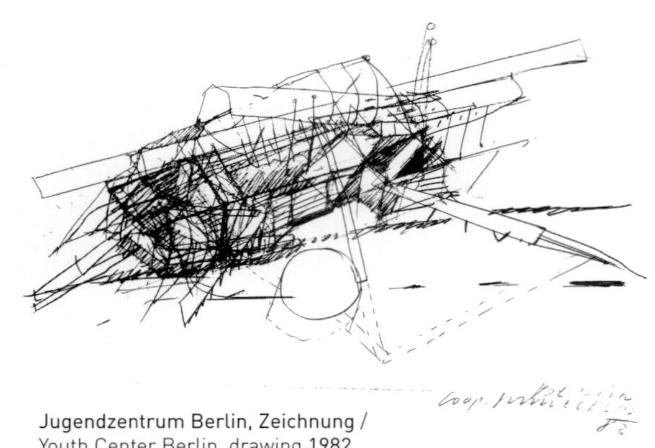

Jugendzentrum Berlin, Zeichnung /
Youth Center Berlin, drawing 1982

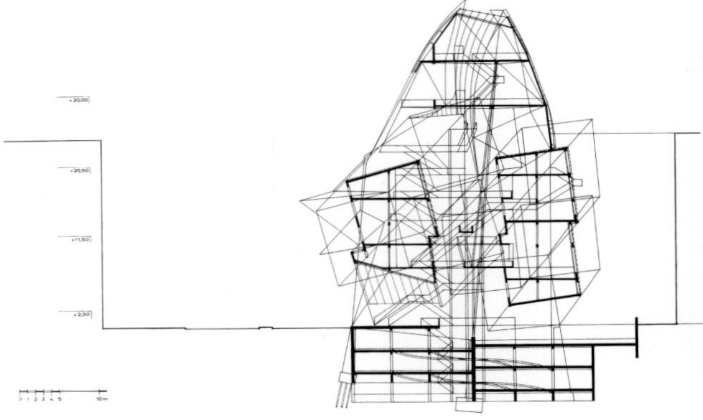

Wohnanlage Wien 2, Röntgenschnitt B-B /
Apartment Complex Vienna 2, x-ray section B-B

baut ist. In der Mehrzweckhalle (A12) dient die abgestufte Oberfläche der schallisolierten Betonhülle, die vom Untergeschoß aus als Veranstaltungsraum zugänglich ist, als Tribüne (A13). Das vorhandene Sammelbecken (A2), durch ein Foyer (A3) mit dem Untergeschoß der Pumpenhalle verbunden, ist Probebühne, Arenatheater etc., mit anschließendem Tonstudio (A8).

The conceptual task was the re-use of the group of buildings of the old pumphouse VII. These buildings had been declared a national monument and are located in the southern Tiergarten section of Berlin. This sewage pump station, no longer in use, was to be refurbished as a youth center, appropriate to that section of Berlin.
The first thing that had to be done at the beginning of the project was to choose, on principle, between idyll and activity, between conformity and self-confidence, between dependence and independence, between established contours and movable forms, between senseless occupational therapy and projects designed to master the future, between a closed and an open system.
We decided upon activity, self-confidence, movable form, independence, upon experiment and an open system. The study is therefore a catalog of possibilities for a youth center.

It shows what a youth center can be and is not the requested answer to the question of what it should be in the particular circumstances.
Because of the expanded organizational concept (three autonomous groups: social services, self-help, and entertainment/communications) the space was also expanded. The first two groups primarily need ateliers, lofts, workshops, offices and apartments (B/C).
The entertainment and communication groups run the meeting places, cafés, restaurants, exhibition areas and multipurpose halls (A).
We set out from the point that architecture neither is nor has a meaning. Rather, it is the corrected theme of building and its three dimensional description.
In order to make the usable space as large and as inexpensive as possible, the project was designed as a basic structure. The users can occupy it and finish it.
The outer appearance of the complex indicates the possibilities for charge within. The inner appearance is differentiated but not determined.
We don't regard existing buildings as pre-determined by their form and substance. We regard them as empty shells, as spaces which needn't be built because they are already there. Changes are neither wanton nor dialectic. They only serve the new spacial organization.

The direction in which the pathways lie and the direction in which the existing complexes are built form a vector of twisted new building elements. The attic area will be finished. Under one roof, there are workshops and storerooms which also create an entry site (B7/B8/B9).
The expansion of the youth center into the neighboring factory building is indicated by a fire escape on the fire wall. In addition, we foresee another loft structure built over the pumphouse. This basic space, of 360 m^2 and 10 m high, can be finished up to an area of 700 m^2.
The 135 m^2 atelier unit, which projects like an "air-hinge" into the neighboring park, can be finished two-storied up to an area of 200 m^2.
A system of paths, consisting of ramps, steps, galleries and outdoor stairs thread and weave themselves through the space of the complex.
The extension of the construction by galleries and other parts of the building should not be viewed as an interference into neighboring planning projects, but as a link and connection to them.
The existing annexes – the apartment house, the workshop and storeroom – will be transformed into open loft spaces. Massive slabs will replace the existing floor constructions and stairwells. Exterior stairs will give access to the loft areas created. The heart of the complex is the

pumphall, which will be used for entertainment and communication. In the all-purpose area (A12), the surface of the soundproof, concrete shell serves as terraced platforms (Al 3). It is accessible from the lower floor.
A foyer (A3) connects the lower floor with the original drainage cistern (A2), which now houses the rehearsal stage, arena theater and adjoining sound studio (A8).

Wohnanlage Wien 2 Seite / Page 102
Apartment Complex Vienna 2
1983
Wien, Österreich / Vienna , Austria
Projektstudie / Project study

Das Projekt formuliert die Grundrechte des Stadtbewohners. Das Recht auf großen Wohnraum. Das Recht auf billigen Wohnraum. Das Recht auf selbstbestimmten Wohnraum.
Das Recht auf zeitrichtige Architektur.
Die Struktur der Wohnanlage ist die der offenen Architektur. Offene Architektur ist frei von falscher Bedeutung. Sie ist die dreidimensionale Darstellung der Lösung der Bauaufgabe. Sofern es überhaupt Lösungen gibt.
Die selbstbewußten Formen der äußeren Gestalt sind die sichtbar gemachten Möglichkeiten und deren

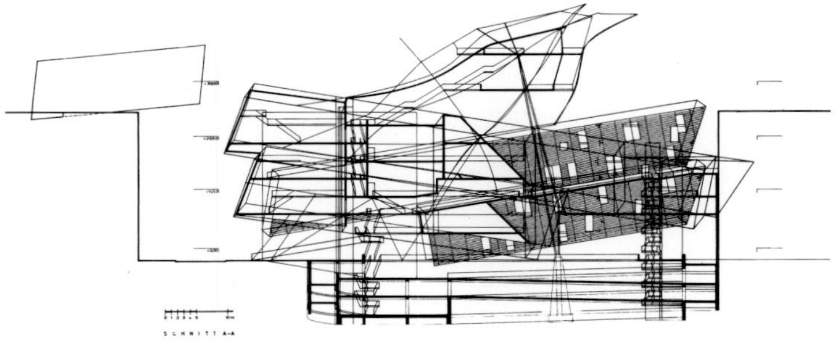

Wohnanlage Wien 2, Röntgenschnitt A-A /
Apartment Complex Vienna 2, x-ray section A-A

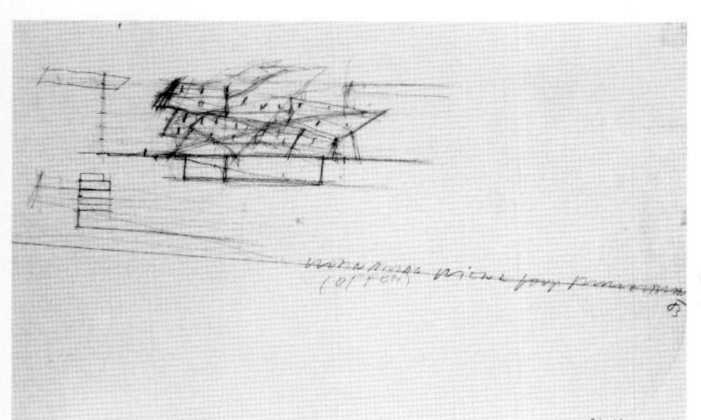

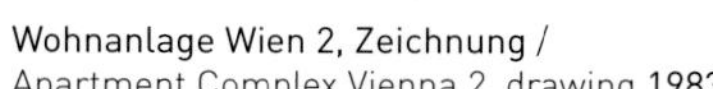

Wohnanlage Wien 2, Zeichnung /
Apartment Complex Vienna 2, drawing 1983

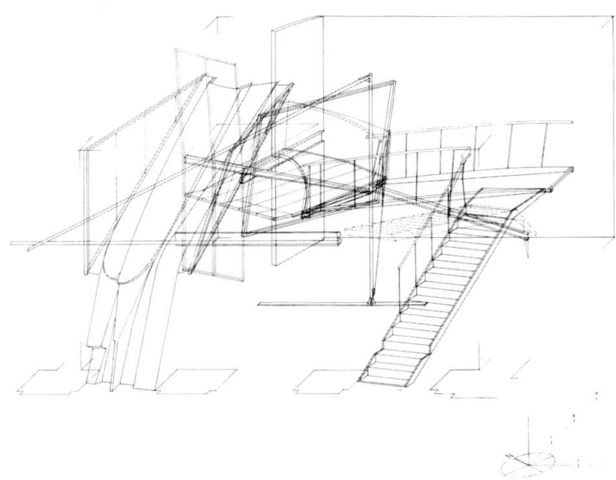

Studio E. Baumann, Röntgenansicht / x-ray elevation

Veränderung. Die innere Gestalt ist nicht bestimmend sondern differenzierend und Ergebnis der räumlich verschränkten Situationen.

Die Anlage, entworfen in eine Baulücke entlang einer Ausfallstraße im zweiten Wiener Gemeindebezirk, besteht aus zwei schräggestellten verkippten und auseinander gedrehten Baukörpern, über denen flammenförmige Scheiben zusammenschlagen.

In diese Form sind 50 Halbfertigwohnungen organisiert. Die Grundrißgrößen variieren etwas. Aber alle Wohnungen sind zweigeschoßig – d. h. 6 m hoch – und auf mindestens 200 m² ausbaubar. 958 m² frei verfügbare Loftflächen sind vorgesehen. 600 m² für Geschäfte, Büros, Werkstätten und Lager.

Die beiden verkippten Körper und die Flügel sind durch ein Nervensystem von Aufzügen, Treppen und durch eine quer durch den Komplex ansteigende Rampe verbunden.

COOP HIMMELBLAU, *1983*

The project formulates the basic rights of the urban resident.
His right to a large living area.
His right to an inexpensive living area.
His right to his own arrangement of the living area.
His right to timely architecture.
The structure of the apartment complex is open architecture. Open architecture is free of false meaning. It is the three-dimensional solution of the problem. As far as there is a solution. The self-confident forms and their shapes are the visible possibilities and their variations. The interior is not defining but differentiation and becomes the result of the spatial interlacing.

The complex designed in an empty lot on a mainstreet leading out of Vienna, consists of two slanted parts set at angles to each other. Two flame-shaped pieces merge above the complex. Fifty partially finished apartments are organized within this form. The sizes and the groundplans of the apartments vary somewhat. All the apartments have two stories, i.e.: they are 6 m high and can be expanded to at least 200 m². 958 m² of loft space are planned for free use. 600 m² for shops, offices, workrooms and storage.

The two slanted parts and wings of the building are connected through a nervous system of elevators, stairways and a ramp which ascends diagonally through the complex.

Haus mit Nase, Seite / Page 100
Humanic-Filiale, Wien 12
House with Nose, Humanic Branch, Vienna 12
1983
Wien, Österreich / Vienna, Austria
Projekt / Project

Studio E. Baumann Seite / Page 98
1984/85
Wien, Österreich / Vienna, Austria
realisiert / realized

Der Bauherr wollte ein Atelier oder besser ein Studio, in dem er als Grafiker arbeiten und „mit den Bildern seiner Freunde leben" kann. (Er besitzt Bilder von Attersee, Lassnig, Kocherscheidt, Cy Twombly, Brus, Nitsch, Rainer, Pichler.)
Das Lokal, das wir sahen, war ein Straßenlokal mit drei Portalen, die dem Raum halböffentlichen Charakter geben. Dieser 5 m hohe und 50 m² große Raum war umzubauen. Und die Portale.
Die Kleinheit des Lokals schreckte uns nicht. Die drei Portale waren uns nicht im Weg. Die Höhe des Raums war uns angenehm.
Wir sahen hohe Wände und Türen, und dachten an bewegliche Treppen, fliegende Plattformen, an Brücken und Galerien. An in drei Reihen übereinander hängende Bilder. An abgestürzte Dächer, die zu gefrorenen Flügeln werden, an verschiebbares Glas.
Die Zeichnung entstand im November 1984, am 13. Juli 1985 war sie gebaut. Der vorhandene Raum wurde durch den Einbau einer Galerie und Plattform von 52 m² um 19 m² auf eine Nutzfläche von 71 m² vergrößert.
Ein WC mit Vorraum befindet sich im EG, ein kleines Lager im Obergeschoß. Aus den drei Portalen wurden zwei Eingänge. Ein Eingang führt über die aufklappbare Treppe auf die Galerie, die den Raum entlang der obersten Bildreihe quert. Die Plattform ist ein zusätzlicher Arbeitsraum.
Die Flügelplastik im dritten Portal ist eine nach innen gebogene, selbsttragende Aluminiumaußenwand. (Konstruktion: Rippenwannen aus 2 mm Aluminium, aufgeklebte Hinterlüftungsschicht, 6 cm Mineralwolleplatten, Dampfsperre und Glasfasergewebetapezierung. Lüftungs- und Aussichtsfenster im OG.)
Die nach innen versetzte seitliche Verglasung der Konstruktion differenziert das natürliche Licht. Durch einen integrierten Radiator wird die Plastik zur Konvektionsfläche, die die Luftzirkulation im 5 m hohen Atelierraum unterstützt.
Die Flügelplastik ist ein innen- und außenraumbildendes plastisches Element und dient zur Kontrolle von Licht und Luft.
Die Stahlkonstruktion des Obergeschoßes folgt dem schwebenden Zustand des Entwurfs. Es entsteht ein differenzierter offener Raum. Die Galerie quert diesen Raum in halber Höhe und erlaubt die volle Ausnutzung der 5 m hohen Rückwand als „Bilderwand".
Die Auswahl und Aufstellung der Einrichtung bestimmte der Bauherr alleine.

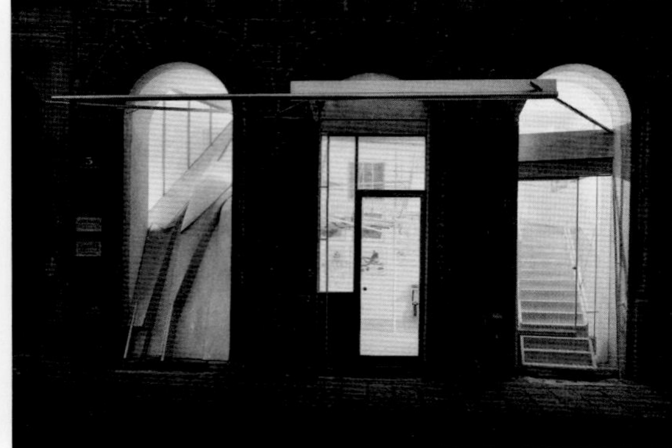

Studio E. Baumann

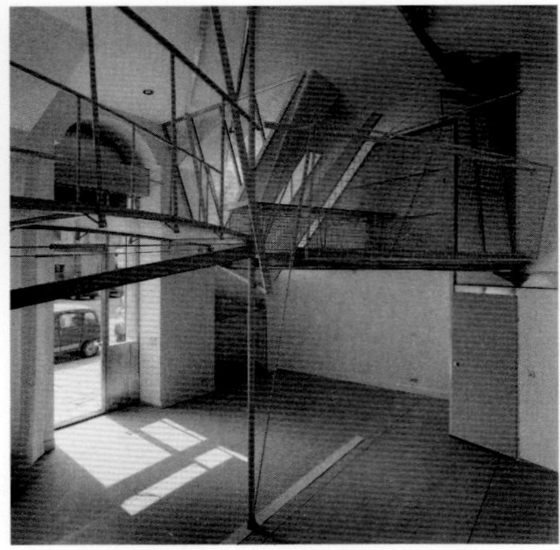

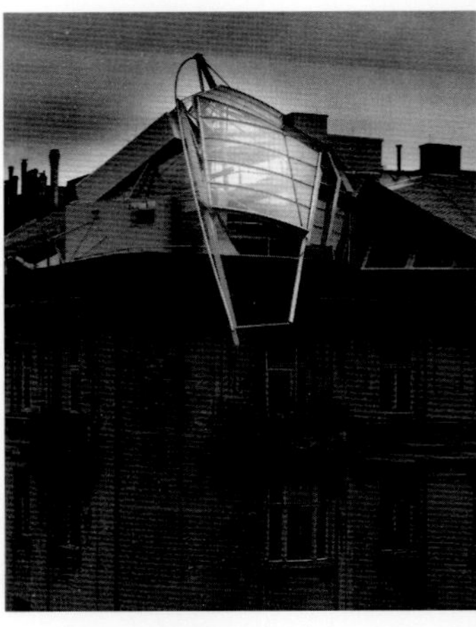

Dachausbau Falkestraße /
Rooftop Remodelling Falkestraße

The client wanted a studio where he could work as a graphic artist and where he could live "along with his friends' paintings". (He owns paintings from Attersee, Lassnig, Kocherscheidt, Cy Twombly, Brus, Nitsch, Rainer, Pichler.) Other requirements were not expressed. The locality we saw was a business premises, with three portals facing the road emphasizing the partly public character of the room.

The task was to reconstruct the room of 50 m², 5 m in height, and also the three portals.

The small size of the premises did not discourage us, the three portals did not bother us and the height of the room was agreeable to us.

We saw high walls and high doors and thought of movable stairs, flying platforms, bridges and galleries. We thought of paintings hanging in three rows one above the other. We thought of collapsed roofs that had turned into frozen wings and sliding glass.

In November 1984 the drawing was completed, on July 13th, 1985 it was built.

The original room-size of 52 m² was extended to an area of 71 m² by building the gallery and the platform of 19 m² size. On the ground floor there is a bathroom with an anteroom and on the upper floor a small storage-room.

Two of the portals were turned into entrances. One door leads over the folding stairs to the gallery that crosses the room along the upper row of the paintings. This in turn leads to the platform, an additional work area.

The wing sculpture in the third portal is a self-supporting aluminum outer wall arching into the room (construction: 2mm aluminum ribs). On both sides, slightly shifted into the room, the construction is glazed which diferentiates the natural light. An integrated radiator guides the sculpture to a convection area which stimulates the circulation of air in the room 5 m high. The wing sculpture is a three-dimensional element shaping both the interior and the exterior of the room. In addition it serves as a control for light and air.

The steel construction of the upper flight corresponds to the suspending state of the design. The space has become differentiated and open. The gallery crosses the room at the height of 2,5 m and this allows full use for the paintings of the 5 m high back wall.

The client alone had the choice of the furnishing and their arrangement.

Haus Svoboda Seite / Page 96
Svoboda House
1984
Hinterbrühl, Österreich / Austria
Projekt / Project

Dachausbau Seite / Page 94
Falkestraße
Rooftop Remodelling
Falkestraße
1984 – 88
Wien, Österreich / Vienna, Austria
realisiert / realized

Wenn es so etwas wie Aufgabe in der Architektur gibt, dann war es diese:
Die Rechtsanwaltskanzlei Schuppich – Sporn – Winischhofer plante eine Erweiterung ihrer im Mezzanin und im 1.Stock des Hauses Ecke Falkestrasse Biberstrasse im 1. Wiener Gemeindebezirk bestehenden Büroräume durch einen Dachausbau. Hauptaugenmerk sollte auf einen großen Sitzungssaal gelegt werden. Darüberhinaus war an kleinere Büroeinheiten gedacht.
Daß das Projekt in 21 m Höhe entworfen wurde und eine der Straßen die Falkestraße war, ließ uns diesmal – wenn auch schwer – nicht an einen Vogel oder an Flügel denken. Die 1983 entstandene Entwurfszeichnung bezeichnet die Ecklösung. Wenn es so etwas wie eine Lösung in der Architektur gibt.

Keine Erker oder Türmchen am Dach, kein Kontext von Proportionen, Material oder Farben.
Sondern eine visualisierte Energielinie, die von der Straße kommend das Projekt überspannt, das bestehende Dach zerbricht und damit öffnet. Während des Zeichnens hatten wir an einen verkehrten Blitz und an einen gespannten Bogen gedacht. Dieser raumerzeugende, gespannte Bogen – ein seit 1980 immer wichtiger werdendes Element unserer Architektur – ist das stählerne Rückgrat des Projekts. Und die Haltung.
Die offenen verglasten und die geschlossenen, gefalteten oder ebenen Flächen der Hülle kontrollieren das Licht und geben oder nehmen Ausblick.
Beide Blicke, der An-Blick (von Außen) und der Aus-Blick (von Innen nach Außen) festgehalten in einer der ersten Zeichnung, definieren die Komplexität der gebauten räumlichen Beziehungen. Und das differenzierte und differenzierende Konstruktionssystem, eine Mischung aus Brücke und Flugzeug, übersetzt die räumliche Energie in die gebaute Realität.
Das Objekt ist zweigeschoßig, 7,80 m hoch, 400 m² groß, beinhaltet einen 90 m² großen Sitzungssaal, 3 Büroeinheiten mit Sekretariat, Empfangsbereich, Nebenräume, und könnte auch Wohnung sein.
Geplant wurde ein Jahr. Gebaut

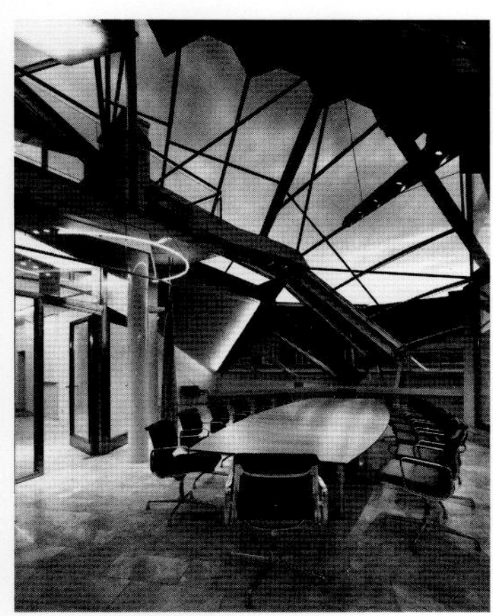

Dachausbau Falkestraße /
Rooftop Remodelling Falkestraße

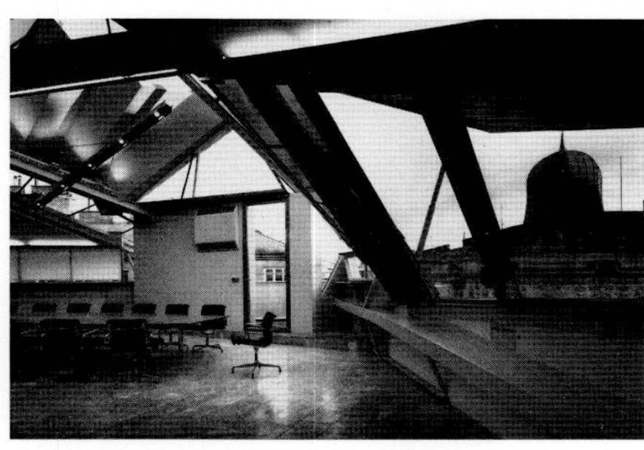

Dachausbau Falkestraße / Rooftop
Remodelling Falkestraße

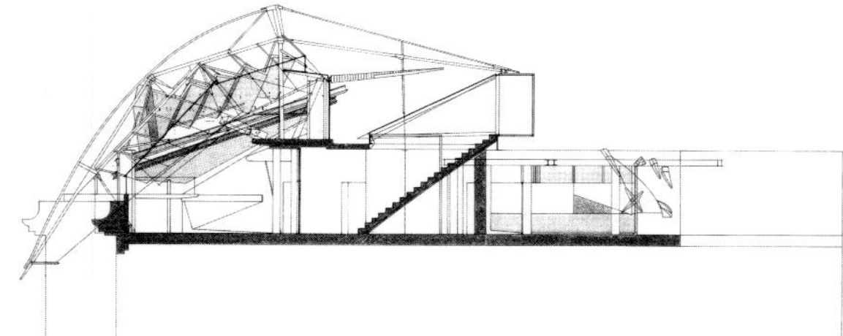

Dachausbau Falkestraße, Schnitt / Rooftop Remodelling
Falkestraße, section

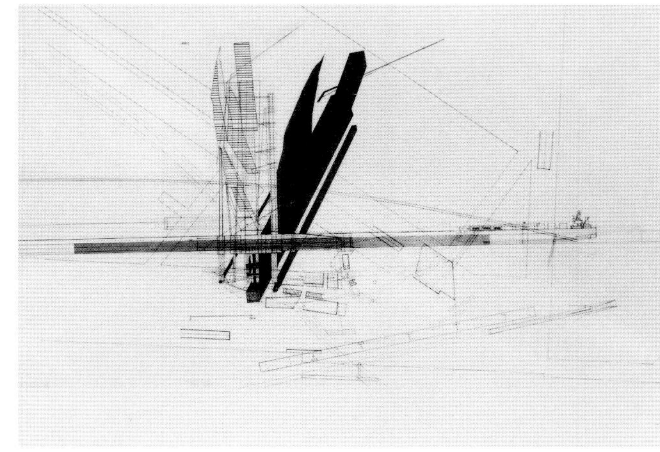

Medienskyline Hamburg, Erster Medienturm, Schnitt auf die Ebene ± 0,00
gesetzt; Lageplan des Gesamtprojekts im Hamburger Hafen / Media Skyline
Hamburg, First Media Tower, section drawn on the ± 0,00 m plane; sit plan of
the total project in the harbor of Hamburg

wurde ein Jahr. Die Fertigstellung war am 23. Dezember 1988.

If there was ever really a task in architecture, then this was it: The law firm Schuppich, Sporn, Winischhofer, Schuppich wished to extend their office upwards. The office is situated on the first and second floor of the building on the corner of Falkestrasse and Biberstrasse in the inner City of Vienna. The attention was to be focussed on a large meeting room. Adjacent to it several smaller office units were to be designed.
Although the construction site was 21 meters above the ground and one of the streets just happened to be Falkestrasse (Falcon Street), we did not in this case think of a bird or wings, although it was hard not to. The preliminary design of 1983 depicts the corner solution. (If there really is such a thing as a solution in architecture.)
There are no alcoves or turrets on the roof, no context of proportions, materials or colors but, instead, a visualized line of energy which, coming from the street spans the project, thus breaking the existing roof and thereby opening it.
While designing, we envisioned a lightning bolt reversed and a taut arc. This space-creating taut arc – an element of our architecture that since 1980 has progressively become more

important – is both the steel backbone of the project and its posture. The open, glazed surfaces and the closed, folded or linear surfaces of the outer shell control the light and allow or restrict the view.
Both directions of view, that from outside and that from within, which are captured in one of the early drawings, define the complexity of the construction's spacial relations. The differentiated and differentiating constructional system, which is a cross between a bridge and an airplane, translates the spacial energy into constructional reality.
The project constitutes two storeys with a height of 7.80 m, with a flat area of 400 m². The spacial layout consists of a 90 m² meeting room, three office units include an office space, a reception area and adjacent rooms. It would also be possible to use the office as an apartment.
The construction took one year and was completed on December 23rd, 1988.

Medienskyline Hamburg
Media Skyline Hamburg
1985
Hamburg, Deutschland / Germany
Projektstudie / Project study

Seite / Page 90

Dieses Projekt wurde im Rahmen des Hamburger Bauforums 1985 entwickelt. Vorgegeben war ein Planungsgebiet am Ufer der Elbe entlang der Großen Elbstraße im Hamburger Hafen. Sonst nichts. Ausgangspunkt für den Bogen des assoziativen Entwurfs waren die kleinen und großen Merkmale der Stadt Hamburg. (Alles mit halbgeschlossenen Augen gesehen, denn Besucher haben es gut in einer fremden Stadt. Sie brauchen die Sachzwänge des Ortes nicht in den Knochen zu haben. Im Gegenteil.) Vor uns war der Hafen mit den vielen kleinen schwimmenden und schwankenden Pontons der geschäftigen Schiffsanlegestellen. Am anderen Ufer der große Containerterminal mit den riesigen Verladekränen, stumm und bewegungslos. Und am Abend leuchteten und lärmten die Trockendocks der Werften.
In einem Boot mitten im Hafen schienen uns das bewohnte Ufer der Elbstraße und das leblose Ufer des Containerterminals schräg gegenüber verwechselbar und austauschbar. Und wir tauschten im ersten Entwurfsansatz nicht nur die Ufer

und damit das Planungsgebiet, sondern auch die Begriffe Hafenstadt und Medienstadt. Wie oft sehen wir denn den Hafen der Stadt Hamburg (wenn wir nicht gerade davor stehen), aber jede Woche können wir – und das auch in Wien – andere Teile der Stadt Hamburg sehen. Diese Stücke heißen Stern, Spiegel, Zeit, Art, Geo. Sie sind die lesbare, aber noch unsichtbare Silhouette der Stadt Hamburg. Und diese unsichtbare Silhouette haben wir sichtbar gemacht, ihr eine physische Form gegeben. Und einen Namen. Skyline. Skyline ist also ein Teil des Entwurfs für das Hamburger Bauforum. Wenn man will, kann man das Projekt in drei Teile teilen. Skyline, Hamburger Häuser und Medienbogen.
In einem möglichen Stadtentwicklungsgebiet von Hamburg, dem Containerterminal mitten im Hafen, entstehen drei über 300 m hohe miteinander verflochtene Gebäudekomplexe. Sie sind Büro- und Redaktionstürme für die Medien, die diese Stadt für Europa bedeutend machen. Vertikal, diagonal und räumlich sind die Büros der Redaktionen mit der Medienhochschule und den Hörsälen, den Kinos, den Hotels und den Verkaufsstraßen verbunden.

This project was developed in 1985 to be included in the "Hamburger Bauforum". A planning area was assigned on the banks of the Elbe

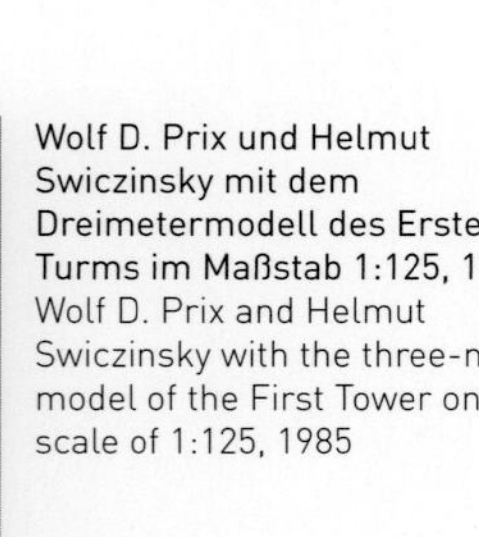

Wolf D. Prix und Helmut Swiczinsky mit dem Dreimetermodell des Ersten Turms im Maßstab 1:125, 1985 / Wolf D. Prix and Helmut Swiczinsky with the three-meter model of the First Tower on a scale of 1:125, 1985

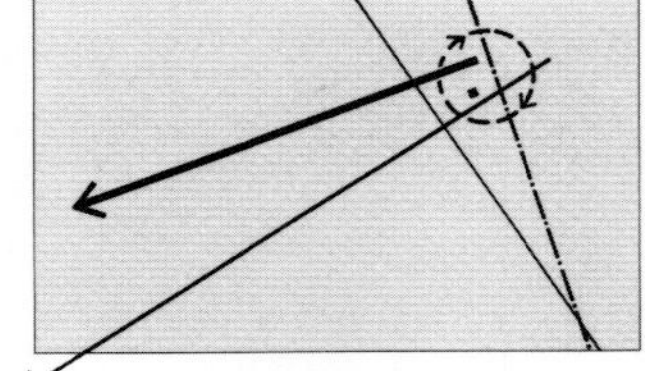

Das Herz einer Stadt / The Heart of a City

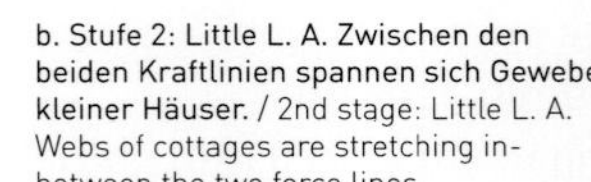

a. Stufe 1: Die Strahlenboulevards. Das Zentrum des Stadtentwicklungsgebiets wird fixiert. Es liegt in dem dreieckigen Industriegelände zwischen N6 und TGV-Trasse. Von hier strahlen die Boulevards aus. / 1st stage: The Radiating Boulevards. Within the industrial triangle, between N6 and the TGV railway-track, the core of city-development is defined. This is where the boulevards start to radiate.

b. Stufe 2: Little L. A. Zwischen den beiden Kraftlinien spannen sich Gewebe kleiner Häuser. / 2nd stage: Little L. A. Webs of cottages are stretching in-between the two force lines.

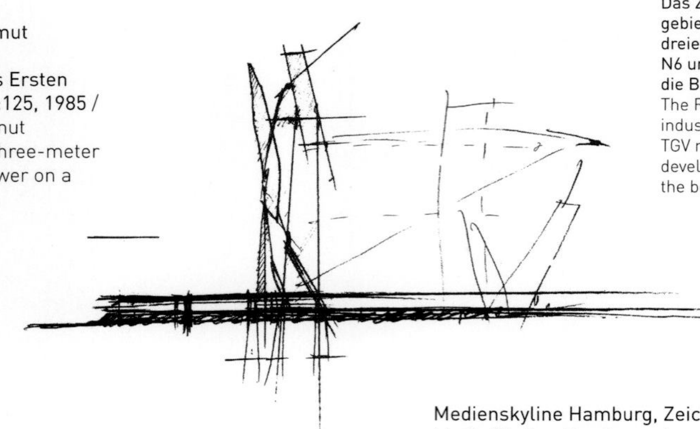

Medienskyline Hamburg, Zeichnung / Media Skyline Hamburg, drawing

along the great Elbstraße in the Hamburg docks. Nothing else. The small and great landmarks of the city of Hamburg were the starting point for the bridge of the associative design. (Everything seen with half closed eyes, that is easy for visitors of a strange city. They don't have the circumstantial pressure in their bones. On the contrary.) In front of us was the dock with its many small swimming and swaying busy landing pontoons. On the other bank, dumb and motionless, the big container terminal with its huge loading cranes. And in the evening the noisy bright/ luminous dry dock of the shipyard.

Seen from a boat, the banks of the Elbstraße appeared to us changeable and interchangeable. On the one side the residential area and on the other the lifeless bank of the container terminal. And, in the first design we actually did change not only the banks together with the planning area but also the terms seatown and press-town. How often do we see the docks of Hamburg (unless we stand in front of it) although every week we could see – and that in Vienna as well – other parts of the town of Hamburg. These parts are called Stern, Spiegel, Zeit, Art, Geo. These are the legible but still invisible silhouettes of the town of Hamburg. And these invisible silhouettes we have made visible, we

have given it a physical shape, and a name: Skyline. If one wishes, one can divide the project into three parts: Skyline, the Hamburg Houses and the media bridge. In a possible town development area of Hamburg, in the Container terminal at the center of the docks, three interwoven building complexes that are over 300 m tall are built. They are office and editorial towers for the media, which makes this city important for Europe. Vertically, diagonally, and spatially, the editorial offices are bound up with the School of Journalism and its lecture halls, with the cinemas, with the hotels and the shopping streets.

Das Herz einer Stadt
The Heart of a City
1987
Seite / Page 88

Melun-Sénart, Frankreich / France
Städtebaulicher Wettbewerb,
1. Preis / Urban planning
competition, 1st prize

Das Planungsgebiet liegt am südlichen Rand von Paris und ist in Gefahr, durch das planlose Anwachsen der drei das Gebiet begrenzenden Kleinstädte zersiedelt zu werden. Aufgabe war es, das Anwachsen so zu organisieren, daß aus diesen drei Städten eine Stadt mit allen notwendigen Infrastrukturen entstehen kann. Wir haben eine 3-Phasen-

Strategie entworfen, die im wesentlichen aus sechs taktischen Konzepten besteht:

Die Entwicklung der Stadt:
Eine Dreiphasenstrategie
In der ersten Phase (1995) bedarf die Erarbeitung einer Strategie für die städtische Entwicklung Melun-Sénarts der umfassenden Vorausschau im Hinblick auf den historischen Wandel des ländlichen Gebiets zu einem Stadtkern und das Wachstum des Areals. Ein Rahmen für Fortschritt und Veränderung wird abgesteckt. Sich graduell voneinander unterscheidende Infrastrukturen verstärken das Feld städtischer Kräfte: Dichte, Komplexität, Höhe. In der zweiten Phase (2003) werden die innerstädtischen Lofts als halbfertige, mehrstöckige Wohnkomplexe ausgeführt, um mit minimalen Mitteln möglichst große Räume zu schaffen. Da die fabrikartigen Hallen 5 m hoch sind, können die Menschen die Wohnungen ihren Bedürfnissen und Möglichkeiten entsprechend fertig stellen oder in zweistöckige Anlagen umbauen. So entstehen „Strahlen" von Wohneinheiten für jeweils 20 bis 40 Personen. Jede Einheit verfügt über einen das Gebäude gliedernden Bauaufzug, mit dem man sein Auto auf das „Parkdeck" neben jeder Wohnung hochbringen kann, das auch als Garten genutzt werden kann.

In einer dritten Planungsphase wird die Verstärkung der städtischen Kräfte abgeschlossen. „Downtown and Interchange" wird mit einer gekrümmten Plattform überdacht. Die Plattform, selbst ein flaches, 500 x 500 m großes Gebäude, überspannt mit ihrer leichten, durchscheinenden Haut das Zentrum der Stadt. Von der Stadtplattform weg kann man durch die Zwischenebenen der Lofts streifen und „Little New York" und das Gebiet dahinter erreichen.

The area to be planned lies on the southern edge of Paris and is in danger of being overrun by urban sprawl through the planless growth of the three small towns which border the area.
The task was to organize this growth so that a unique town with all the mandatory infrastructures can come into being from these three towns. We have designed a three phase strategy which in essence consists of six tactical parts:

The Urban Development:
A Three Phase Strategy
In the primary phase (1995), the generation of a strategy for the urban development of Melun-Sénart demands exhaustive anticipation – the anticipation of the historical development and growth of a rural area into a city-core. Now a frame for progression and change can be established.

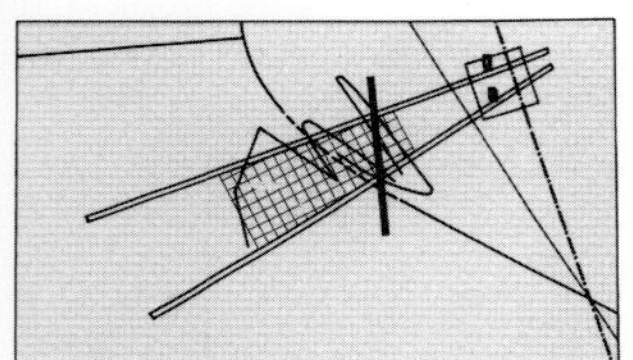

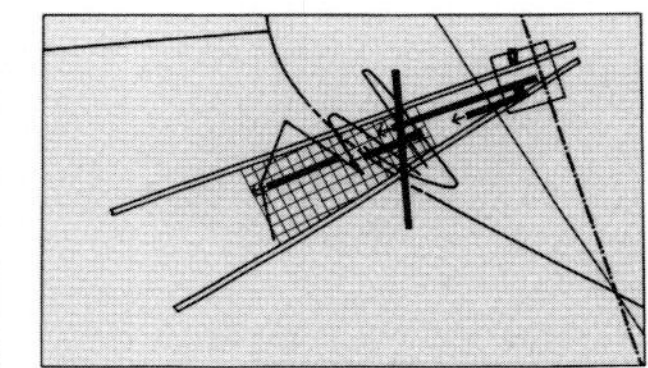

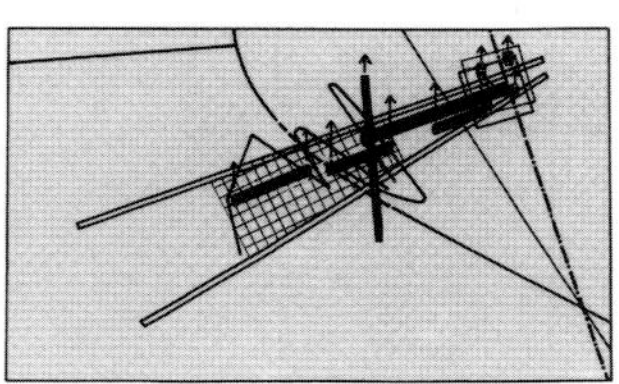

c. Stufe 3: Verletzung der Infrastruktur. Unerwartete, neue und gewaltsame Strukturen durchdringen einander und differenzieren das bestehende Gewebe ländlicher Häuser: die Loftbalken-Komplexe. / 3rd stage: Violating the Infrastructure. Unexpected, new and violent urban structures intersect and differentiate the existing web of provincial houses: the complexes of loft-beams.

d. Stufe 4: Intensivierung der Infra-struktur. Unvorhersehbare Elemente werden in das urbane System einge-speist und erweitern das Stadtleben. / 4th stage: Intensifying the Infrastructure. Unforeseeable dynamic elements are fed into the urban system, amplifying city life.

e. Stufe 6: Die Entwicklung von Höhe. Die gesamte Stadt entwickelt sich. Komplexes wird noch komplexer. Hohes wird noch höher. Plötzlich. Die offene Stadt. / 6th stage: The development of height. The entire city develops. Complexity becomes even more complex. Height becomes even higher. Abruptly. The open city.

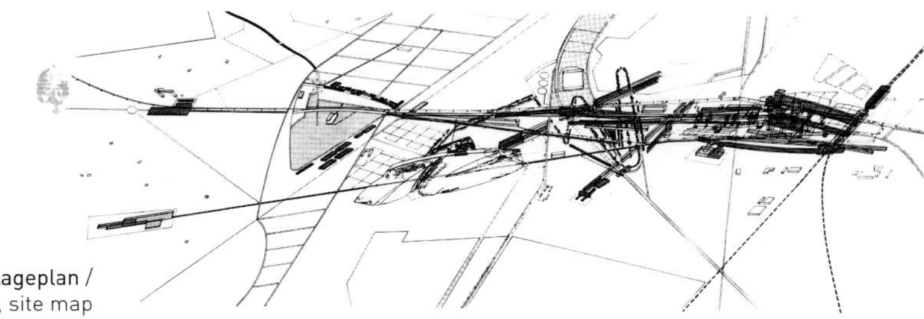

Das Herz einer Stadt, Lageplan /
The Heart of a City, site map

Gradually contrasting infrastructures can intensify the field of urban forces: density, complexity, height.
During the secondary phase (2003), the inner-urban lofts are semifinish-ed multi-storied apartment com-plexes, to make the apartments as large as possible by minimal means. Their factory-like halls have a height of 5 m and enable the inhabitants to complete or to convert their apart-ment into two storied living spaces according to their own needs and possibilities. They form "beams" of apartment units lined up for 20 – 40 inhabitants. Each unit contains a construction elevator for interior structuring which can lift a car to be parked next to each apartment on a "park deck". It can be used as a gar-den as well.
A tertiary planning phase completes the intensification of urban forces. "Downtown & Interchange" is cove-red by a bent platform. This platform – itself a flat building of 500 x 500 m – stretches over the core of the city with its light, translucent skin. Starting out from the city-platform, one can ramble through the inter-le-vels of the lofts and swing over into "Little New York" and beyond.

Ronacher-Theater
Ronacher Theater Seite / Page 86
1987
Wien, Österreich / Vienna, Austria
Gutachten für den Umbau des Ronacher-Theaters / Study for the reconstruction of the Ronacher Theater
Geladener Wettbewerb, 1. Preis – zur Realisierung vorgeschlagen / Invited competition, 1st prize – proposed for realization

Die Beschreibung des Konzepts.
Der Satz: Ein nicht optimal funktio-nierendes Theater aus dem vorigen Jahrhundert in ein funktionierendes Theater für das nächste Jahrhundert umzubauen, beschreibt die Ent-wurfsaufgabe.
Der Begriff „multimediales Theater in jedweder Präsentationsform" war Ausgangspunkt der Konzeptentwick-lung: Während des Entwerfens hat-ten wir die Vorstellung von einer Raumbühne, oder besser von einem offenen, begehbaren Volumen mit ei-ner Vielzahl von variablen Bühnen. Von einem für das Publikum offen zugänglichen Theaterhaus, bespiel-bar vom Keller bis zum Dach. Dieses Entwurfskonzept wurde mit den geforderten „Sachzwängen" (Funktionen, Raumprogramm) und den bestehenden „Sachzwängen" (Denkmalschutz) überschnitten.

Die inneren Funktionen und die äußere Form
Das Haus hat mehrere Schichten. Vereinfacht sind es vier Bereiche, die organisiert werden:
– Die Bühne und ihre Technik
– Der Publikumsbereich (Auditorium mit Foyers, Restaurant, Bars etc.)
– Die Proberäume
– Verwaltung und Personalräume
Die Bühne und das Bühnenhaus stellt sich uns als riesiges hochtech-nisiertes Volumen dar. Diese „Black-box" ist nicht öffentlich zugänglich, hat keine Außenseite, keine Fassade. Nur eine ideelle Innenseite, die die Illusion des Theaters produziert. Bei einer konventionell gedachten Guckkastenbühne verbrauchen die drei Bereiche Bühne, Proberäume und Verwaltung fünf Teile des vor-handenen Volumens, sodaß dem Publikum praktisch nur ein Volu-mensteil von sechs zur Verfügung steht. Das hieße, daß von einem gro-ßen Haus im Inneren nur ein kleiner Teil erlebbar sein würde.
Im 1. Entwurfsschritt dachten wir daher an das Umkehren dieses Verhältnisses.
Also ein möglichst großer Teil des Hauses muß dem Publikum zugäng-lich gemacht werden:
Wir dachten daher an eine „Veröffentlichung" der Haupt- und Probebühnen die wir durch eine Multifunktionalität

(Umbaumöglichkeiten, Verän-derbarkeit der Räume) erreichen. Wir dachten an eine Dachterrasse mit einer Freiluftbühne, wir dachten an Restaurants im UG und am Dach, an eine öffentliche Videothek und an Bars in den Foyers.
Das Ronacher ist aber nicht nur ein „Theaterhaus", sondern es wird durch die ständige Präsenz des Fernsehens zu einer riesigen Kulturexport-Medienproduktions-maschine.
Öffentlichkeit ist Sehen und Gesehenwerden.
Die äußere Form des Gebäudes ist die selbstbewußte Darstellung aller dieser Möglichkeiten.

Stadtbildpflege, Stadtgestaltung
Das Ronacher soll und kann von sei-ner angestrebten Funktion für das Kultur- und Fremdenverkehrsange-bot der Stadt in seiner Bedeutung national wie international ins nächste Jahrhundert reichen. Von seiner Lage her (das nächstgele-gene größere Theater zum histori-schen Stadtzentrum) bewerten wir daher die von der öffentlich nutzba-ren Dachterrasse bestehende Er-lebbarkeit der historischen Stadt-silhouette (siehe Sichtverbindungs-diagramm) höher als das „Aufgehen" der Silhouette des neuen Ronacher in umgekehrter Blickrichtung. Die Dachaufbauten sind nun inner-halb des Lichtraumprofiles der Bkl. 5

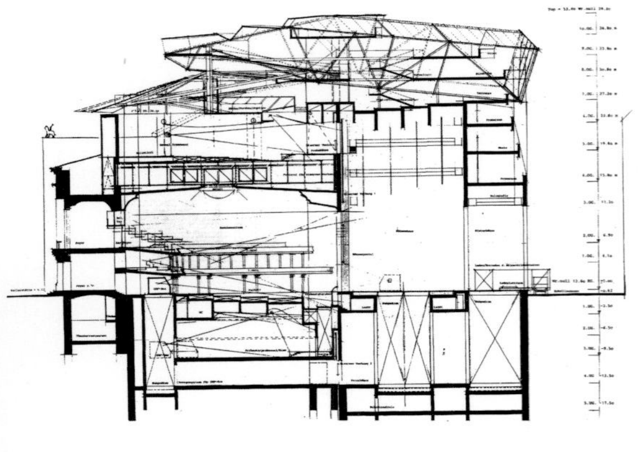

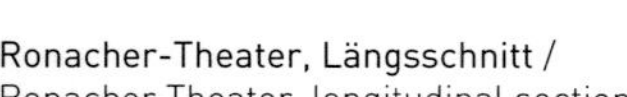

Ronacher-Theater, Längsschnitt /
Ronacher Theater, longitudinal section

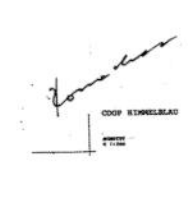

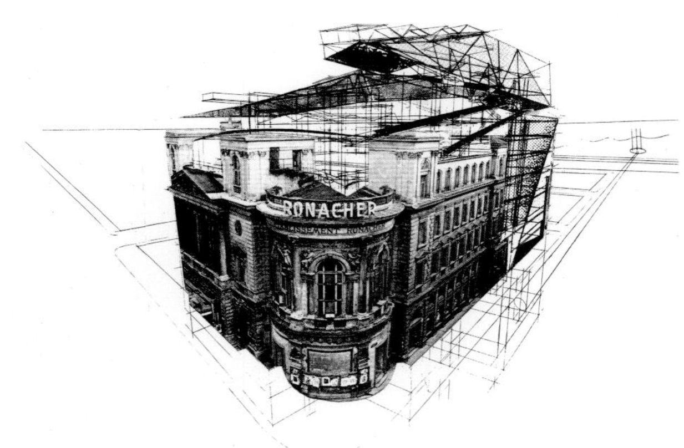

Ronacher-Theater, Perspektive,
Fotomontage / Ronacher Theater,
perspective, photomontage

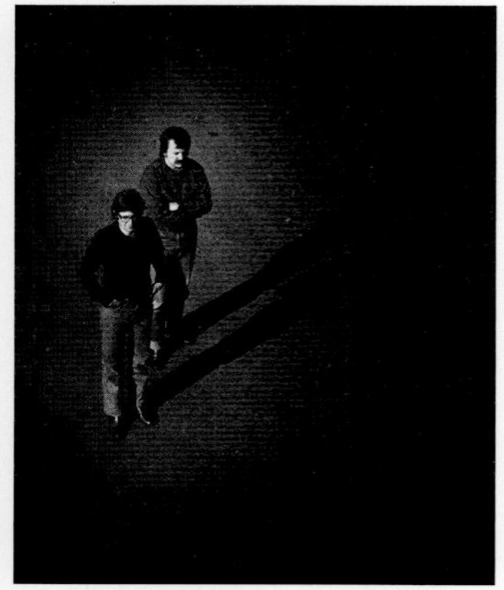

Wolf D. Prix und / and Helmut Swiczinsky

bis auf die verglasten Direktions- und Repräsentationsräume des Verwaltungstraktes mit Blickbeziehung zum Belvedere und ohne Beeinträchtigung der Belichtungsverhältnisse der Anrainer. Diese einzige Baumassenüberschreitung wäre – der Bedeutung, Lage und Funktion des Gebäudes für die Öffentlichkeit entsprechend – genehmigbar.

Denkmalpflege
Zum Schutz des Charakters historischer Baudenkmäler sollten für die Stadt in ihrer Funktion wesentliche Bauwerke als solche durch ihren eigenen Charakter erkennbar sein und daher in Stil, Form und technologischer Gestaltung nicht angeglichen werden.
Konsequente Trennung, Gegenüberstellung und formale Polarisierung zwischen denkmalgeschütztem Zuschauerhaus sowie dessen Fassade und notwendigem Neubau des Bühnenhauses, waren daher das Entwurfskonzept der äußeren Gestalt. Der denkmalgeschützte Altbau (Zuschauerhaus) wird zur Gänze inklusive der Fassaden möglichst unverändert erhalten. Umgestaltet wird der linke Turm des Mittel-Risalits in der Himmelpfortgasse analog zu den übrigen Ecktürmen, sodaß die Zuschauerhausfassaden Symmetrie und „Eigenständigkeit" und zusätzliche Dichte erhalten. Der runde „Eckturm" wird in der Gehsteig-

Ebene wieder dem Originalzustand entsprechend als „Wagenvorfahrt" geöffnet und von außen zugänglich gemacht.

Concept Description
The design task is described by the following proposition: to convert a 19th century theater that does not function optimally into a theater for the 21st century.
The point of departure for the concept development was the idea of "a multi-media theater in every form of performance". During the design we had the image of a stage space, or better, of a Theater Complex with open access for the public and in which performances could be held from basement to roof. This design concept would form an intersection of the required programmatic "constraints" (functions, room planning) and the pre-existing "constraints" (historic monument preservation).

The Interior Functions and the Exterior Form
The Building has several layers. Simply put, there are four areas to be organized:
–   the stage and its technical requirements
–   the public Area (Auditorium with foyers, Restaurant, Bars, etc.)
–   the rehersal rooms
–   Administration and personnel rooms.

The stage and the back stage area presented themselves to us as a large high-tech volume. This 'black-box' is not open to the public, has no exterior, no facade. Just an ideal interior that produces the illusion of theater. In a conventionally conceived Proscenium stage the three areas – stage, rehearsal room and administration – use five parts of the volume at hand, so that just one part of the volume is available to the public. That means, that one can experience only a small part of a large building's interior.
During the first step of the design, we thought about a reversal of this relationship.
That is to say, the largest possible part of the house must be made open to the public.
We then thought about an 'opening-up' of the main and the rehearsal stages, which we would accomplish through multi-functionality (reconstruction possibilities, the capacity to renovate the rooms). We thought of a roof terrace with an open-air stage, we thought of restaurants in the lower level and on the roof, of a public Videoteque, and of bars in the foyers. The Ronacher is however not just a 'Theater Complex' but through the constant presence of television it becomes a giant culture export-media production machine.
Publicity is to see and be seen.

The exterior form of the building is the self-confident representation of all these possibilities.

Preservation of the City's Image, City Planning
Because its aspired function offers much to the culture and tourist trade of the city, the Ronacher should and can attain national and international significance in the next century.
Due to its location (the second closest theater to the historic city center), we value the possibility to experience the silhouette of the historic city from the public roof terrace more than the protrusion of the new Ronacher's silhouette in the opposite direction.
The roof constructions presently fall within the light clearance diagram of the Vienna Building Code (Class 5) without limiting the light conditions of the neighbouring buildings. They include the glazed offices for the theater direction and conference rooms and lounge in the administrative tract which has a view towards the Belvedere. In light of the significance, location and function, buildings's public, this simple transgression in terms of building mass would be able to be approved.

Historic Preservation
To protect the character of historic monuments, and in view of the city's function, the particular character of

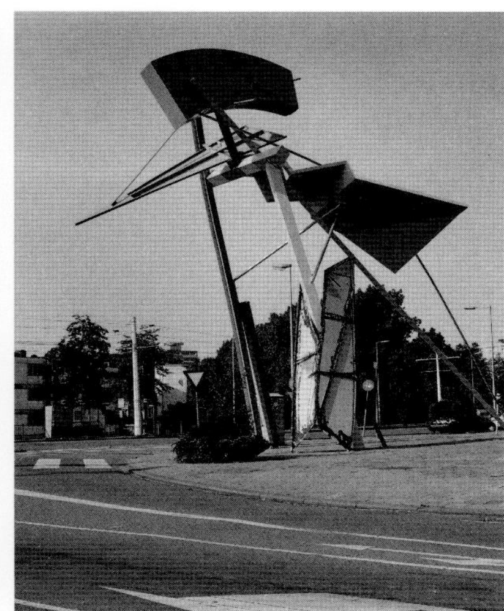

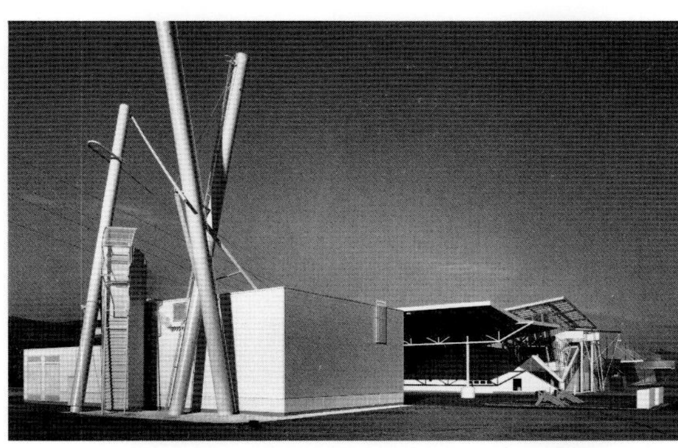

Funder-Werk 3,
Die tanzenden Kamine /
Funder Factory 3,
The Dancing Chimneys

Die langen gelben dünnen
Beine der Architektur /
The Long Thin Yellow Legs
of Architecture

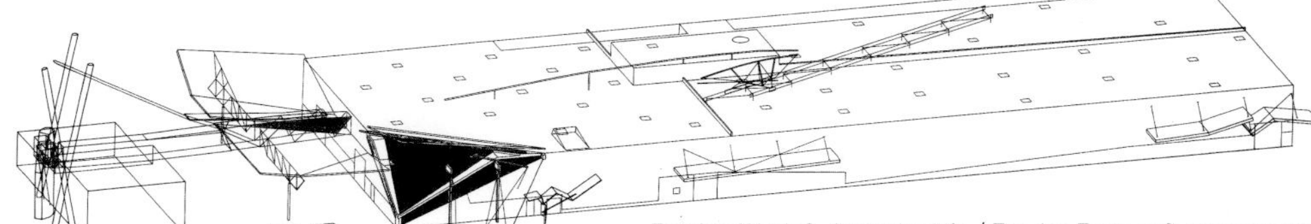

Funder-Werk 3, Axonometrie / Funder Factory 3, axonometry

important buildings should be recognizable, and hence, their style, form, and technological organization should not be modified.
Consequently, the concept for the exterior design consists of effective separation, opposition, and formal polarisation between the historic 'spectator' theater as well as its facade, and the necessary new construction of the back stage area's
As an historic monument, the old building, including its facade will remain in its entirety unchanged as much as possible.
The left tower of the middle 'risilits' in the Himmelpfortgasse, as well as the remaining corner towers will be transformed, so that the theater facades maintain their symmetry, 'independance', and additional density.
On the sidewalk level, the round corner tower will be returned to its original condition as an open porte cochère and made open to the public.

Die langen dünnen gelben Beine der Architektur
The Long Thin Yellow Legs of Architecture
1988
Rotterdam, Niederlande / Netherlands
Skulptur, realisiert / Sculpture, realized

Seite / Page 84

Funder-Werk 3
Funder Factory 3
1988/89
St. Veit/Glan, Österreich / Austria
realisiert / realized

Seite / Page 80

Das Konzept
Aufgabe war es, das von dem Produktionsablauf funktionell bestimmte Fabriksgebäude – das Funderwerk ist eine Papierbeschichtungsfabrik – in aussagekräftige Architektur zu verwandeln. Industriekultur kann nur dann entstehen, wenn es gelingt, die vorhandenen ökonomischen und funktionellen Sachzwänge in mehrdimensionale Gestaltung zu transformieren.
Das Entwurfskonzept basiert auf der Idee, ein Produktionsvolumen – die Produktionshalle – in plastisch gestaltete Elemente zu zerlegen.
Während des Entwerfens wurden die Energiezentrale mit ihren Kaminen, die Medienbrücke, das Flugdach, der Büro- und Labortrakt und die Eingänge zu differenzierten Architekturelementen, die miteinander verbunden dem Gesamtkomplex einen unverwechselbaren Kopf und Körper verleihen.
Die spielerische plastische Auslösung der Energiezentrale mit den „tanzenden Kaminen", die Medienbrücke als Verbindung von Energie und Produktion, die freie Gestaltung des Flugdaches als

Flügel, die gestalteten Vordächer der Eingänge und das gegen Süden in Glas aufgelöste Eck, des Labor – und Bürotrak-tes differenzieren die bewußte weiß und detaillos gehaltene Halle. Das als fünfte Fassade gestaltete Dach mit rotem Kamm – von der etwas höher gelegene Schnellstraße sichtbar – überhöht die Dynamik des Produktionsprozesses.
Um Unverwechselbarkeit und Identität zu schaffen wurden durch Verdrehung und Verkippung einzelner Architekturelemente tradierte Sehgewohnheiten in Frage gestellt.

Die Beschreibung
Im wesentlichen besteht das Bauwerk aus zwei Teilen: der Energiezentrale (14 x 31 m, 8 m hoch, 3 Kamine – 25 m) und der Produktionshalle (42 x 133 m, 10,5 m hoch, Lüftungszentrale am Dach 2,5 m hoch). Verbunden sind sie durch eine Medienbrücke (46 m lang, 2,5 m breit, im Schnitt 3 m hoch). An die Halle schließen drei kleine Vordächer und ein großes Flugdach (ca.650 m2). Der Energiezentrale sind eine Kaskade (13 m hoch) und drei Kamine (25 m hoch) zugeordnet.

Die Halle
ist in Stahl konstruiert. 20 Binder tragen das Flachdach, die Wände sind im Unterbereich aus vorgehängten Stahlbetonfertigteilen,

darüber in längsversetzten, bündigen Blechpaneelen errichtet. Die Belichtung erfolgt an der Nordlängsseite durch Sheds, an der Südseite durch vertikale Fensterbänder.
Die Kante Süd-Westfassade geht von diesem Prinzip ab und präsentiert sich als gekippte Ecke in Stahl und Glas, durchdrungen von Hallenbindern und einem Diagonalträger.

Die Energiezentrale
ist in Stahlbeton konstruiert und zeigt einen Wandaufbau wie die Halle. Drei räumlich schräge Kamine berühren die Energiezentrale über Abspannungen. Die Kaskade, als Objekt in Blech und Gitterrahmen steht frei.

Die Medienbrücke
ruht zu einem Drittel auf dem Dach der Energiezentrale und steigt als geteilte und geknickte Brückenkonstruktion auskragend zur Halle an. Die Brücke ist zur Hälfte mit den gleichen Blechpaneelen wie Halle und Energiezentrale, die Restflächen mit längs- oder querverlegten Acrylstegplatten verkleidet.
Die Medienbrücke durchschneidet das große gefaltete Flugdach, welches über einen nach außen versetzten Hallenbinder und lediglich 2 Stützen getragen wird. Formalen wie auch statischen Zusammenhalt

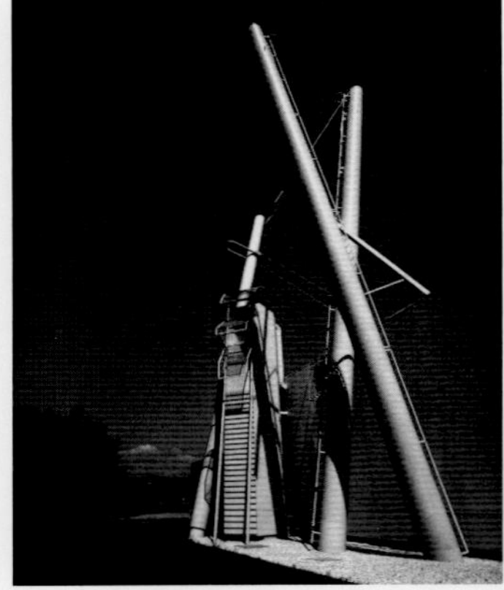
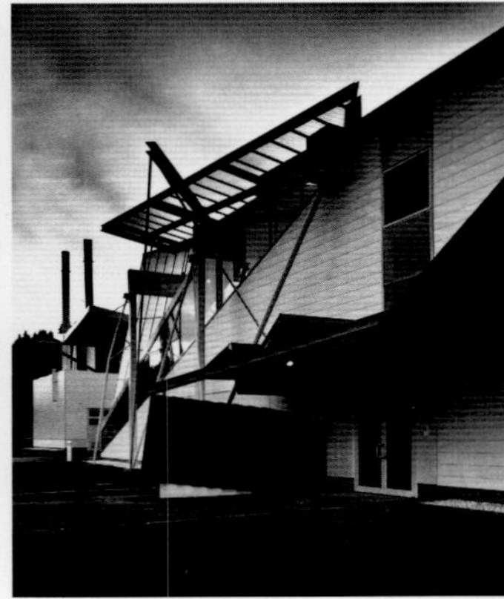

Funder-Werk 3 / Funder Factory 3

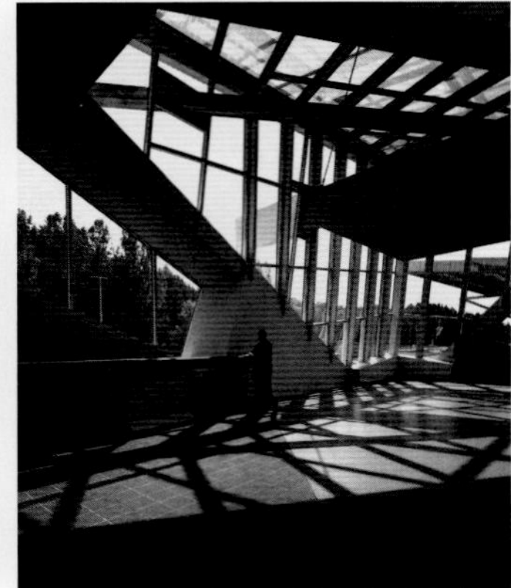

Funder-Werk 3, Lobby /
Funder Factory 3, Lobby

finden die Elemente Medienbrücke – Flugdach – Energiezentrale über zwei große Abspannungen um Kamin.

Landscaping
Formale, wie auch ökonomisch-ökologische Parameter bestimmen das Landscaping. Kostengünstig sollte nicht nur die Herstellung, sondern auch die Erhaltung und spätere Überbauungsmöglichkeit des Geländes sein. Daraus ergibt sich die Trennung in eine formal streng gestaltete, bewuchsarme Zone als Bauerwartungsland und eine durch Festlegung von Anfangsbedingungen später sich selbst überlassene Zone als Wachstumsland. Elemente beider Bereiche sind verschiedene Bodenarten in Bezug auf Material und Dichte, Hügeln, Gräben, Wachstumskerne aus vorhandenem Material, Schneisen, Sichtachsen, Pflanzengruppen.

● *Description*
The building basically consists of two parts: the energy central (14 x 31 m, 8 m high; 3 chimneys, each 25 m high) and the production hall (42 x 133 m; 10,5 m high) with a roof ventilation central (2,5 m high). They are connected by a media bridge (length: 46 m, width: 2,5 m, average height: 3 m). Three small canopies and a large flying roof (ca. 650 sqm) are attached to the hall. A cascade

(13 m high) and three chimneys (25 m high) relate to the energy central.

The hall
The hall is a steel construction. The flat roof is supported by 20 trusses; the skin consists of curtain-wall elements of pre-cast reinforced-concrete in the lower parts, topped by longitudinally staggered steel-sheet panels which are mounted edge-to-edge. Daylighting is effected through glazed sheds on the northern long side and vertical strip windows on the south side.
The salient corner between the south and west facades is a deviation from this principle, presenting itself as a tilted edge of steel and glass, cut through by trusses and a diagonal girder.

The energy central
The energy central is a reinforced-concrete construction with an envelope structure like the hall. Three slanted chimneys are connected with the energy central over bracing struts. The cascade, a grid-and-sheet object, is free-standing.

The media bridge
The media bridge rests, on one third of its length, on the energy central, cantilevering, as a split and bending construction, upward to the hall. Half of the bridge is clad with the same type of sheet panels as are the hall

and the energy central, the remaining surfaces are clad with acrylic web plates.
The media bridge cuts through the large and folding flying roof which is supported by a truss moved toward the edge of the roof and only two poles. Two large struts from one of the chimneys provide a formal and static bracket that links the three elements of media bridge, flying roof, and energy central.

The landscaping
The landscaping is determined by formal as well as by economic and ecological parameters. The goal was low-cost development and maintenance as well as a cost-efficient possibility of building on the premises in the future. This resulted in a division of the lot into a formally austere low-vegetation zone for further development and a free-growth zone with certain predefined start-up conditions. Formative elements of both zones are different types of soil as regards material and density, hills, ditches, growth cores from existing vegetation, clearings and lanes, line-of-sight axes, plant groupings.

Betrunkener Hirte
Drunken Shepherd
1988
Griechenland / Greece
Projekt / Project

Office Building
1989
Los Angeles, Kalifornien / California, USA
Projekt / Project

Das Projekt heißt eigentlich „Figur, auf einem I-Träger sitzend". Es handelt sich um eine Entwurfszeichnung zu einem Bürogebäude im Stadtzentrum von Los Angeles.

The actual title of this project is "Figure sitting on an I-beam". It is a preliminary sketch of an office building in downtown Los Angeles.

Penthouse
1989
Projekt / Project

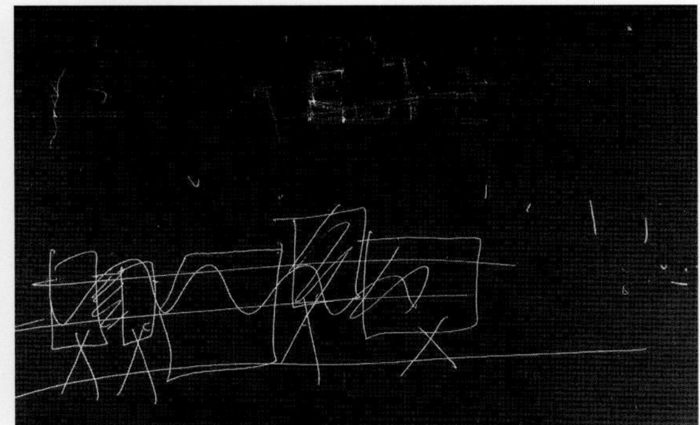

Forschungszentrum Seibersdorf, Zeichnung /
Seibersdorf Research Center, drawing 1990

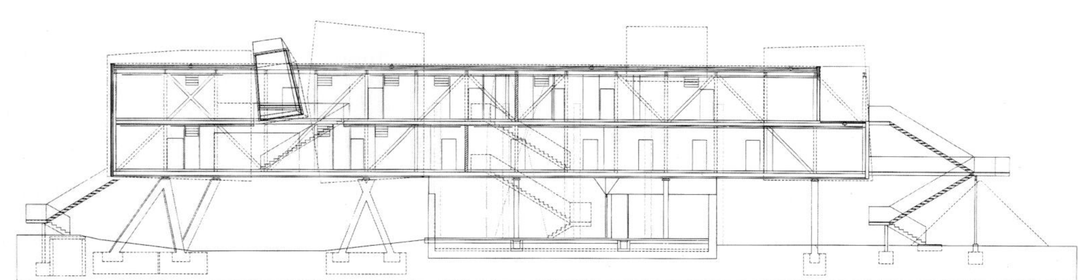

Forschungszentrum Seibersdorf, Schnitt / Seibersdorf Research Center, section

Forschungszentrum Seibersdorf
Seite / Page 72
Seibersdorf Research Center
1990
Seibersdorf, Österreich / Austria
realisiert / realized

Das Gebäude variiert die Themen Träger, Raum und Innenraum. Aufgabe war es, eine bestehende Halle auf dem Gelände des Forschungszentrums Seibersdorf in ein Bürogebäude um- und auszubauen. Das Gebäude wurde für eine Forschergruppe, aus unterschiedlichsten Fachrichtungen wie Systemanalyse, Mathematik und Umwelttechnik entworfen, die sowohl fachübergreifend als auch individuell in Gruppen arbeiten. Kern des Entwurfs war es nun einen diese Arbeitsweise widerspiegelnden Gebäudetypus zu entwickeln. Bei der Ausformung des Volumens wurde Lebendigkeit und Flexibilität, adäquat zum innovativen Forschergeist, in den Vordergrund gestellt. Die Gleichzeitigkeit der Systeme existiert nicht nur in der Arbeitsweise der Wissenschaftler, sondern auch in der Architektur. Verschiedenste Bauteile werden gemischt – nicht wild durcheinander, sondern wie wir es nennen – gleichzeitig. Es gibt gleichzeitig unterschiedliche Konstruktionssysteme, gleichzeitig und gleichwertig alt und neu. Das ist an den verschiedenen Stützen, Volumen und Häuten abzulesen.

Die Fassade ist aufgefächert. Es entstehen Übergangs- und Zwischenräume. Die Erweiterung des Raumes nach außen ist in diesem Fall nicht nur visuell, sondern kann vom Benutzer auch körperlich erfahren werden. Der Balkon wird zum Zwischenraum, der Ausblick betretbar. Die bestehende Halle wird durch einen zweigeschossigen Riegel erweitert. Wir haben uns entschieden, der Formensprache des Bestandes nicht zu folgen, sondern den bestehenden Raum quer zu durchdringen und die Straße zu überbauen. Dadurch entsteht eine Zäsur im Gebäude und gleichzeitig eine Torsituation. Durch die leichte Drehung des Riegels bei der Durchdringung bilden sich räumlich verzerrte Zwischenräume – die Erschließung des Bürotrakts. Im Erdgeschoß befindet sich ein großzügiger Vortragsraum. Mit Datenprojektor und Großleinwand ausgestattet dient er der Öffentlichkeitsarbeit des Zentrums. Er ist ähnlich den Büroräumen in den Geschoßen durch verschiebbare Holz- und Textilwände räumlich veränderbar. Der auf Stützen stehende zweigeschoßige Loftbaukörper des Bürobereichs ist je nach Wunsch der Benutzer als offene Struktur oder in Zellenbüros eingeteilt. Durch die Überlagerung beider Strukturen entsteht eine räumliche Organisation, die die Kommunikation zwischen den Gruppen fördern sollte.

Die vertikal statt horizontal ausgeführte Trennung der Brandabschnitte in den Geschoßen läßt in Verbindung mit den Fluchttreppen offene Architektur entstehen. Offen und transparent sind auch die Übergänge zu den Randzonen. Überbaute und vorgehängte Terrassen ermöglichen die Gleichzeitigkeit von Innen- und Außenraum. Die Konstruktion des Büroriegels ist ein zweigeschoßhohes Großfachwerk mit zwischengehängten Betondielendecken. Die Tragwerkskonstruktion steht auf Stahlbetonsäulen, die entsprechend ihrer statischen Funktion lotrecht und schräg entworfen wurden. Die raumbildende Hülle des Riegel ist schalenartig von einer Innenschale über die Wärme- und Schallschutzschale bis zur Außenhaut in Trapezblech in Lagen aufgebaut. Verzinkte Gitterrostelemente sind zum Teil beweglich. Sie umfangen mit Distanz den Baukörper als innen- und außenraumwirksame Haut. Je nach Größe und Stellung der Lamellen dienen sie entweder als Schatten- oder als Lichtspender.

The building can be seen as a variation on the themes of "beam", "space", and "interior". The commission was to remodel and add to an existing warehouse located on the grounds of the Research Centre Seiberdorf, in order to transform that warehouse into an office building. The office was to be designed for a research group comprised of various disciplines: sytems analysts, mathematicians, and environmental engineers. A building type was needed to reflect their style of working, where the specialists would be working together in the large group or more independently in subgroups, depending on the task at hand. Innovation is an important part of the group's working method. To encourage the flow of creative energy, emphasis was placed on shaping a dynamic volume. Simultaneity of systems not only in the working method, but also in the architecture. Highly differentiated parts of the building are mixed together not haphazardly, but as mentioned, simultaneously (= parts were mixed together at the same time). Different construction systems – old and new – exist at the same time and on the same level. Readable on the various columns, volumes and skins. The facade is laid out spatially. Transitional and interstitial spaces come into being. Here the expansion of space towards the exterior is not only seen but experienced. The room between becomes the balcony, the view becomes habitable. The warehouse addition takes on the form of a two-story beam. It was decided not to follow the direction of the existing building, but instead to

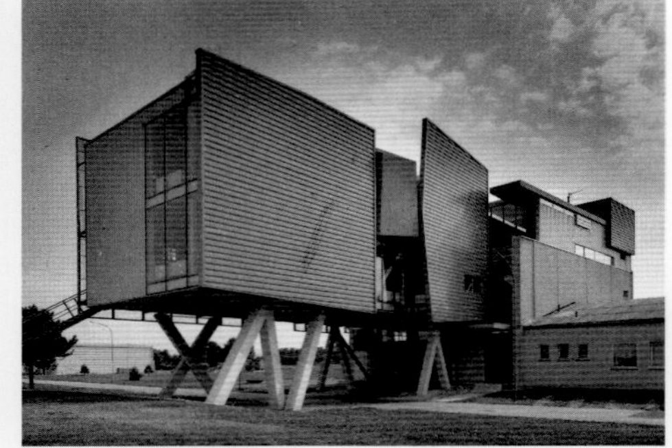

Forschungszentrum Seibersdorf /
Seibersdorf Research Center

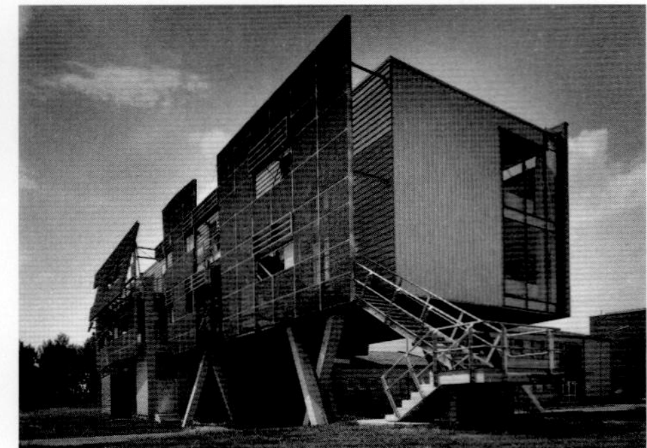

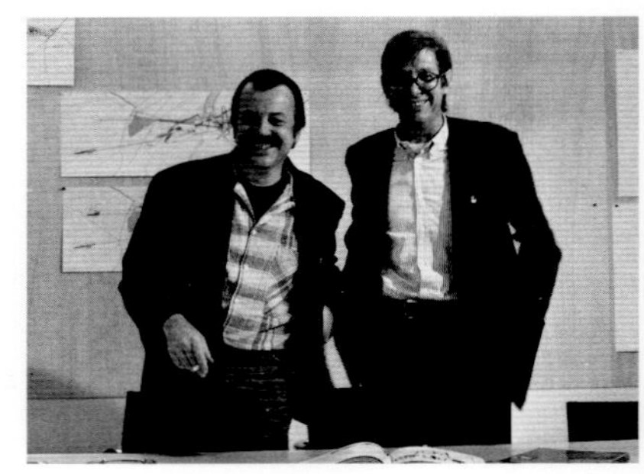

penetrate through the existing space and build over the street. In this way, a fissure within the building is created and, at the same time, a gateway. By slightly turning the beam at the penetration area, spatially distorted interstitial spaces come into being: the access to the office tract.

On the ground floor there is a spacious auditorium equipped with a projector and large viewing screen, it is used for public relations purposes by the Center. With movable wood and textile walls it is spatially changeable, just like the office spaces in the floors above.

Standing on columns, the two-story office area loft building can be transformed into an open structure or into individual office units according to the user´s needs. By overlapping both structures, a spatial organization comes into being that fosters communication between groups. The vertical, as opposed to horizontal, seperation of fire-rated assemblies on the office floors allows for open architecture in conjunction with the fire escape. The transitions to the marginal areas are also open and transparent. Hung or built-over terraces facilitate the simultaneity of interior and exterior space.

The construction in the office beam is a two-story high truss with concrete slab floors hung between them. The bearing structure rests on reinforced concrete columns. The columns have been designed as either plumb or slanted, depending on their structural function.

The shell of the beam which actually creates space is built up in layers, from an inner shell, through thermal insulation and sound insulating shells, to the outer skin covered in metal decking. Elements of zinc coated metal grille are partially moveable. Offset from the facade, they stretch around the building as the skin, effecting interior and exterior space. Depending on the size and position of the louvers, they serve as either sources of shade or of light.

Mariahilfer Platz
1990

Seite / Page 70

Wien, Österreich / Vienna, Austria
Projekt / Project

Konzept

Gestaltung des gesamten Mariahilfer Platzes mit fixer Vorinstallation für Marktbetrieb und Veranstaltungen

Nutzung

Geschäfte auf zwei Ebenen, Restaurant, Bar im Turm.

Der Entwurf

Der vorliegende Entwurf behandelt die tageszeitbedingten Erscheinungsformen des Stadtraumes. Turm und Riegel, die beiden raumbildenden Elemente, reagieren auf ihr Umfeld über Indifferenzfassaden und Lichtsysteme. Der städtische Übergangsbereich des Mariahilfer Platzes zur Mariahilfer Strasse wird durch die Ausformulierung dieser beiden Elemente zum Grenzbereich.

Der liegenden und der stehende Turm

Der Turm steht als markantes Zeichen am Beginn der Mariahilfer Strasse und dient als reiner Informationsträger, erweitert durch ein Restaurant am Kopfende.

Tagsüber transparent, reagiert er nachts auf Veränderungen im Stadtraum durch seine wechselnd helle Erscheinungsform.

Der ‚horizontale' Turm scheint zu schweben und übernimmt die raumbildende Funktion. Er trennt den Platz von der Straße und betont das Spannungsfeld der aufeinander treffenden verschiedenen Stadtstrukturen. Durch die geplanten Geschäfte erfährt der halböffentliche Raum eine Erweiterung.

Die Platzgestaltung

Die Verteilung des Lichts am Boden und entlang der Fassaden wird mit Hilfe von Bewegungsdetektoren gesteuert. Die Bewegungen der Passanten werden erfaßt und in programmierte Lichtreflexe übersetzt, so dass Bewegungsabläufe der Stadt interaktiv in das Stadtbild eingreifen.

Concept

Reconfiguration of the entire Mariahilfer Platz with permanent facilities for street markets and events.

Use

Shops on two floors, restaurant, bar in the tower.

Design

The proposed design responds to changes in the ambiance of the urban space depending on time of day. As space-forming elements, the tower and the horizontal block interact with their surroundings through neutral facades and lighting systems. The formative effect of these two elements makes the urban transition from Mariahilfer Platz to Mariahilfer Straße a boundary zone.

The lying and the standing tower Positioned as a landmark at the beginning of the inner Mariahilfer Straße, the tower serves as an information carrier with a restaurant on top. Transparent in the daytime, it responds to changes in the urban space with different degrees of luminosity in the nighttime. The "lying tower" appears to be suspended in the air and takes on space-forming function, dividing the square from the street and accentuating the tension between different urban structures bordering on one another here. The projected shops expand the semi-public space.

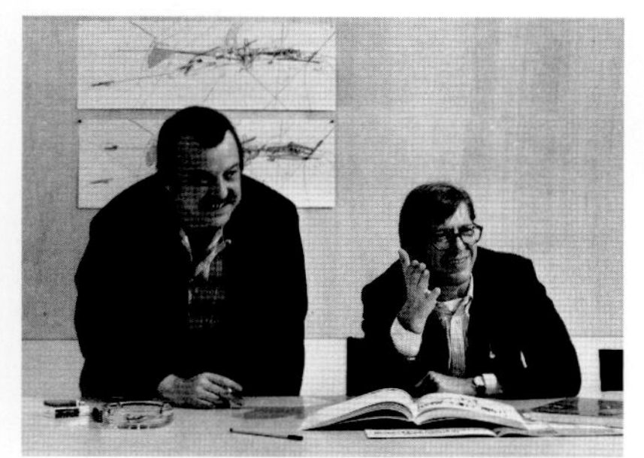
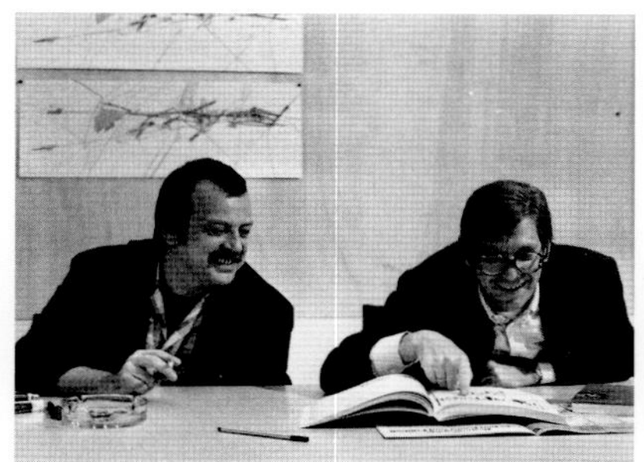
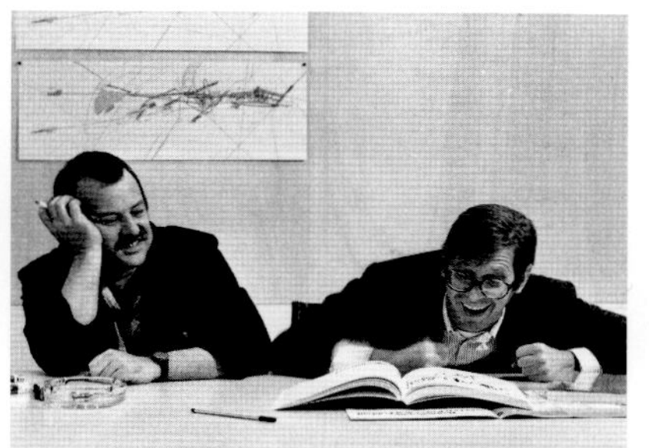
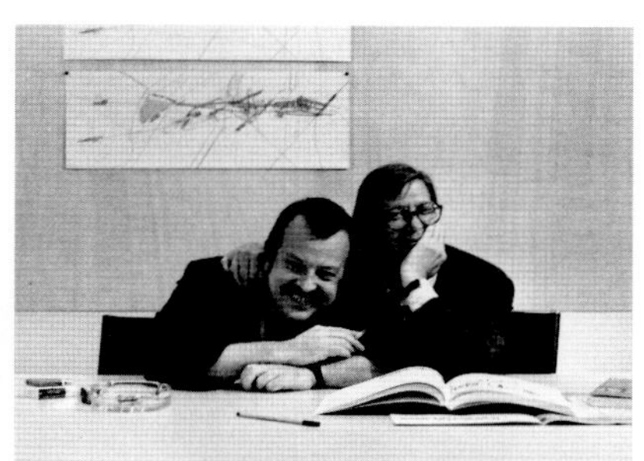

Helmut Swiczinsky und / and Wolf D. Prix

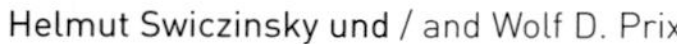

Square design
The distribution of light on the ground and the facades is controlled by motion detectors. The movements of passers-by are registered and translated into programmed light reflexes so that urban motion patterns come to interact with the local cityscape.

Tischlerei Vorlaufer Seite / Page 69
Vorlaufer Furniture Factory
1990
Amstetten, Österreich / Austria
Projekt / Project

Haus Putzhammer Seite / Page 68
Putzhammer House
1990
Österreich / Austria
Projekt / Project

Gewaltsam bohrt sich der Kubus schräg in die Seite des horizontalen Riegels und bricht sein Dach auf wie Eisschollen. Aufgespießt und in ihrer Verkippung betont, von dem X aus I-Träger und Fahrstuhlschacht, werden die beiden Boxen von einer horizontalen Platte durchstoßen und weiter aufgeschnitten. Eine Kollision in der Luft, schwebend im Eindruck ihres momentanen Gleichgewichts. Riegel und Platte, die beiden Hauptwohnbereiche sind die zwei Arme der auch den Grundriß organisierenden X-Form. Dieses Motiv spielte in

der österreichischen Architektur schon einmal eine Rolle, bei einigen Entwürfen Johann Bernhard Fischer von Erlachs, für sogenannte Garten-„Lusthäuser", maisons de plaisance, Architektur um ihrer selbst willen, später in England mit anderen Absichten als „follies" bekannt geworden. In diesem Haus entsteht in der Verdichtung des X in Grund- und Aufriß ein dynamisches Zentrum, das durch Rampen Geschoße miteinander verbindet und weit in die Landschaft ausgreift. Ohne ihn zu besetzen, bieten die Terrassen und Außenaufgänge eine Vielzahl von Erlebnismöglichkeiten des Ortes und der baulichen Struktur selbst. Die aufgebrochenen Dächer und Wände verbinden als geformte Spuren der Entstehungsgeschichte nicht nur die Bauteile sinnfällig miteinander, sondern in Überraschenden Belichtungen und Ausblicken auch Innen- und Außenraum.
Und das bewegliche Dach des Studios im Obergeschoß verändert noch einmal aktiv alle diese Zusammenhänge, ist zugleich nützlich und metaphorisch.

Violently, at a slanted angle, the cube hits the side of the horizontal block, breaking up the roof like ice floes. Impaled and accentuated in their tilted position by an X created by an I-girder and the elevator well, the two boxes are cut through, and cut more open, by a horizontal plate.

A collision in the air, suspended in an impression of momentary balance. The block and the plate, the two main living areas, are the two wings of the X-shape which also defines the ground plan of the building. This motif once played a role in Austrian architecture already, in some of Johann Bernhard Fischer von Erlach's designs for so-called pleasure garden houses, maisons de plaisance, architecture for the sake of itself, buildings which later, though incorporating a different intent, became known as "follies" in England.
The intersection of the X-shapes that inform the ground plan and the front elevation provides a dynamic center which connects floor levels over ramps and reaches out into the surrounding landscape. Without blocking up the ground, terraces and external stairs afford different aspects to experience the site and the building itself. As shaped vestiges of the building's construction history, the broken walls and roofs provide a logical link not only between individual construction elements but also between interior and exterior space through unexpected lightfalls and perspectives.
And the movable roof on the upper-floor studio again modulates these constructional relationships, being a useful element and, at the same time, a metaphor.

Zentrum Europaplatz Seite / Page 66
1990/91
St. Pölten, Österreich / Austria
Wettbewerb / Competition

Monofunktionale Strukturen entsprechen nicht mehr der Architektur und dem Städtebau des 21. Jahrhunderts. Städtebau der Zukunft wird die Komplexität unseres geistigen und materiellen Lebens wie ein Spiegel wiedergeben. Nicht nur die Medien, sondern auch die Architektur repräsentiert somit die Zukunft unserer städtischen Kultur. Eine Stadt ist für uns nur dann eine Stadt, wenn sie Vielfalt und Spannung spüren lässt.
Das Zentrum Europaplatz am westlichen Rand der Altstadt von St. Pölten bildet in Struktur und Form das ideale Gegengewicht zum geplanten Regierungsviertel. Beide als Schwerpunkt gedacht werden sich im gegenseitigen Spannungsfeld zu Kristallisationspunkten formen, die Entwicklungen auslösen werden.

Monofunctional structures do not correspond to the architecture and the urban development of the 21st century. Future urban development will mirror the complexity of people's intellectual and material lives. This is why not only the media represent the urban culture of tomorrow, but architecture does too. For us, a city must convey diversity and tension.

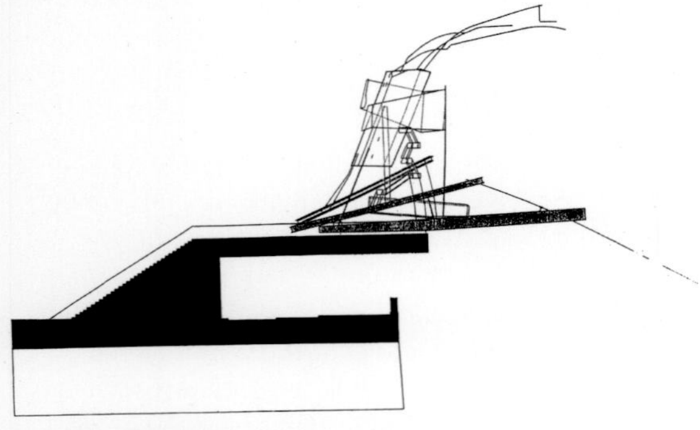

Penthouse auf MAK-Terrasse /
Penthouse on MAK Terrace

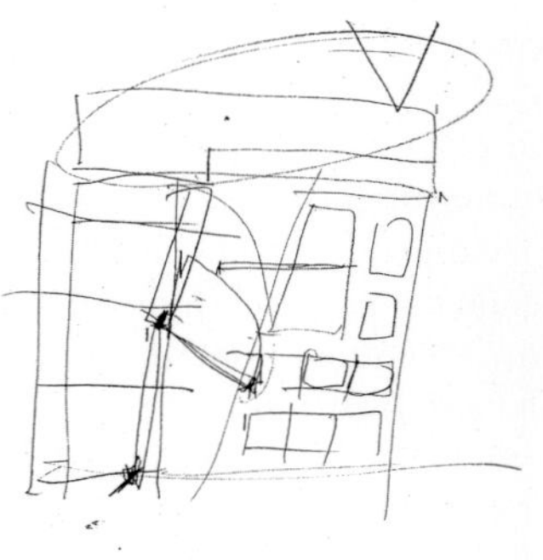

Wohnhaus Tautenhayngasse, Zeichnung /
Apartment Building Tautenhayngasse, drawing 1993

The Europaplatz center situated on the western edge of the old part of St. Pölten might act as an ideal counterbalance vis-à-vis the new government sector. Both areas, as centers of gravity, would turn into fields of crystallization triggering different developments.

Guggenheim-Museum Bilbao
1991   Seite / Page 64
Bilbao, Spanien / Spain
Geladener Wettbewerb / Invited competition

Eingeladener Wettbewerb für das neue Guggenheim Museum in Bilbao zusammen mit Arata Isozaki (Japan), Frank Gehry (USA) und COOP HIMMELB(L)AU (Europa).

Invitation-only architecture competition for the new Guggenheim Museum in Bilbao involving firms Arata Isozaki (Japan), Frank O. Gehry (USA) and COOP HIMMELB(L)AU (Europe)

Penthouse auf MAK-Terrasse
Penthouse on MAK Terrace
1991   Seite / Page 62
Wien, Österreich / Vienna, Austria

Wohnhaus Tautenhayngasse
Apartment Building Tautenhayngasse
1992–2002   Seite / Page 58
Wien, Österreich / Vienna, Austria
realisiert / realized

Lage
Mitten im dichtverbauten Gründerzeit-Baugebiet des 15. Bezirkes (zwischen Schmelz und Hütteldorferstraße) mit gemischter Nutzung, guter Einbindung in öffentlichen Verkehr (U3) und Nahversorgung (Meiselmarkt) und ruhiger Lage.

Energie-Konzept
Durch den südseitig weitgehend geschlossenen und nordseitig über die hochisolierte Glas-Fassade großzügig belichteten Baukörper werden Wärmeverluste im Winter und die Aufheizung im Sommer wesentlich reduziert.
Das Gesamtobjekt wird mit Fernwärme versorgt. Die Wohnungen werden mittels Fußbodenheizung, die öffentlichen Bereiche mittels Radiatoren beheizt. Darüber hinaus wird sowohl bei der Heizungsanlage als auch die

für die Wasserversorgung erforderliche Energie durch eine außenliegende Wärmepumpe minimiert.
Die Raumtemperatur der Schlafräume wird in den Sommermonaten mittels Deckekühlung abgesenkt. Der Energiebedarf dafür wird mittels einer Fotovoltaikanlage, die frei sichtbar oberhalb der Dachaufbauten situiert ist, abgedeckt. Überzählige Strommengen werden in das städtische Stromnetz rückeingespeist.

Besonderheiten
– Die hofseitige Südfassade ist mit einem geringem Fensteranteil weitgehend geschlossen, um das Problem der sommerlichen Überhitzung zu minimieren.
– Die straßenseitige Nordfassade ist großzügig verglast. Den Wohnräumen sind vollverglaste Wintergärten vorgelagert.
– Das Objekt ist als „Niedrigenergie-Haus" bauphysikalisch konzipiert. Der Energieaufwand je Wohneinheit beträgt 34 KW/Jahr. Die Kühlung aller Wohneinheiten erfordert 10 KW/Jahr.
– Als „autoloses Haus" befindet sich im Erdgeschoss ein Fahrrad-Garagenraum. Eventuell doch erforderliche PKW-Abstellplätze (max. 23 Stück) werden auf einer Fremdliegenschaft sichergestellt.
– Die Gestaltung des Stiegenhau-

ses und dessen Farbgebung ermöglichen und unterstützen die vom Bauherrn angestrebte vermehrte hausinterne Kommunikation der Bewohnerinnen und Bewohner untereinander.
– Dazu dient auch der hauseigene Gemeinschaftsraum im Erdgeschoss, der auch als Kinderspielraum genutzt werden kann.

Location
In the midst of a high-density building zone developed in the 19th-century Period of Promoterism in Vienna's 15th district (between the park "Auf der Schmelz" and Hütteldorferstraße), a mixed-use neighborhood, good public transportation connection (subway line U3), nearby shopping facilities (Meiselmarkt), quiet surroundings.

Energy concept
The layout of the building, which is largely closed on the south side and generously lit through a high-insulation glass facade on the north side, significantly reduces heat losses in winter and heating-up in summer. The entire object is supplied with district heating. Apartments have floor heating, the public spaces are heated by radiators. In addition, an external heat pump helps to minimize the energy required for the heating and warm water supply systems.
During the summer months, the

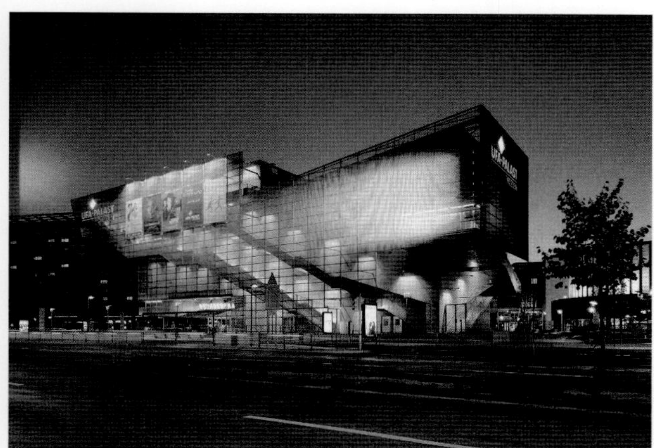

UFA-Kinopalast, St. Petersburger Straße /
UFA Cinema Center, St. Petersburger Straße

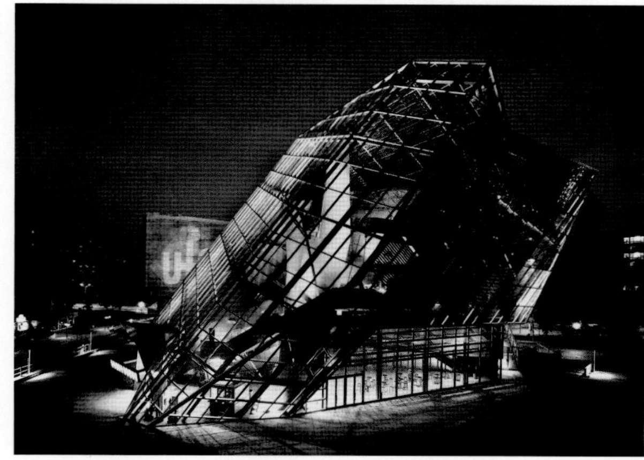

UFA-Kinopalast, „Kristall" bei Nacht / UFA Cinema Center, "Crystal" by night

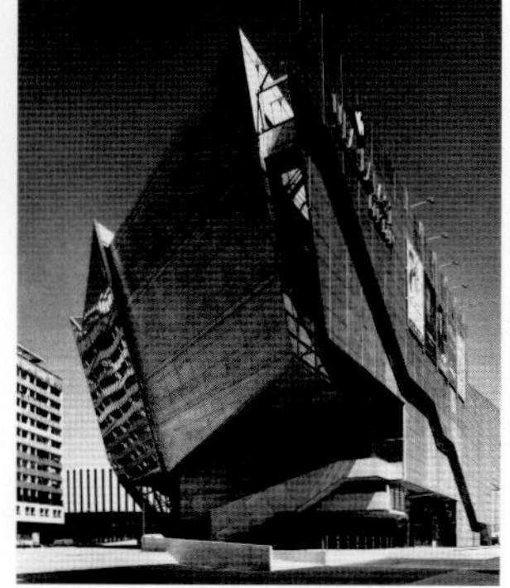

UFA-Kinopalast, Südseite /
UFA Cinema Center, south side

room temperature in sleeping rooms is reduced by a ceiling cooling system. The energy required for this is produced by a photovoltaic system with solar panels mounted visibly above the roof superstructures. Surplus electricity thus generated is fed back into the municipal system.

Special features
- The courtyard-facing south front is a largely closed facade with a small percentage of window surface to minimize the problem of over-heating in summer.
- The north facade to the street is generously glazed. Living rooms have fully glazed loggias (winter gardens) in front.
- In terms of construction physics, the object was designed as a "low-energy house." The energy requirement per unit is 34 kW/year. The cooling of all apartment units requires 10 kW/year.
- As a "carless" house, the building has a bicycle garage on ground-floor level. Car parking, if necessary (for 23 cars maximum), is available on a third-party property nearby.
- The constructional and color design of the halls and stairwell are supposed to encourage and facilitate increased communication among residents, as was intended by the building owner.
- A community room on ground floor level, which can also be used as a playroom for children, serves the same purpose.

UFA-Kinopalast
UFA Cinema Center
1993–98
Dresden, Deutschland / Germany
Geladener Wettbewerb, 1. Preis, realisiert / Invited competition, 1st prize, realized

Seite / Page 56

Das städtebauliche Konzept
Das städtebauliche Konzept des UFA Kinozentrums ist Teil der Auseinandersetzung mit dem öffentlichen Raum, der jetzt in europäischen Städten verloren zu gehen droht. Ursache dafür ist die finanzielle Situation der Städte, die die Kommunen dazu zwingt, den öffentlichen Raum an Developer abzugeben, die mit neuen monofunktionalen Gebäuden den größten ökonomischen Gewinn aus Grund und Boden zu schlagen versuchen. Wenn es gelingt, die Monofunktionalität dieser Strukturen aufzulösen und urbane Funktionen hinzuzufügen, kann in der Stadt neue Urbanität entstehen; diese ist aber nicht nur durch Raumabfolgen, sondern auch durch Medienereignisse bestimmt. Der Entwurf des UFA Kinozentrums resultiert aus den städtebaulichen Überlegungen, die anläßlich des Wettbewerbes Pragerstraße/Pragerplatz konzipiert wurden. Die Pragerstraße wurde als dynamische Raumsequenz, in der sich Öffentlichkeit und Privatheit wiederspiegeln, definiert; ihre räumliche Ausbildung ist nicht mehr die Achse, sondern die Diagonale. Durch unterschiedliche Platzgrößen und -formen wurde ein vielfältiges räumliches Erlebnis geschaffen. Plätze, Passagen und öffentliche Innenräume verleihen dem neuen Zentrum Dresdens urbane Dichte und damit Qualität.
Die Schnittpunkte der neuen urbanen Aktivitäten sind als öffentliche Räume definiert. Das UFA Kinozentrum liegt an einer solchen Schnittstelle und wird neben dem St. Petersburger Platz und den Entwicklungen östlich der St. Petersburger Straße einen neuen Schwerpunkt im Osten der Pragerstraße bilden. Durch seine Lage ist es als städtebauliche Querverbindung zwischen Pragerplatz und St. Petersburger Straße prädestiniert.
Aus diesen stadträumlichen Überlegungen ergibt sich, daß der neue Kinokomplex nicht als monofunktionales Gebäude gedacht werden soll, sondern als urbaner öffentlicher Raum.

Das architektonische Konzept
Den Entwurf bestimmen zwei komplex miteinander verbundene Einheiten: Der eigentliche Kinobereich (der Kinoblock) mit acht Kinos und 2600 Sitzplätzen und das transparente Foyer (der Kristall), das als öffentlicher Stadtplatz ausgebildet ist. Eines der Kinos ist multifunktional zu nützen und kann zu einem Theater umfunktioniert werden, das von der Stadt bespielt wird.

Der Kinoblock
Der Kinoblock definiert als starke, klar ablesbare Form den neuen Stadtraum. Das neue Lichtspieltheater ist nicht mehr nur Illusions- und Emotionsmaschine, sondern urbaner Treffpunkt.
Der Block öffnet sich zur Straße und wird für den Fußgängerverkehr zwischen Pragerstraße und St. Petersburger Straße durchlässig; er wird durch die Erschließungssysteme der Kinos und durch ein Foyer, das durch eine weite Öffnung Ausblick auf die St. Petersburger Straße ermöglicht, differenziert.

Der Kristall
Das kristallförmige Foyer ist nicht mehr nur Eingangbereich zu den Kinos, sondern gleichzeitig städtisches Forum.
Das bestimmende Element des Entwurfs – der Ausdruck von Lebendigkeit – wird durch das Erschließungssystem unterstrichen. Die Zugänge zu den acht Kinos erfolgen über sichtbare freigeführte Treppen, Rampen und Podeste, die den Zuschauerstrom

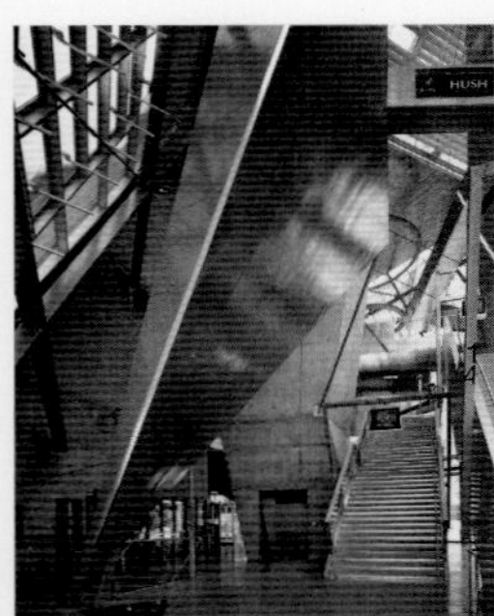

UFA-Kinopalast, „Kristall",
Raumsegel / UFA Cinema
Center, "Crystal," spatial
screen

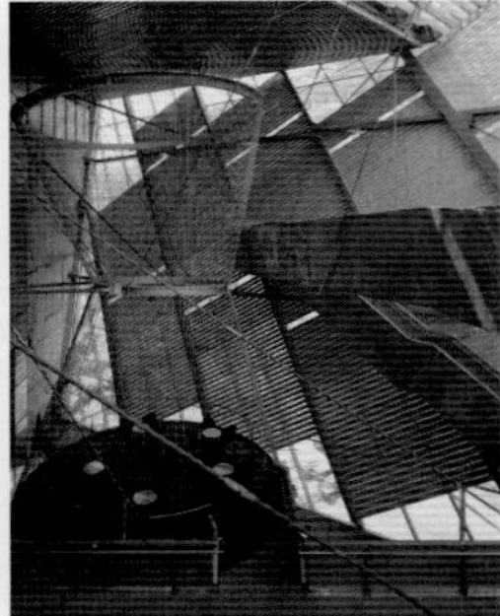

UFA-Kinopalast, „Kristall",
Skybar / UFA Cinema Center,
"Crystal," skybar

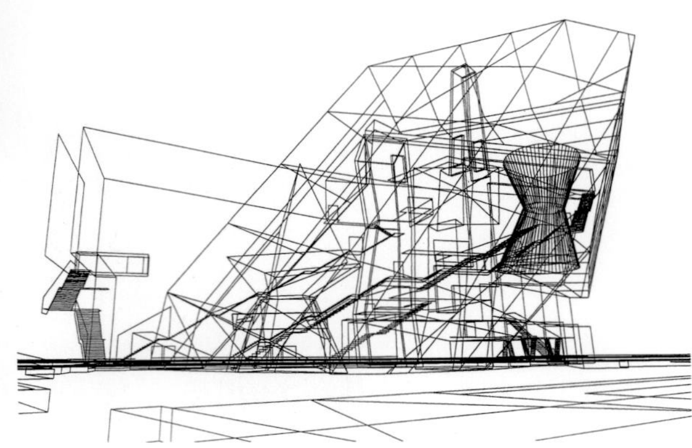

UFA-Kinopalast, Perspektive / UFA Cinema Center, perspective

von außen ablesbar machen. Die emotionelle Besitzergreifung des Raumes entspricht somit auch räumlich Emotionen, die durch Filme entstehen.

Die Skybar, der „schwebende" Doppelkegel innerhalb des Foyers ist wesentlicher Bestandteil des Innenlebens des Kristalls. Er ist begehbar und bietet Platz für öffentliche Funktionen (Café, Bar).

Ein Medienkonzept des Entwurfes ist das Sichtbarmachen des Inhaltes, das einerseits durch die ablesbare Lebendigkeit der Architektur gegeben ist, auf der anderen Seite werden Projektionen im Foyer, die als Trailer für laufende Filme dienen, den Inhalt des Gebäudes nach außen transportieren. Das mediale Ereignis wird – von innen nach außen projiziert – an der Schaffung des Stadtraumes mitwirken.

The Urban Design Concept
The urban design concept of the UFA Cinema Center confronts the issue of public space, which is currently endangered in European cities. This situation is caused by the financial insolvency of city governments, which forces the sale of public space to developers, who then propose monofunctional build-ings in order to maximize capital return.

By disintegrating the monofunctionality of these structures and adding urban functions to them, a new urbanity can arise in the city. This character of this urbanity would not only be determined by functional differentiation and the creation of new spatial sequences thereby, but also by the injection of media events. The project for the UFA Cinema Center is a result of the urban design concept developed for the planning competition Pragerstraße Nord. Pragerstraße was defined as a dynamic spatial sequence, defined by tangents and diagonals rather than by axis.

The interweaving of public squares, public interiors, and passageways was proposed as a way of energizing and densifying the new center of Dresden.

The junctures between these urban vectors are defined as public spaces. The UFA Cinema Center is located at one of these junctures; it is formulated as the urban connection between Pragerplatz and St. Petersburger Straße. Thereby The Cinema itself is thereby transformed into a public space.

The Architectural Design Concept
The design is characterized by two intricately interconnected building units: The Cinema Block, with eight cinemas and seating for 2600, and the Crystal, a glass shell which serves simultaneously as foyer and public square.

The Cinema Block
The Cinema Block opens up towards the street and is permeable for pedestrian traffic between Pragerstraße and St. Petersburger Straße. It is differentiated by the circulation system of the cinemas and by views through to St. Petersburger Straße.

The Crystal
The Crystal is no longer merely a functional entry hall to the cinemas, but an urban passageway.

The bridges, ramps and stairs to the cinemas are themselves urban expressions. They allow views of the movement of people on a multitude of levels, unfolding the urban space into three dimensions. The lively quality of this space can be described in relation to the dynamic structure of film.

The Skybar, the "floating" double-cone inside the foyer, is accessible and will host different functions (café, bar etc.).

In this way, the content of the building becomes visible to the city as much as the city is visible from the building. It is an inside-out building which sustains a dialogue with the city. The media event - projected from the interior towards the exterior – assists in the creation of urban space.

Wohnbebauung Seite / Page 52
Gasometer B
Apartment Building
Gasometer B
1995–2001
Wien, Österreich / Vienna, Austria
realisiert / realized

Die vier historischen Gasometer beherbergten ursprünglich Tanks zur Wiener Gasversorgung. Nach der Stillegung dieses Teiles des Gaswerks wurden die funktionellen Einbauten der Tanks demontiert und lediglich die gemauerten Hüllen blieben erhalten. Durch ihre spezifische Lage im Stadtbereich und ihre außergewöhnliche Raumausprägung wurden die Gasometer zu einem Anziehungspunkt verschiedener Aktivitäten in der Stadt.

In der Entwicklungsmöglichkeit der Wiener Stadtstruktur entsteht im Gebiet um die Gasometer jetzt durch verschiedene verkehrsstrukturelle Maßnahmen, wie die Verlängerung der U3 und der Neubau der Nord-Ost-Tangente, ein neues Potential. Neben COOP HIMMELB(l)AU erarbeiteten drei weitere Architektenteams individuelle Planungen für die Entwicklung neuer Wohnformen in den Gasometern, zusätzlich macht eine alle Gasometer verbindende Entertainment- und Shopping-Mall das Ensemble zu einem neuen Stadtteilzentrum.

Das Konzept von COOP HIMMEL-

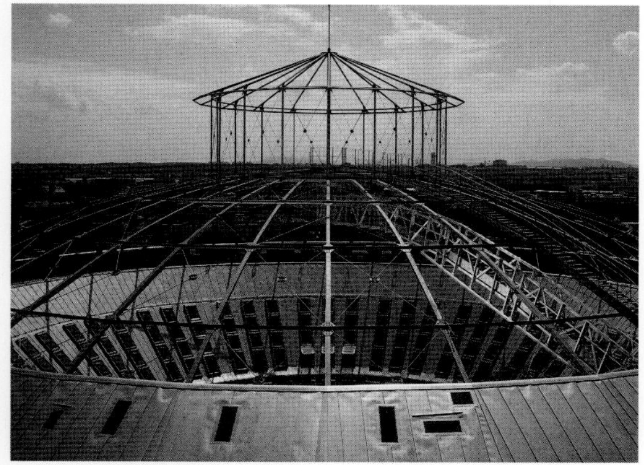

Wohnbebauung Gasometer B, Dach / *Apartment Building Gasometer B, roof*

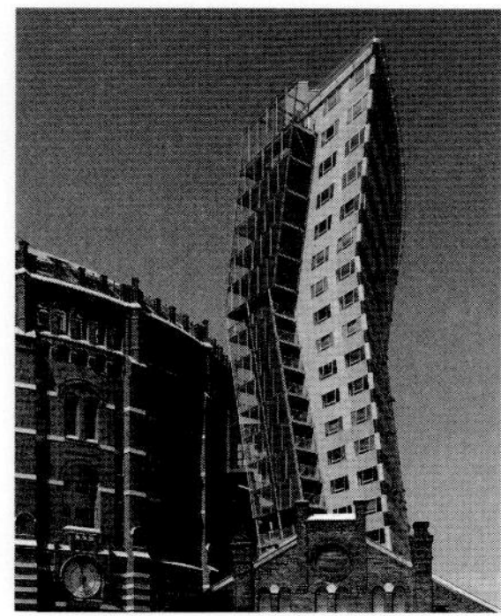

Wohnbebauung Gasometer B, Das Schild / *Apartment Building Gasometer B, The Shield*

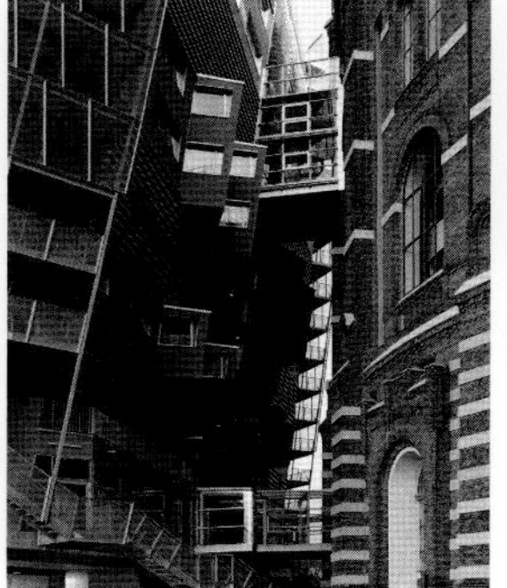

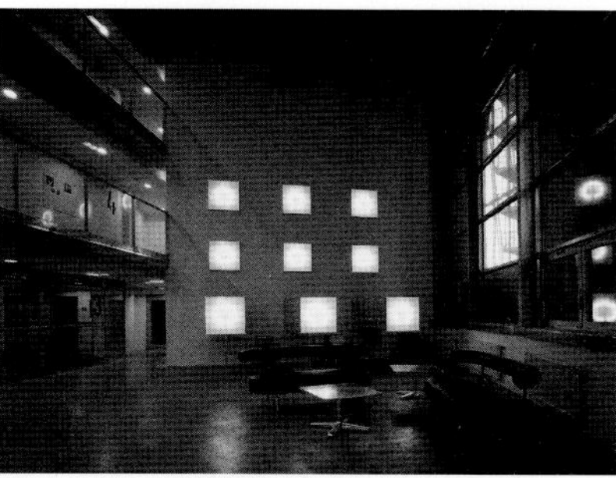

Wohnbebauung Gasometer B, Lobby des Studentenwohnheims / *Apartment Building Gasometer B, student residence lobby*

Wohnbebauung Gasometer B, Verbindung Schild-Gasometer / *Apartment Building Gasometer B, connection between Shield and gasometer*

B(_)AU für den Gasometer B fügt dem Bestand drei neue Volumina hinzu: den Zylinder im Inneren, das Schild als markanten, außen sichtbaren Zubau und die multifunktionale Veranstaltungshalle, die sich im Sockelbereich des Gasometers befindet.

Zylinder und Schild beinhalten Wohnungen und Büros, die im Zylinder im Inneren über den konischen Innenhof bzw. von außen durch die historische Gasometerwand belichtet werden; im Schild erfolgt die Belichtung über eine großzügige, nach Norden orientierte Glasfassade mit Loggien. Die insgesamt 360 Wohnungen bieten differenzierte Wohnformen, die von 3 Zimmer Maisonette- und Loft-Wohnungen bis zu Kleinappartements und Studentenwohnungen reichen. Durch die Mischung von Büros und Wohnungen entstehen neue Formen der Kombination von Wohnen und Arbeiten.

Der Gasometer wird – für alle BewohnerInnen- und BesucherInnengruppen getrennt – entweder von außen über die Guglgasse erschlossen oder hat einen direkten Zugang von der U-Bahn über die verbindende Shopping-Mall. Im Gesamtprojekt verbindet die Mall alle Gasometer im 1. Obergeschoß niveaugleich untereinander, im Inneren des Gasometer B bildet sie einen räumlichen und funktionalen Puffer zwischen Veran-

staltungshalle darunter und Wohnungen sowie Büros darüber und intensiviert so die interne Kommunikation. Die „Skylobby" im 6. Obergeschoß bildet eine zusätzliche Zäsur im Bereich der Wohnungen und schafft eine Kommunikationsebene für die BewohnerInnen. Diese Gemeinschaftsflächen werden als „interne Freiflächen" zur Verfügung gestellt.

Das Foyer der Veranstaltungshalle ist über die „Night-Mall" des Gasometer A ebenfalls mit der U-Bahn verbunden oder ist über einen Eingang von der Guglgasse direkt erreichbar. Die "Night-Mall" dient neben der Anbindung an die U-Bahn der Unterbringung von Lokalen und wird dadurch zum Auffangbereich für ankommende und abgehende VeranstaltungsbesucherInnen. Die Veranstaltungshalle ist als stützenfreier, selbsttragender Schalenbau frei in den Gasometer gestellt und konstruktiv nicht mit dem darüberliegenden Wohnbau verbunden. Somit ist der Betrieb der Halle nicht nur funktional, sondern auch bautechnisch von der Funktion des Wohnens entkoppelt. Eine reibungslose Co-Existenz von Wohnen und Arbeiten, kultureller und kommerzieller Nutzung ist so möglich.

The four historical Gasometers originally housed the tanks for the gas supply of Vienna. After the closure of

these Gasometers the interior elements were dismantled, leaving the classical facades. The specific location of these Gasometers within an industrial site as well as the unusual character of the resulting spaces led to the Gasometers often being used for diverse cultural activities.

The location of the project presents a special opportunity to develop the urban fabric of Vienna by means of various alterations of the transportation system, such as the extension of the U3 subway and the construction of the North-East Highway.

In addition to COOP HIMMELB(_)AU, three other architectural teams are working out new living opportunities to be realized in the remaining Gasometers. An Entertainment Center and Shopping Mall are also integrated into the complex, making it into a new city center.

The concept of the COOP HIMMELB(_)AU Gasometer B adds three new volumes to the existing facade: The cylinder inside the Gasometer, the striking addition of the shield that is visible from outside, and the multifunctional event hall situated in the base of the Gasometer.

Inside the cylinder and the shield are apartments and offices. The lighting for these inside spaces is provided by the conical innercourt, and that for the outside through the historical Gasometer wall. The lighting for the

shield is provided through a spacious north-oriented glass facade with loggias.

The 360 apartments offer differentiated living forms, ranging from 3-room-maisonette-apartments and loft-apartments to smaller ones like student apartments. By combining office and apartment uses, new ways of working and living are expected.

The Gasometer – separated differently for inhabitants and for visitors – can be accessed either from the outside via Guglgasse, or directly from the subway station through the connecting shopping mall. The mall connects all Gasometers on the ground level. Inside the Gasometer B a spacial and functional buffer between the event hall and the apartment/office wing is created. Internal communication is thereby intensified. The "Sky-Lobby" on the 6th floor creates a social space for the inhabitants. Other remaining spaces can be used as common areas.

The foyer of the event hall is connected with the subway both by means of the "Night-Mall" of the Gasometer A, and directly through an entrance at Guglgasse. The "Night-Mall" also hosts common spaces, thus becoming a transit area for people arriving or leaving the event hall.

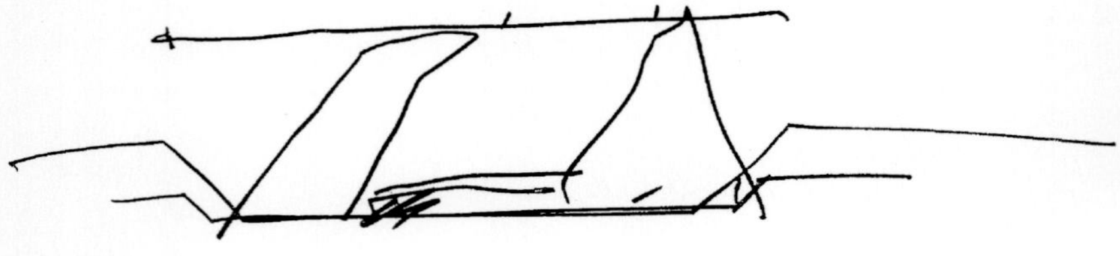

JVC – Neues städtisches Unterhaltungszentrum, Zeichnung / JVC New Urban Entertainment Center, drawing 1998

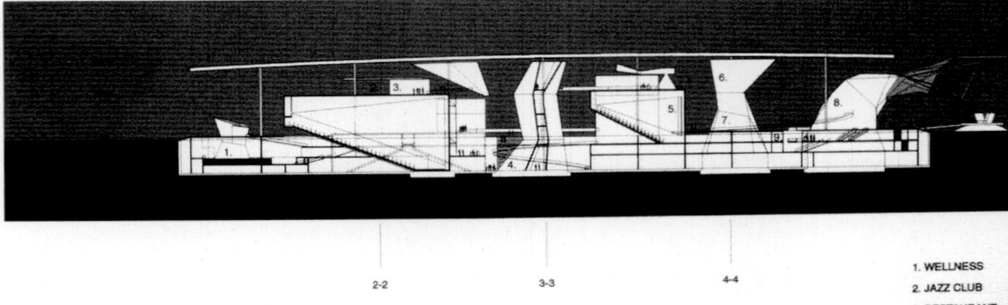

JVC – Neues städtisches Unterhaltungszentrum, Schnitt / JVC New Urban Entertainment Center, section

JVC – Neues städtisches Unterhaltungszentrum
Seite / Page 44

JVC New Urban Entertainment Center
1998

Guadalajara, Mexiko / Mexico
in Realisierung / under construction

Der Raum des Wissens

Das Planungskonzept für das neue JVC-Freizeit- und Geschäftszentrum in Guadalajara, Mexiko, beruht auf einer Neudefinition der Bedeutung von Unterhaltung im 21. Jahrhundert. Jüngste Studien sprechen von einem Wandel der gegenwärtigen Informations- und Kommunikationsgesellschaft zu einer Gesellschaft, die auf einem zusehends höheren Grad von Wissen beruht. Entwicklung, Produktion und Verteilung von Gütern und Dienstleistungen werden immer wissensabhängiger. Dieser Trend hat eine erhöhte Nachfrage nach hoch qualifizierten Personen zur Folge und führt dazu, dass Wissensmanagement in Betrieben eine zusehends größere Rolle spielt. Der Wissensfluss wird daher zu einem zentralen Indikator für die Bestimmung der Leistung einer Gesellschaft.

Der Entwurf für das JVC-Freizeit- und Geschäftszentrum nimmt eine Neubestimmung vor und definiert Orte der Unterhaltung nicht mehr als solche des bloßen Konsums, sondern des intellektuellen Diskurses.

Dieser "Marktplatz der Zukunft" verbindet wohlbekannte Formen der Unterhaltung und des Kommerziellen mit neuen Möglichkeiten, die auf der Produktion und dem Austausch von Wissen fußen. Da in diesem Zusammenhang der Gesundheit von Körper und Geist eine wesentliche Rolle eingeräumt wird, enthält der Entwurf eine Reihe von Einrichtungen zur Herstellung körperlichen und geistigen Wohlbefindens.

Die vorgeschlagenen Programmelemente umfassen also Kinos, exklusive Restaurants, Bars und Klubs, Geschäfte, einen Fitness- und Poolbereich, Büros für technische Forschung und Entwicklung und den „Raum des Wissens". Ein lebendiger Ausstellungsbereich wird den Besuchern Informationen über jüngste technische Neuerungen vermitteln. Über interaktive Computerterminals hat man Zugang zum Internet und anderen globalen Informationsnetzwerken und kann Informationen über die Tätigkeiten in den im Masterplan vorgesehenen umliegenden Einrichtungen einspeisen.

In der Anlage findet man 16 Kinos unterschiedlicher Größe und Art: ein für 1000 Besucher ausgelegtes Premierenkino, ein IMAX-Kino für 500 Personen und konventionelle Säle mit Platz für 750, 500, 300 und 200 Besucher. Die sieben Restaurants und Bars werden sich unterschiedlichen kulturellen und regionalen

Themen widmen und verschiedenen Gastarchitekten übertragen werden.

Stadtplanerischer Ansatz und architektonisches Konzept

Der projektierte Komplex ist nicht als Gebäude, sondern als eine offene urbane Landschaft zu verstehen. Diese Landschaft scheint weiter als bloß bis zu den Grenzen des Areals zu reichen und wird, indem sie ihre zentrale Lage und ihre Funktion im Masterplan widerspiegelt, als Teil der offenen Plaza erscheinen, die sich zwischen den angrenzenden Gebäuden und dem See erstreckt. Die Gliederung der Baumasse in kleinere Blöcke lässt eine räumliche Abfolge entstehen, welche die Konventionen der herkömmlichen Perspektive durchbricht und verschiedenste Durchblicke auf unterschiedliche Horizonte gewährt.

Der Komplex besteht aus fünf Hauptelementen: der Grundebene, den Kinoblöcken, den Einkaufsdecks, den skulpturalen Figuren und dem Dach. Ein Teil der Grundebene ist in die Erde gegraben, um die abgesenkte zentrale Plaza zu schaffen. Die Kinoblöcke liegen auf der Plaza, über welche die verschiedensten Funktionen der Anlage erschlossen werden. Lofts und Parkflächen, die noch unterhalb des Grundniveaus angeordnet sind, flankieren die Kinoblöcke sowie die zentrale Plaza von beiden Seiten: Hier finden sich Geschäfte,

der Swimmingpool, der Fitnessbereich und Büros.

Die Erschließung erfolgt über fünf skulpturale Figuren, von denen drei das Dach tragen. Diese Figuren bieten Platz für exklusive Restaurants und Klubs: Der geformte Turm dient als zentraler Erschließungsbereich und beherbergt den Kubanischen Klub, die Doppelpyramidenhäuser den Brasilianischen Klub und die hängenden Dreieckshäuser ein Restaurant und einen weiteren Klub. Eine doppelter Kegel dient als Lichtschacht für das Schwimmbecken, und im Springenden Wal ist der „Raum des Wissens" untergebracht.

Das leicht gekrümmte Dach bietet Schutz vor Sonne und Regen. Durch die teils mit Luftschlitzen ausgestatteten Bereiche gelangt am Tag Sonnenlicht bis zur Plaza hinunter, während in der Nacht das Rundfenster einen unbeschränkten Blick auf den Himmel gewährt.

Die unterschiedlichen Erschließungsweisen sorgen im Gebäude für eine Vielzahl von Bewegungen. Durch die Stiegen auf allen Seiten des Komplexes faltet sich nicht nur die städtische Landschaft in die tiefer liegende Plaza nach unten. Durch die Stiegen ergeben sich innerhalb der Anlage auch flüssige Bewegungsabläufe. Die Kinos in den oberen Stockwerken sowie die Restaurants, Bars und Klubs in den Skulpturen und auf den Kinoblöcken

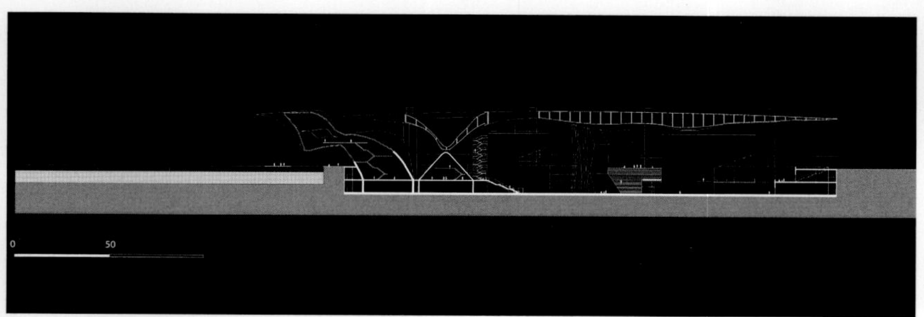

JVC – Neues städtisches Unterhaltungszentrum, Schnitt / JVC New Urban Entertainment Center, section

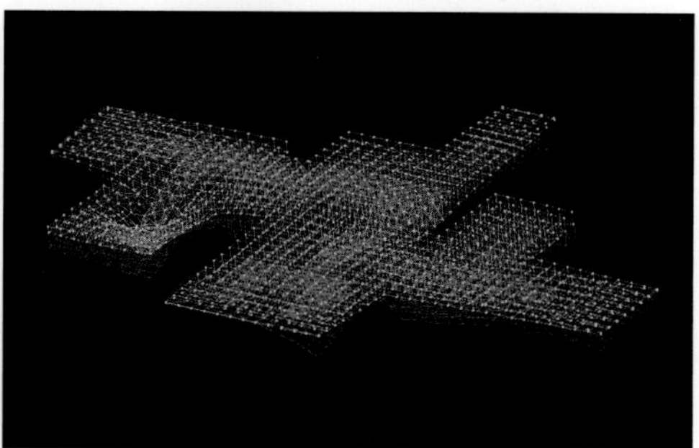

JVC – Neues städtisches Unterhaltungszentrum, Dachverspannung / JVC New Urban Entertainment Center, roof wireframe

werden durch zusätzliche Stiegen und Rampen erschlossen.

Über zwei Rampen gelangt man zu den durch den Masterplan vorgegebenen Fußwegen, der an den Bürogebäuden entlang führenden zentralen Straße und zur Seepromenade. Die Rampen durchschneiden das Gebäude in diagonaler Richtung und bilden die so genannte „Schlangenallee", eine „mittelalterliche" Einkaufsstraße mit kleinen, basarartigen Läden, deren Spektrum von traditionellen Tacoständen bis zu Hightech-Computergeschäften reicht. So entsteht im Verbund mit den Kinos, den Büros und dem „Raum des Wissens" der „Marktplatz der Zukunft".

The Space of Knowledge
The concept for the design of the new JVC Entertainment and Commercial Center in Guadalajara, Mexico, is based on the ideology of redefining the meaning of entertainment in the 21st century.

In recent studies researchers have established a shift in our society from one based on information and communication to a society based on an increasing intensity of knowledge.

The development, production and distribution of goods and services have become more and more based on knowledge. This trend results in an increased demand for highly qualified individuals and an increased importance of knowledge management in

businesses. The flow of knowledge therefore becomes crucial in determining the performance of a society. The design proposal for the JVC Entertainment and Commercial Center redefines entertainment from a place of mere consumption to a place of intellectual discourse. This 'marketplace of the future' combines well known forms of entertainment and commerce with new facilities based on the production and exchange of knowledge. In this process the health of body and mind is seen as crucial and results in the proposal of facilities for physical and mental well being.

The proposed program elements therefore consist of cinemas, exclusive restaurants, bars and clubs, shops, a fitness and pool area, offices for the research and development of technology and the space of knowledge. This animated exhibition space will display information on recent technological innovations. Interactive computer terminals will give access to the internet and other global information networks and will distribute information about the activities in the adjacent facilities of the masterplan. The 16 cinemas with seating for 700 people will be of varied type and size: a premiere theater with seating for 1000 people, an Imax theater for 500 people and traditional cinemas with seating for 750, 500, 300 and 200 people. The 7 restaurants and 7 bars or

clubs will be of different cultural and regional themes and will be designed by different guest architects.

The Urban and Architectural Design Concept
The proposed building complex is to be understood not as a building but as an open urban landscape. This building landscape seemingly extends beyond the boundaries of its site and – reflecting its central location and function in the masterplan – becomes part of the open plaza which spans between the adjacent buildings and the lake.

The mass of the building is broken down into small blocks, creating a spatial sequence which dissolves the conventions of traditional perspective and allows for multiple views through the building on different horizons.

The building complex consists of 5 major elements: the ground plane, the cinema blocks, the shopping decks, the sculptural figures and the roof:

The ground plane is partially broken into the ground to create the central sunken plaza. The plaza contains the cinema blocks and provides the main access to the multiple functions of the building. Loft structures like park decks, still below ground, flank the cinema blocks and central plaza to both sides and contain the shops, the pool, the fitness area and the offices. Five sculptural figures, three of

which hold up the roof plate, contain circulation and different exclusive restaurants and clubs: the shaped tower serves as the central circulation element and houses the Cuban club, the double pyramid houses the Brazilian club and the hanging triangle houses the restaurant and club. A double cone acts as a light well to the pool and fitness area and the jumping wale contains the space of knowledge.

The slightly curved roof provides shelter from sun and rain. Its partially louvered areas allow for filtered sunlight to reach down to the plaza during the day and the eye to the sky allows for an unobstructed view of the sky at night.

Different circulation elements create multiple movements through the building. Stairs on all sides of the complex fold the urban landscape down into the sunken plaza and allow for a fluid movement through the building. Additional stairs and ramps connect to the cinemas on upper levels and the restaurants, bars and clubs inside the sculptures or on top of the cinema blocks.

In addition, 2 ramps connect to existing pedestrian routes of the masterplan, the central street along the office buildings and the lake promenade. These ramps cut diagonally through the building to form the 'snake alley', a 'medieval' shopping street of small, bazaar like shops with a

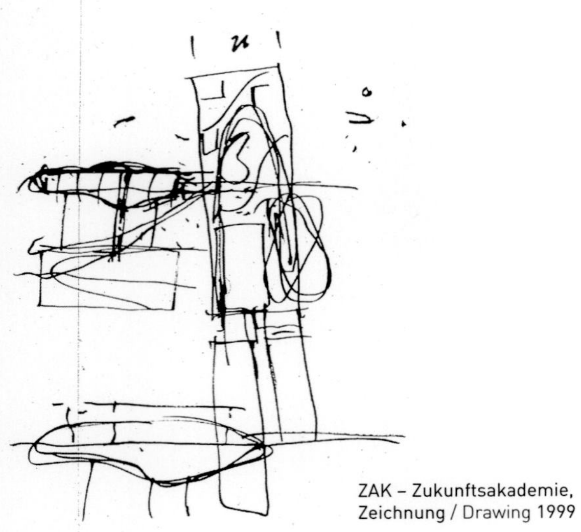

ZAK – Zukunftsakademie,
Zeichnung / Drawing 1999

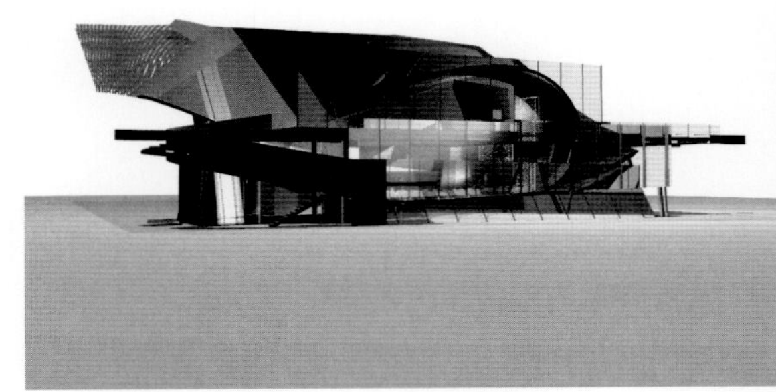

Restaurant Mosku, Perspektive / Perspective

mixture ranging from traditional taco stands to high-tech computer stores, thus, together with the cinemas, offices and space of knowledge, creating the ʻmarketplace of the future'.

ZAK – Zukunftsakademie 1999
Seite / Page 42

Haslau, Österreich / Austria
Machbarkeitsstudie / Feasibility Study

Die internationale Zukunftsakademie ist das Modell für eine Neudefinition der „Universitas" in der Zukunft. Da die Zukunft eine Wechselwirkung von Voraussage und Veränderung ist, wird die Architektur zum dreidimensionalen Zeichen dieser Schnittpunkte und Überlagerungen. Das Gebäude ist daher ein Symbol der Vernetzung von Realität und Virtualität von Natur und Technologie.

The international Academy of the Future is a model for the redefinition of tomorrow's "universitas." Since future is an interaction of prediction and change, architecture becomes a three-dimensional sign for these intersections and overlappings. This is why the building represents a symbol of networking the real and the virtual, nature and technology.

Restaurant Mosku 1999
Seite / Page 38

Guadalajara, Mexiko / Mexico
wird realisiert / will be realized

Projektbeschreibung

Die formale Sprache des Restaurantprojekts „Mosku" nimmt auf „Cloud #10", das Medienzentrum des neuen JVC-Freizeitzentrums in Guadalajara, Mexiko, Bezug. Auch andere architektonische Motive des Freizeitzentrums werden zitiert: die großen, pergolaartigen Dächer, die als Sonnenschutz für die Sitzgelegenheiten im Freien dienen, die offenen Dachterrassen, von denen aus man einen Blick über die Stadt hat, das runde Dachfenster zum Himmel, das Element Wasser und der Wasserfall. Das Hauptelement des Gebäudes ist eine gekrümmte Betonwand, die sich über die 15 x 50 m Grundstücksfläche faltet. Anfangs- und Endpunkt dieser Bewegung ist die Kreuzung von Avenida Vallarta und Avenida Yaquis, was diese Ecke des Grundstücks, den Haupteingang und die Terrasse des Restaurants im Freien betont. Der Boden der Restaurantlandschaft geht fließend in deren Hauptwand- und Dachelement über. Zwei zusätzliche Elemente bilden zwei unterschiedliche Räume für Bar und Restaurant aus: eine Betonplattform und die „C-Form". Beide Elemente schneiden die gefaltete Wand und bilden dadurch auf drei

Ebenen Innen- und Außenräume: das Restaurant im Erdgeschoß, eine Zwischenebene mit einer DJ-Plattform und einer Terrasse und eine dritte Ebene mit einer Bar. Terrassen dienen auf allen Ebenen als Erweiterung der Innenräume; klimatisierte und offene Räume ermöglichen eine flexible Nutzung. Auf Barniveau kragt im Freien eine über dem Wasserbecken schwebende Tanzfläche aus.
Die Serviceeinrichtungen für Restaurant und Bar sind in einem eingeschossigen ebenerdigen Bargebäude untergebracht, dessen Höhe und Länge sich an den anderen Gebäuden auf dem Grundstück orientieren. Eine einspurige Anlieferzone zwischen den Serviceeinrichtungen und Automotriz Vallarta ermöglicht eine Trennung von existierenden und neuen Strukturen. Der Restaurantbereich auf Eingangsniveau liegt direkt neben den Serviceeinrichtungen. Die beiden anderen Ebenen sind durch einen Aufzug verbunden, der sowohl als Gäste- als auch als Behindertenaufzug genutzt werden kann.

Erschließung

Restaurant und Bar können jeweils unabhängig voneinander betreten werden, sind jedoch innen miteinander verbunden. Der Haupteingang zum Restaurant befindet sich an der Ecke Avenida Vallarta und Avenida

Yaquis unterhalb der Auskragung der gefalteten Wand. Von dort führt eine Brücke über das Wasserbecken hinter dem Wasserfall vorbei und bildet den Eingang zum Restaurant. Der Hauptraum des Restaurants erstreckt sich über die gesamte Grundstückslänge Richtung Norden, wo ein Bereich für spezielle Treffen und Veranstaltungen abgetrennt ist. Von dort aus führt eine Rampe zur dazwischen liegenden Terrassenebene und eine spiralförmige Innentreppe weiter zur Bar. Die Bar kann aber auch direkt über eine Rampe in der Avenida Yaquis erreicht werden. Die Gebäudefassaden haben ganz unterschiedlichen Charakter. Während die Westseite neben Automotriz Vallarta vorwiegend geschlossen ist, erscheint die zur Straße hin liegende Ostseite mit ihren losen Außenvorhängen offen und zugänglich.

Project Description

The formal language of the project for the ʻMosku' Restaurant refers to Cloud #10, the Media Center of the JVC New Urban Entertainment Center in Guadalajara, Mexico. Other architectural motives of the entertainment center are quoted in this project: large, pergola-like roofs to provide shade for outdoor seating from the hot sun, open roof terraces with views over the city, an operable roof element to open up an ʻeye to the sky' from inside the building, the element of wa-

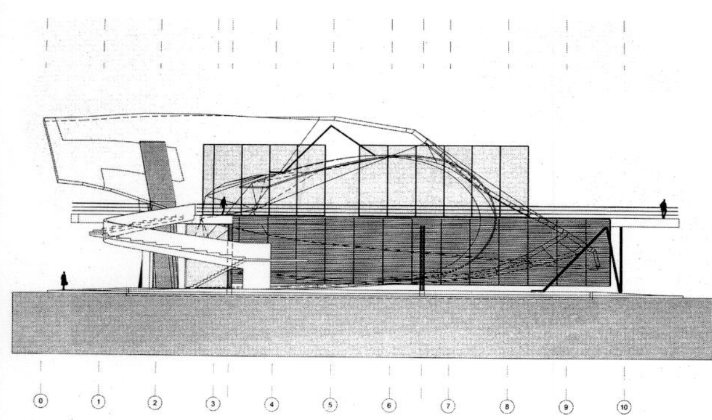

Restaurant Mosku, Schnitt / Section

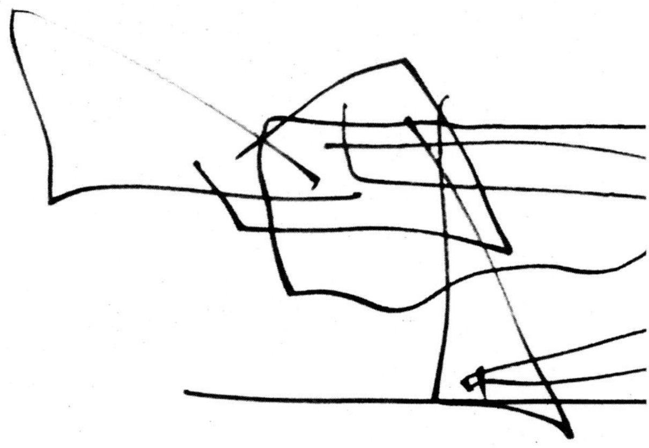

Science Center Wolfsburg, Zeichnung / Drawing 2000

ter and a waterfall.
The main building element is a curving concrete wall which folds through the 15 x 50 m site, starting and finishing its motion at the intersection of Avenida Vallarta and Avenida Yaquis, marking the corner of the site, the front entrance and an outdoor terrace for the restaurant. In one continuous movement the curving wall transforms from the floor of the restaurant landscape into its main wall and roof element. Differentiated spaces for the bar and restaurant are created by two additional elements: a concrete platform and the 'C-shape'. Both elements intersect with the folding wall, creating interior and exterior spaces at three levels: the restaurant at street level, an intermediate level holding a DJ platform and terrace and a third level with the bar. Terraces at each level extend all interior spaces to the outside and allow for flexible uses in conditioned or open air. At the bar level an outdoor dance floor cantilevers above a water basin.
Service spaces for both the restaurant and bar are located in a one story bar building on ground level, which communicates with the existing buildings on the site in height and length. A one-way delivery zone between the service building and Automotriz Vallarta allows for a separation between existing and new structures.
The restaurant space on the ground floor is located directly adjacent to the service spaces. The other two levels of the building are connected through an elevator, which can also be used by guests or handicapped people.

Circulation and access
Both the restaurant and the bar can be accessed independently, but are also connected to each other internally. The main entrance to the restaurant is located at an open space at the corner of Avenida Vallarta and Avenida Yaquis underneath the cantilever of the curving wall. From there a bridge crosses the water basin behind the waterfall and forms the entrance to the restaurant. The main interior space of the restaurant graduates upwards through the length of the site to become a separated space. This individual space, located at the north end of the site, is to be used for special meetings or events. From there a ramp leads onto the inter-mediate terrace level and through an interior staircase subsequently up to the bar. The bar can also be reached directly from the sidewalk via an exterior ramp along Avenida Yaquis.
The building facades are of very different characters. The west side adjacent to Automotriz Vallarta is mostly closed while the east side, flanking the street, is open and accessible and shaded by loose exterior curtains.

Science Center Wolfsburg 2000

Seite / Page 30

Wolfsburg, Deutschland / Germany
Geladener Wettbewerb / Invited competition

Formale Artikulation des Gebäudes
Um die architektonisch ungemein wichtige Rolle des neuen Wolfsburger Museums entsprechend zum Ausdruck zu bringen, erhält der Bau die Form eines universellen Zeichens für die Stadt. Ausgangspunkt ist ein merkmalloser, neutraler Ausstellungsraum, der durch Hinzufügung mehrerer Volumina (Restaurant, auskragender Raum der Stille, Vortragssaal, Verwaltungstrakte) eine Verwandlung erfährt. Die allgemeine Hülle verschmilzt mit den bestimmten einzelnen Baukörpern.

Architektonische Verdichtung des Themas
Die Verwandlung fester Körper in veränderliche fließende Formen ist eine Metapher für den unendlichen wissenschaftlichen Erkenntnisprozess, der das Programm des Zentrums ausmacht. Forschung wird als permanente Bewegung zwischen wissenschaftlichem Grundwissen und Entdeckungen durch die Einführung hypothetischer Lösungen verstanden.
Die wissenschaftlichen Umwälzungen des ausgehenden 20. Jahrhunderts haben den Glauben an die exakte Beschreibbarkeit der Welt erschüttert. In der Quantenphysik kamen etwa Werner Heisenberg und Niels Bohr zu dem Schluss, dass der Akt der Wahrnehmung auf das Wahrgenommene selbst Auswirkungen hat. Einstein konnte mit seinen Forschungen zeigen, dass sich der Raum durch Gravitationsfelder krümmt, und ersetzte die traditionelle Vorstellung einer einheitlichen Zeit durch jene mehrerer lokaler Zeiten (innerhalb eines Raum-Zeit-Kontinuums). Die Chaostheoretiker vertraten die These, dass sich der Entwicklungsprozess komplexer Systeme nicht vorhersagen lässt. Und die klassische aristotelische Logik des Entweder-oder (für die es keine dritte Möglichkeit gibt) wurde durch eine Fuzzylogik in Frage gestellt, die unendliche Möglichkeiten in Betracht zieht.
Das Science Center reagiert architektonisch auf diese Veränderungen des wissenschaftlichen Weltbildes. Der Bau bricht mit beschränkten Vokabularien und überholten Typologien der Architektur, indem er fremde Elemente einführt, welche die radikal neue Weltsicht in der Architektur wie in den Wissenschaften auf zeitgemäße Weise zum Ausdruck bringen.
Durch die dramatische Kombination völlig verschiedener Volumina und deren Hybridisierung artikuliert das

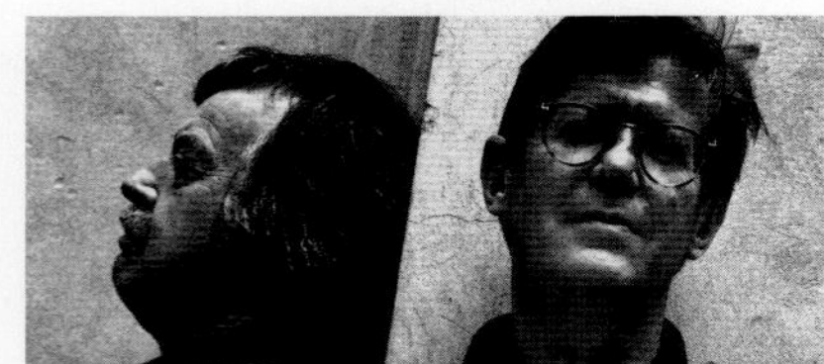

Helmut Swiczinsky und / and Wolf D. Prix

Bauwerk auf der Ebene der Architektur eine Einsicht, die sich im Kontext jüngster Theorien in den Wissenschaften durchgesetzt hat: Es weist die Vorstellung zurück, dass Grenzen hart und bestimmt sind, und begreift diese als weich und vorläufig wie eine osmotische Membran.

Formal Articulation of the Building
To adequately express the architecturally eminent importance of the new Wolfsburg museum, the building is articulated as a universal sign within the city. Beginning with a primary featureless exhibition space, the neutral volume is then transformed by the plug-ging and adding of additional bodies (such as the restaurant, the cantilevering space of silence, the auditorium and the administration wings) onto the primary form. In this way the generic envelope fades into specific bodies.

Architectural Densification of the Theme
The mutation of the form from rigid solids into malleable, fluid forms is a metaphor for the infinite scientific process of gaining knowledge that is the centre's program. Research is understood as a cyclical process between basic scientific knowledge and discovery through the introduction of hypothetical solutions.

The late 20th century revolution in modern science has shaken our faith in science's ability to describe our world exactly. In quantum physics for example, Heisenberg and Bohr determined that the act of recognition itself affects what is seen. Einstein´s research has shown that gravitational fields curve space and differentiates our former understanding of unified time into several local times (within the space time continuum.). Chaos theory introduced the idea that complex systems cannot be predicted in the process of their development. The classical Aristotelian logic of either or (where the third possibility does not exist) has been questioned by fuzzy logic that allows for infinite possibilities.
The science centre responds architecturally to these changes in scientific world-view. The building breaks with a reduced vocabulary and expired typologies in architecture by introducing foreign elements which present a timely expression of a radically new world view in architecture as well as in the sciences.
Through the dramatic combination of completely different bodies and their hybridisation, the building represents in architecture what recent theories in the sciences do: it rejects the idea of boundaries as being hard and definite, but rather soft and transient like osmotic membranes.

IMBA Biocenter 2000
Seite / Page 28
Wien, Österreich / Vienna, Austria
Wettbewerb / Competition

Prämisse
Gebäude für die Forschung haben es mit einer paradoxen Aufgabe zu tun: Einen konkreten räumlichen Organismus für Arbeitsformen zu schaffen, die sich während der Lebensdauer des Gebäudes in unvorhersehbarer Weise verändern und weiterentwickeln werden. Eine traditionelle Architektur muß daher an dieser Aufgabe scheitern. Lösen kann diese Aufgabe nur eine Architektur, die sich genauso veränderlich und beweglich wie die wissenschaftliche Entwicklung selbst begreift.

Dynamic Determination
Da es (derzeit noch) keine vollkommen flexible Architektur gibt, galt es die konstruktiv nötigen Festlegungen so gering wie möglich zu halten und ein Maximum an Raum offen für kommende Veränderung zu lassen. Deswegen unser Vorschlag, das Verhältnis von Raum und Nutzung nicht ein für alle mal festzulegen, sondern bewußt offen für künftige Veränderungen zu halten.

Hard Core vs. Soft Shell
Dieser Prämisse folgend schlagen wir ein Gebäude vor, daß einen festen Raumkern in einer weichen Raumhülle einbettet. Die Raumhülle ist eine große Box, die auf einem regelmäßigem Stützenraster basiert. Der Raumkern hingegen ist eine geometrisch komplexe Raumskulptur, die frei in der Box zu schweben scheint – Hummer in Aspik.

A: Research Loft with liquid programming
Der größte Teil des Raumprogramms wird in der Box untergebracht: Büros, Labors und deren technischen Nebenräume. Die derzeit sinnvolle Raumteilung wird mithilfe eines flexiblen Trennwandsystems realisiert. Ändern sich die Raumbedürfnisse, kann der Raum entsprechend umgewandelt werden.
Belichtung: Um eine gute Tagesbelichtung zu ermöglichen, sind die Labors und die Büros als fließende Loftsequenzen an den Außenseiten des Gebäudes angebracht. Die Gebäudefassaden sind geschoßhoch verglast. Durch außen vor der Verglasung angebrachte Lamellen kann die Menge des Tageslichts der jeweiligen Tätigkeit entsprechend angepaßt werden (Verhinderung von Blendeffekten bei Bildschirmarbeit)

B: Idea Space with transi(s)tory Effect
Neben diesen zielgerichteten Tätigkeiten, die in Büro und Labor erledigt werden, braucht wirklich innovative Forschung aber auch Räume, die frei

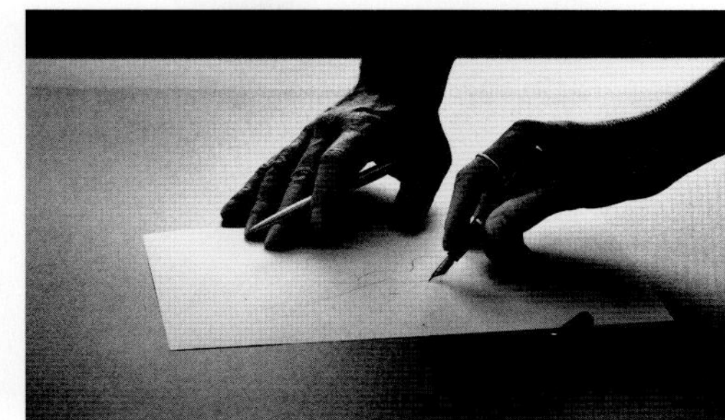

Helmut Swiczinsky (links / left), Wolf D. Prix (rechts / right)

von jeder funktionalen Definition sind. Diese Funktion erfüllt die große Raumskulptur im Innern der Box. Sie drängt sich zwischen die Büros und Labors. Auf diese Weise bricht sie die Routine des täglichen Arbeitens. Sie verknüpft unterschiedliche Tätigkeiten.

So führt jede Bewegung zwischen Büro- und Laborloft zwangsläufig an diesem Ideenraum vorbei oder sogar durch ihn hindurch. Diese transitorische Lage macht den Raum zum Transistor für neue Ideen, die sich nach der modernen Kreativitätsforschung vornehmlich in räumlichen und zeitlichen Übergangssituationen ereignen.

Belichtung: Im Gegensatz zur den Lofts erhält die Raumskulptur ihr Licht indirekt und nur von ihren Endpunkten: im Eingangsbereich durch die den durchgesteckten Doppelkegel(,) seitlich und von oben und an ihrem anderen Ende durch die Skylights, mit denen sie die Gebäudehülle durchbricht. Die Lichtstimmung ähnelt eher Platos Höhle.

Interior Sculpture as Long Term Identity

Während sich also die Konfiguration der Loft-Raumhülle ändern kann, bleibt der skulpturale Kern unveränderlich bestehen. Er gibt dem Bau seine Identität, weil er sowohl von innen als auch von außen immer als Körper erfahrbar ist.

Innenwahrnehmung: Selbst im Gebäude kann man die Skulptur von innen und außen wahrnehmen. Von außen durch den Luftraum, der sie allseits umgibt und neugierig auf ihre Innenwelt macht. Diese funktioniert als eine topographisch durchgebildete Science Lounge, in der sich das kollektive Leben des Biocenters abspielt. Auf differenziert verteilten Plateauebenen schafft sie kommunikative Minibiotope den so wichtigen informellen Austausch der Forscher untereinander. Größere Zusammenkünfte können im Veranstaltungsraum im 4. OG stattfinden. Individuelle Begegnungen bieten sich in der Caféteria an.

Außenwahrnehmung: Von außen zeichnet sich der Körper als verschwommenes Volumen wie ein Fisch im Wasser ab, da die Lamellen vor den Fassaden die Transparenz des Glases systematisch brechen. Man kann das Innerste des Biocenters nur ahnen, genauso wie der Forscher auf der Suche nach dem Unbekannten.

Premise

Buildings for research imply a paradoxical challenge: they call for a special spatial organism for forms of work that are certain to change and develop in an unpredictable way during the construction's lifespan. This is why traditional architecture is bound to fail when confronted with this task. The challenge can only be successfully met by an architecture that is as variable and flexible as scientific development itself.

Dynamic determination

Since there is no completely flexible architecture yet, it is best to limit the constructively necessary definitions to a minimum and leave a maximum of space open for future change. This explains the suggestion to refrain from attributing certain functions to the rooms for once and for all.

Hard core vs. soft shell

In accordance with this premise, the design comprises a hard core surrounded by a soft shell. While this shell is a big box based on a regular grid of trusses, the core is a geometrically complex sculpture that seems to float in the box like a jellied lobster.

A. A research loft with variable programming

The box will house most of the projected facilities: offices, laboratories, technical services. The space will be divided by means of a flexible system of partitions. If needs change, the rooms can be transformed accordingly. Daylighting: Forming a fluid sequence of lofts, the labs and offices are attached to the outer walls of the building in order to effect good daylighting. The design suggests storey-high glazing for the facades. Thanks to the lamellae installed outside in front, the amount of daylight can be adjusted to the various activities within (thus preventing glare effects for people working at PC monitors, for example).

B. An idea space with transi(s)tory effect

Besides these office and lab activities oriented towards certain aims, truly innovative research also depends on spaces that are not defined functionally at all. The big sculpture within the box fulfils this requirement. Shoved between the offices and the labs, it breaks the routine of daily work and combines various activities. Thus, each movement between office and lab loft leads past this idea space or even through it. This transitory role turns the room into a transistor for new ideas which, according to recent creativity research results, mainly occur in situations that are transitory in terms of space or time. Daylighting: Unlike the lofts, the sculpture is lighted indirectly and only from its ends: through the double cone in the entrance area, from the sides and above, and at the other end through the skylights with which the sculpture penetrates the shell. The mood might make visitors think of Plato's cave.

Interior sculpture as long-term identity

While the configuration of the loft shell may change, the sculptural

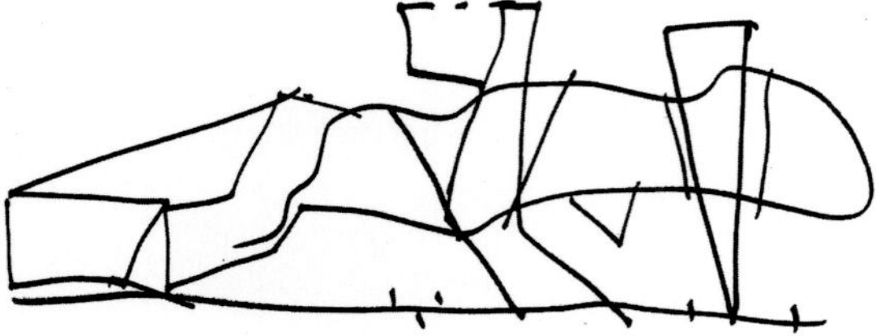

Musée des Confluences, Zeichnung / Drawing 2000

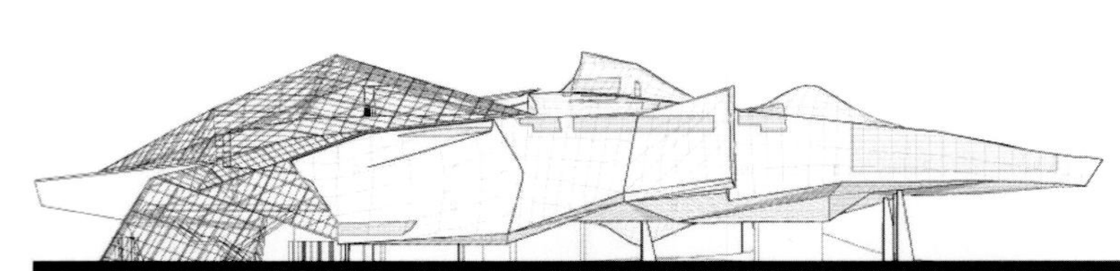

Musée des Confluences, Perspektive / Perspective

core remains the same. It is the core that guarantees the identity of the building because people will always experience it as a body both from within and without.

From within and without
Even from inside the building, the sculpture can be seen both from within and without; from without through the airspace surrounding it at all sides and arousing people's curiosity concerning its interior which is a topographically designed science lounge where the collective life of the biocenter takes place. Communicative mini-biotopes on subtly arranged levels provide an adequate context for the researchers' informal exchange that is so essential. Meetings involving a greater number of people are held in the convention room on the fifth floor. The cafeteria serves as a place for personal get-togethers. From the outside, the body is perceived as a vague volume resembling a fish in the water because the lamellae in front of the facades systematically interrupt the transparency of the glazing. Like a researcher looking for the unknown, people can only divine what goes on in the core of the biocenter.

Museum für moderne Kunst Seite / Page 26
Museum of Modern Art
2000
Bozen, Italien / Italy

Musée des Confluences Seite / Page 24
2000
Lyon, Frankreich / France
Geladener Wettbewerb, 1. Preis, wird realisiert / Invited competition, 1st prize, will be realized

Kristall-Wolke des Wissens. Ein Hybrid.
So wie das zukünftige Musée des Confluences in Lyon durch den Zusammenfluss von zwei Strömungen geprägt ist, wird auch seine Architektur durch das Verschmelzen von zwei Gebilden bestimmt, die für Lyon und Frankreich einen neuartigen, urbanen Wissensraum erschließen.

Der Kristall und die Wolke. Hardspace-Softspace.
Gegenüber der Stadt erhebt sich eine riesige Glaskonstruktion in Richtung der zwei Hügel (Fourviére und Croix-Rousse), die über den Tälern von Lyon ragen. Der Kristall wirkt als urbaner Platz; er empfängt die Besucher und bereitet sie auf die Erfahrung des Museums vor. Die Wolke hingegen gleicht einem gigan-

tischen Raumschiff, das sich vorübergehend im „Hier und Heute" angedockt hat. Der Kristall fügt sich in unser tägliches Leben ein, seine Umrisse sind klar und leicht erfassbar, wohingegen die Wolke darauf anspielt, was das Morgen mit sich bringen könnte und hinweist auf zukünftige Wissensbereiche, deren Erfassung noch initiiert werden muss. So wird ein unfassbares Volumen an verborgenen Strömungen und Übergängen umfasst.
Unsere Gegenwart und Zukunft, das Vertraute und das Unbekannte verbinden sich in dieser Kristall-Wolke zu einem unwiderstehlichen Ort des Entdeckens. Die Wolke hängt über dem Boden und ist fern von direktem Zugriff. Der weite Bereich unter dem Gebäude kann als räumliches Experiment aufgefasst werden, durch welches das Interesse des Publikums geweckt werden soll. Als Fortsetzung des unmittelbar südlich gelegenen Parks entsteht eine neue Spielart des urbanen Raumes, eine Landschaft aus Rampen und schiefen Ebenen. Die Grenze zwischen Innen und Außen werden auflöst in einer Abfolge von dreidimensionalen Ereignissen, die sich in eine Zone ständig ineinander übergehender öffentlicher und privater Räume wandeln. Der Schnittpunkt zwischen Gebäude und Landschaft wird durch ein Wasserbecken verdeutlicht, das sowohl die Flüsse als auch die Wolke(n) wider-

spiegelt und zum öffentlichen Sammelpunkt der Besinnung wird.

Wissensraum – Freizeitraum
Die Hybridisierung, das „Sich-Verändern" des Kristalls und der Wolke eröffnen und definieren ein neues Verhältnis zwischen Wissensräumen und Freizeiträumen. Das genetische Material des Kristalls vermischt sich mit der Wolke, Hardspace* und Softspace* mutieren abwechselnd. Das neue Museum wird durch ineinander übergehende, dreidimensionale Intensitätsfelder des Lernens und Spielens definiert und nicht nur durch einen Katalog an Objekten. Wissensräume und Freizeiträume bilden das neue Museum, sie sind innerhalb von Gebäuden und Landschaftselementen hybridisiert. Die Grenzen der Gebäudes selbst sind unscharf, gehen über in die Landschaft, lassen den Park in das Museum fließen und ersetzen das Museum im Park.
Das Konzept der Hybris kommt im Musée des Confluences auf jeder Ebene zur Geltung: hard – soft, vertraut – unbekannt, Gebäude – Landschaft, biologisch – mechanisch, Wissen – Freizeit. Als kulturelle Einheit wird das Museum selbst zum Hybris, und wird für Lyon, Frankreich und die ganze Welt zum grundlegenden Beispiel dieser neuen Rolle.

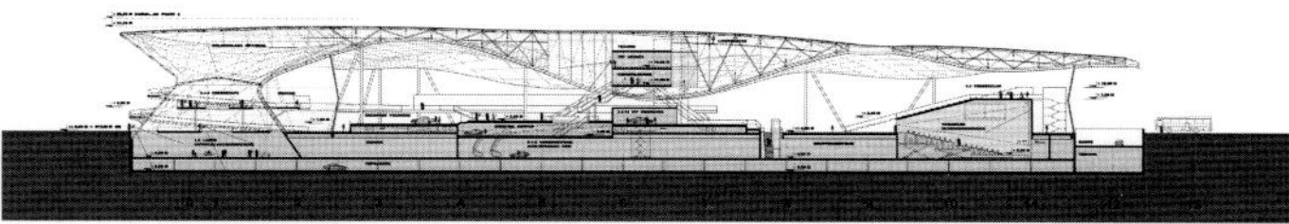

BMW Welt, Schnitt A-A / BMW Event and Delivery Center, section A-A

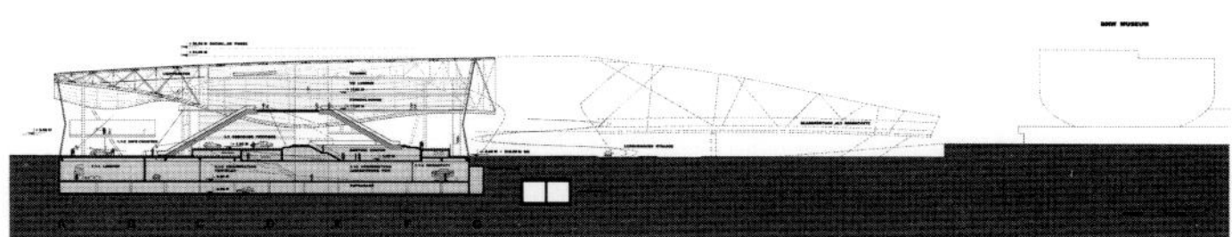

BMW Welt, Schnitt B-B / BMW Event and Delivery Center, section B-B

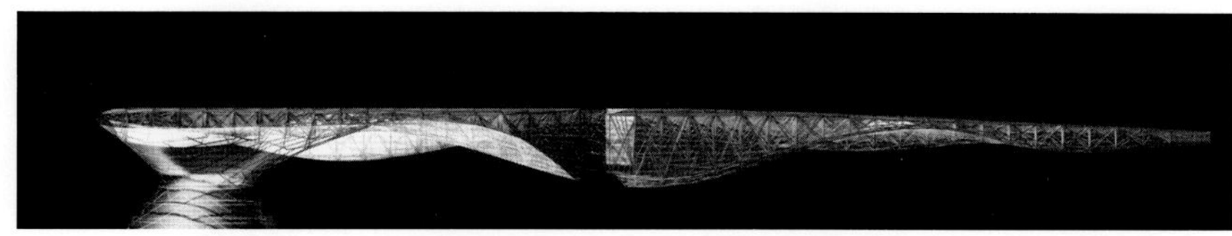

BMW Welt, Struktur der Wolke / BMW Event and Delivery Center, structure of cloud

BMW-Erlebnis- und -Auslieferungszentrum, Zeichnung /
BMW Event and Delivery Center, drawing 2001

Crystal Cloud of Knowledge.
A Hybrid.
In the same way the future Musée des Confluences in Lyon is defined through the convergence of two rivers, its architecture is characterized by the merging of two entities that propose a new urban space of knowledge for Lyon and France.

The Crystal and the Cloud.
Hardspace-Softspace.
Facing the town, a monumental glass structure rises up to the pair of hills overlooking the valleys of Lyon (Colline Fourviére and Colline Croix-Rousse). The Crystal acts as an urban plaza, it receives the visitors and prepares them for the experience of the museum. The Cloud however, resembles a giant space ship docking temporarily at the Here and Now. The Crystal tunes into our daily world, its contours are clear and easy to measure, whereas the Cloud hints at what tomorrow might bring. It predicts future knowledge that has yet to be initiated. It contains an obscured space of hidden currents and countless transitions.
Present and future, the familiar and the unknown, merge in this crystal cloud to become and irresistible place of discovery, it is suspended above ground and removed from immediate grasp. The wide space below the building may be regarded as a spatial experiment to arouse public curiosity. As a continuation of the park immediately to the south, it forms a novel type of urban area: a landscape of ramps and slanting planes that dissolve the borderline between inside and outside into a sequence of three-dimensional events that become a zone of constantly merging public and private spaces. The point of convergence of the building and the landscape is marked by a pool, reflecting both the rivers and the cloud(s) and becoming a public noxus of contemplation.

Knowledgespace – Leisurespace
The hybridization, the "Becoming Other" of the Crystal and the Cloud propose and define a new relationship between spaces of knowledge and spaces of leisure. The genetic material of the Crystal merges with the Cloud, and hardspace and softspace continually mutate each other in turn. The new museum is defined as gradiated 3-dimensional fields of intensity of learning and playing, rather than as a mere catalogue of objects. Knowledgespaces and Leisurespaces are the new Museum, and they are hybridized within the building and the landscape. The building boundaries themselves are blurred, merging with the landscape, drawing the park into the museum and replacing the museum in the park.
Hybridization acts on the Musée des Confluences at every level: Hard/Soft, Prcesent/Future, Familiar/Unknown, Building/Landscape, Biological/ Mechanical and Knowledge/Leisure. As a cultural entity, the Museum itself is becoming hybrid, and the Musée des Confluences will be a primary example of this new role for Lyon, France and the World.

BMW Welt   Seite / Page 22
2001
München, Deutschland / Munich, Germany
Geladener Wettbewerb, 1. Preis, wird realisiert / Invited competition, 1st prize, will be realized

Die BMW-Gruppe plant, nahe ihrer Zentrale und dem Olympiapark in München ein Zentrum für Markenerfahrung und Fahrzeugauslieferung zu errichten. Das Hauptelement des Designvorschlags von COOP HIMMELB(L)AU bildet eine große, durchlässige Halle mit skulpturartigem Dach und einem Doppelkegel, der aus der Relation zu dem bereits bestehenden Zentralgebäude entsteht. Die Halle ist ein Marktplatz für differenzierte und immer wechselnde Nutzungsarten und außerdem ein unverwechselbares Zeichen der BMW-Gruppe. Die Innentopographie lässt verschiedenartige Raumdichten und fließende Raumteilungen entstehen. Das Kernstück aller Gebäude bildet die „Premiere" – Fahrzeugauslieferungszone. Darüber schweben die Kundenlounges, die einen Ausblick auf den Eventraum und die BMW-Zentrale gewähren.

The BMW Group is planning in close proximity to their headquarters and the Olympiapark in Munich a center for brand experience and vehicle delivery.
The main element of COOP HIMMELB(L)AU design proposal is a large, permeable hall with a sculptural roof and the double cone which emerges in relation to the existing headquarters complex. The hall is a marketplace for differentiated and changing uses and an unmistakable sign for the BMW Group. The interior topography creates differentiated spatial densities and fluid subspaces. The heart of the building is the "Premiere" vehicle delivery area. Hanging above this space are the customer lounges which allow views through the event space and toward the BMW headquarters.

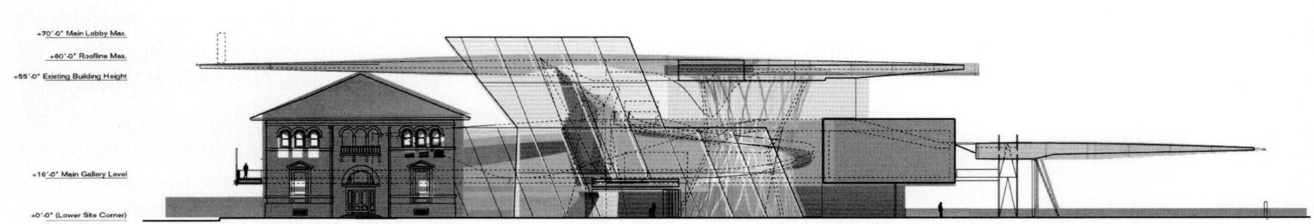

Akron Art Museum, Ansicht / Elevation

Akron Art Museum
2001
Ohio, USA
*Geladener Wettbewerb, 1. Preis,
wird realisiert / Invited competition,
1st prize, will be realized*

Seite / Page 20

Das Museum als städtischer Raum
Seit den im 16. Jahrhundert von
Rudolf II. und Ferdinand II. eingerichteten Kunst- und Wunderkammern
haben sich die Vorstellungen dessen,
was ein Museum ausmacht, von
Grund auf geändert. Ist das Museum
von heute kein bloßer Hort des
Wissens mehr, sondern ein städtisches Konzept, stellt das Museum
der Zukunft ein dreidimensionales
urbanes Zeichen dar, das die Inhalte
unserer Bilderwelt kommuniziert. Es
ist kein bloßer Schauraum mehr, in
dem auf verschiedenste Weise digitale und analoge visuelle Informationen geboten werden, sondern ein auf
urbanes Erleben ausgerichteter Ort.
Das heißt, dass die Kunst aus dem
Gebäude hinaus- und die Stadt in das
Gebäude hineinfließen können muss.
Der durchlässige Bereich wird zu
einem hybriden Raum, in dem verschiedenste Menschen einander
treffen und unerwartete Ereignisse
stattfinden können. Statt ins Museum
zu gehen, um sich bloß Kunstwerke
anzusehen, werden die Besucher
aufgefordert werden, sich auf einen
künstlerischen Diskurs einzulassen
sowie Musik- und Kunstfestivals zu

besuchen, oder einfach auf einen
Sprung vorbeikommen. Der Vorschlag
stellt also sowohl eine städtische
Verbindung als auch einen Bestimmungsort dar.
Das Gebäude setzt sich aus drei
Teilen zusammen: dem „Kristall",
der „Galerienbox" und der
„Dachwolke".
Der Kristall zeigt den Haupteingang
an und bildet den Orientierungs- und
Erschließungsbereich für die öffentlichen Einrichtungen des alten wie
des neuen Gebäudes wie Vortragssaal, Klassenzimmer, Bücherei, Café
und Buchhandlung. Der prächtige,
anpassungsfähige Raum eignet sich
für Fundraising-Bankette und
Kunstfestivals sowie für Events externer Organisationen und Firmen.
Während Festsäle üblicherweise exklusive Räume sind, bietet sich diese
Lösung als sichtbarer öffentlicher
Bereich dar.
Auch die Galerienbox kann gleichzeitig verschiedene Aufgaben erfüllen:
Sie fungiert als großer, flexibler
Ausstellungsraum und als weitläufiger, fließender urbaner Skulpturengarten. Die Vorstellung eines Skulpturengartens als Ergänzung wird
durch den Imperativ konterkariert,
innere und äußere Formen der Kunstbetrachtung wieder zusammenzuführen. Die formellen Veränderungen
des urbanen Skulpturengartens nehmen auf die Fußgängerströme vom
Museum her durch das Gebäude

Bedacht, schaffen aber, was wichtiger ist, eine künstliche Landschaft,
wo sich Leute versammeln und von
einer Anhöhe in der Stadt aus Kunst
genießen können.
Das Innere der Galerienbox ist eine
unabhängige Einheit, die einem
Filmstudio vergleichbar hochgradig
kontrollierbar und veränderbar ist.
Es handelt sich um einen einheitlichen, lang gestreckten Raum, der
den Besonderheiten jeder einzelnen
Ausstellung entsprechend umgebaut
werden kann. Großformatige Arbeiten
können ohne Schwierigkeiten durch
ein großes, ebenerdig gelegenes Tor
nach drinnen gebracht bzw. durch
einen großen Lastenaufzug von den
Werkstätten darunter nach oben
geholt werden. Um im Ausstellungsdesign absolut flexibel sein und für
Video- und Multimediaarbeiten das
Licht hundertprozentig steuern zu
können, hat der Raum kein natürliches Licht.
Die über dem Gebäude schwebende
„Dachwolke" breitet eine verschwommene Decke über das Museum. Sie
umschließt den Innenraum, beschattet verschiedene Außenräume und
fungiert nicht zuletzt als horizontales
Wahrzeichen der Stadt. Das Dach ist
vom wichtigsten Innenstadtboulevard
(South Main) her ebenso sichtbar wie
vom Kongressgebäude und den
Stadtteilen jenseits davon.
Museumevents wie Livekonzerte
und Bankette unter freiem Himmel

können unter der „Dachwolke" im
urbanen Skulpturengarten oder auf
dem ebenerdigen Veranstaltungsgelände ausgerichtet werden.

Museum As Urban Space
The concepts of museums have changed
radically since the 16th century
miracle chambers ("Wunderkammern")
of Rudolf II and Ferdinand II.
The museum of today is not any longer
only the storage of knowledge, it is an
urban concept. The museum of the
future is a three-dimensional sign in
the city, which transports the content
of our visual world. There are nor
longer showrooms, which show
digital and analogue visual information in the most diverse forms, but
also the spaces which cater to urban
experiences.
This means that art should be able to
flow out of the building and the city
should be able to flow inside. This
zone of leakage becomes a hybrid
space where different kinds of people
can meet and unexpected events can
occur. Rather than going to the
museum simply to look at art, visitors
are welcomed to engage in artistic
discourse, attend music and arts
festivals, or maybe just hang out on
their way elsewhere. Our design is
therefore an urban connector as well
as a destination point.
The building is broken up into 3 parts:
the Crystal, the Gallery-Box, and the
Roof Cloud. The Crystal signifies

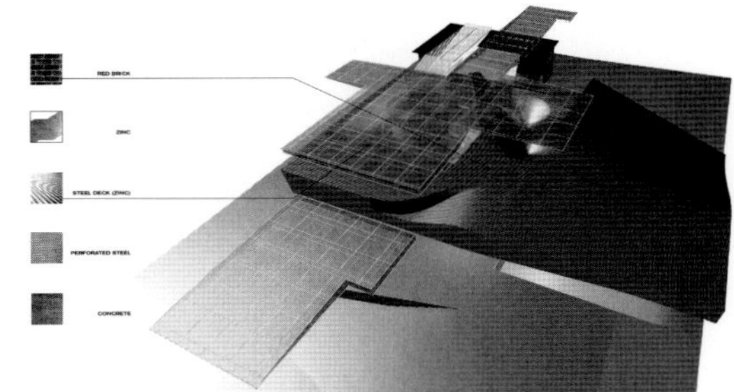

Akron Art Museum, Materialien / Materials

main entry and operates as a space for orientation and accessing public functions in the new and old buildings such as the auditorium, classrooms, library, café and bookstore. It is a grande, flexible space that can also be used for fundraising banquets, arts festivals, and possibly events hosted by outside organizations or businesses. The traditional concept of a banquet hall as and exclusive space dissolves away into a visible, public experience.

Similarly, the Gallery-Box is a simultaneous space, operating both as a large, flexible exhibition space and as an expansive, flowing Urban Sculpture Park. The idea of Sculpture Park as supplement is replaced by an imperative to re-integrate interior and exterior modes of viewing art. The formal mutations in the Urban Sculpture Park allow for pedestrian movement over the building form the Art, but more importantly create an artificial landscape where people can gather and enjoy art from an elevated position in the city.

The inside of the Gallery Box is an independent space which is highly controllable and changeable, similar to a movie studio. It is one unified space with long span structure that can be built out freely based on the needs of each exhibit. Large scale works can be easily transported throughout the space via a warehouse delivery gate on the street level and a large freight elevator from the art preparation areas below. There is no natural light in the space to allow for maximum flexibility in the exhibit design and 100% controlled light zones for video and multimedia arts.

The Roof Cloud hovers above the building, creating a blurred envelope for the museum. It encloses interior space, provides shade in exterior spaces, and also operates as a horizontal landmark in the city. It is visible from Akron's main downtown boulevard (South Main) as well as from the Convention Center and beyond. Museum events, such as live music and outdoor banquets can be hosted underneath the Roof Cloud in the Urban Sculpture Park and in the Event Space on the ground level.

COOP HIMMELB(L)AU wurde 1968 in Wien, Österreich, von Wolf D. Prix und Helmut Swiczinsky gegründet und arbeitet seither in den Bereichen ARCHITEKTUR, KUNST und DESIGN. 1988 wurde ein zweites Atelier in Los Angeles, Kalifornien, und 2000 das Atelier COOP HIMMELB(L)AU Mex S.A. de C.V. in Guadalajara, México, gegründet.

COOP HIMMELB(L)AU was founded in 1968 in Vienna, Austria, by Wolf D. Prix and Helmut Swiczinsky and has since then continued to work within the fields of URBANISM, ARCHITECTURE, DESIGN and ART. In 1988 and 2000 second offices were opened in Los Angeles, California and Guadalajara, Mexico, respectively.

GERALD ZUGMANN

Biografie

In Wien geboren. Ausbildung zum Fotografen an der Graphischen Bundeslehr- und Versuchsanstalt Wien. Freischaffender Fotograf seit 1978, Schwerpunkt: Architektur- und Ausstellungsfotografie. Ebenfalls seit 1978 Zusammenarbeit mit COOP HIMMELB(L)AU. Seit 1995 Beschäftigung mit „Pflanzenarchitektur" und „künstlichen Landschaften" (Twilightprojekt). Unterrichtet zurzeit Architekturfotografie am Institut für künstlerische Gestaltung der Technischen Universität Wien.

Biography

Born in Vienna. Graduated from the Graphische Bundeslehr- und Versuchsanstalt Vienna in photography. Freelance photographer since 1978, focusing on architectural and exhibition photography. Cooperation with COOP HIMMELB(L)AU since 1978. Since 1995, he has dedicated himself to "the architecture of plants" and "artificial landscapes" (Twilight Project). He is currently lecturing architectural photography at the Department of Artistic Design of the Vienna University of Technology.

Ausstellungen / Exhibitions

1995

an exhibition of architectural photography
Temple Buell Architecture Gallery, School of Architecture, University of Illinois, Urbana-Champaign

1996

die hand und das auge: architekturfotografie 1980–1996 / the power of the eye: architectural photography 1980–1996
John David Mooney Foundation, Chicago, Illinois

photographers of architecture
Sensing the Future, Biennale di Venezia, 6th International Architecture Exhibition

g. zugmann: architectural photographs
Form Zero, Architectural Gallery, Santa Monica, California

1997

architecture in the box: photography by gerald zugmann
Architectural Galleries, Columbia University, New York

gerald zugmann: architecture in the box, photography
MAK-Galerie, Wien / MAK Gallery, Vienna

gerald zugmann, architectura
Galerie SV. Donat, Piran

1998

arquitectura en la cámera: fotografías de gerald zugmann
Museo Nacional de Arquitectura, Palacio de Bellas Artes, Mexico City

zwielicht / twilight
Ausstellungsbeteiligung / Group exhibition, Künstlerhaus Klagenfurt

2001

farbe der dämmerung / color of twilight
Kraftwerk Schwellöd, Waidhofen/Ybbs, Festival Projekt: Natur

photographic series "kings road house"
R. M. Schindler – Architektur und Experiment / The Architecture of R. M. Schindler
MAK Wien / MAK Vienna

Veröffentlichungen / Publications

architecture in the box: architectural photography 1980–1995
Springer, Vienna – New York 1995
Text: Carl Pruscha, photographer of architecture – architect of photography

zugmann / schindler
Form Zero Editions, Santa Monica, California, 1996
Text: William Mohline, three ideas on the photograph as architectural space

farbe der dämmerung / color of twilight
MAK-Galerie, Wien / MAK Gallery, Vienna, 1997
Text: Gerhard Fischer, color of twilight, before the nightfall – notes on the photographic images of gerald zugmann

Traumfänger
reprozwölf box, Wien / Vienna 1997

In Vorbereitung / In preparation: Kalifornien. Architektur, Kunst, Landschaft

Ausgewählte Veröffentlichungen zur Architektur und Kunst mit fotografischen Beiträgen von Gerald Zugmann / Selected publications on architecture and art with photographic contributions by Gerald Zugmann

COOP HIMMELB(L)AU, Architektur ist jetzt, Hatje 1983
Wiener Bauplätze, Löcker 1986
Boris Podrecca, Rizzoli 1987
Tradition und Experiment, Residenz 1988
COOP HIMMELB(L)AU, Blaubox, Architectural Association 1988
Carlo Scarpa, Die andere Stadt, Ernst und Sohn 1989
Günther Domenig, Das Steinhaus, MAK Wien / MAK Vienna 1989
COOP HIMMELBLAU, El Croquis, No. 40, 1989
Karl Hikade, Project Semper Depot, 1991
Peter Noever, The Pit, 1991
Donald Judd, Architektur, Cantz 1991
Kiki Smith, Silent Work, MAK Wien / MAK Vienna 1992
MAK – Österreichisches Museum für angewandte Kunst, Prestel 1993
Vito Acconci, The City Inside Us, MAK Wien / MAK Vienna 1993
MAK Center for Art and Architecture, R. M. Schindler, Prestel 1995
Wilfried Dechau, Architektur abbilden, Deutsche Verlagsanstalt 1995
Chris Burden, Beyond the Limits, Cantz 1996
Giselbrecht I. Bechthold, Schule Kaindorf, Hatje 1996
Philip Johnson, Turning Point, Springer 1996
Bruno Gironcoli, Die Ungeborenen / The Unbegotten, Hatje 1997
Boris Podrecca, Birkhäuser 1997
James Turrell, Kunsthaus Bregenz 1997
Liz Larner, I thought I saw a pussycat, MAK Wien / MAK Vienna 1998
Karl Hikade, Marginalia Bridges, Bibliothek der Provinz 1998
MAK – Österreichisches Museum für angewandte Kunst Wien, Prestel 1998
James Turrell, the other horizon, Cantz 1999
Vienna – Art and Architecture, Könemann 1999
Jannis Kounellis, Il sarcofago degli sposi, Hatje Cantz 1999
Günther Domenig, Steinhaus, Ritter 2001
Karl Hikade, Krauseco Nave, Bibliothek der Provinz 2001
Dennis Hopper, A System of Moments, Hatje Cantz 2001
Franz West, Gnadenlos / Merciless, Hatje Cantz 2001
Richard Artschwager, The Hydraulic Door Check, Walther König 2002